UN TESTAMENT

CALMANN LÉVY, ÉDITEUR

DU MÊME AUTEUR

Format grand in-18.

PARIS. — IMP. DE LA SOC. ANON. DE PUBL. PÉRIOD. — P. MOUILLOT.

LE LEGS DE CAIN

UN TESTAMENT

BASILE HYMEN

LE PARADIS SUR LE DNIESTER

PAR

SACHER-MASOCH

NOUVELLE ÉDITION

PARIS

CALMANN LÉVY, ÉDITEUR

ANCIENNE MAISON MICHEL LÉVY FRÈRES

3, RUE AUBER, 3

1884

UN TESTAMENT

La pire pauvreté, c'est l'avarice du riche.

— Un testament insensé, un testament qui crie contre le ciel! avait coutume de dire le notaire Batschkock chaque fois qu'il était question des volontés dernières de la baronne Bromirska; jamais un être sorti des mains de Dieu et doué d'une dose quelconque de bon sens ne fit d'absurdité semblable! Il y a de quoi rire! Prendre pour héritier un quadrupède! Il y a de quoi mourir de rire! — Le notaire, par parenthèse, ne laissait jamais échapper l'occasion de rire avec bruit. Cette affaire de testament mérite du reste d'être racontée:

I

Dans le chef-lieu d'un cercle de la Gallicie occidentale vivait, il n'y a pas bien longtemps, un employé polonais du nom de Gondola, qui, moins par son mérite qu'à force de persévérance (il comptait plus de quarante années de service), finit par être nommé commissaire du cercle. Sa femme, une grande Polonaise, maigre à faire peur, lui avait donné une fille qui eut d'abord la mine d'une petite bohémienne, promettant à peine de devenir gentille, ce qui ne l'empêcha point d'être à dix ans tout à fait supportable, piquante à quatorze ans, et, vers l'âge de seize ans, une beauté. Gondola lui-même eût été dans l'ancienne Rome un gladiateur de bonne mine, et à Potsdam un de ces grenadiers dont Frédéric-Guillaume se plaisait à immortaliser les larges épaules en ajoutant leur portrait à la galerie du château. Sa nuque était celle d'un taureau; ses mains eussent étranglé le lion de Némée, ou roulé un plat d'étain comme une gaufre; quant à sa tête, elle eût fait honneur au sultan Soliman. Cette inquiétante vigueur était tempérée par l'expression mielleuse de la physionomie; personne n'avait le sourire plus humble, l'échine plus souple que M. Gondola. Bien qu'il parût ne jamais se soucier de l'avenir et tenir uniquement à jouir de la vie en dépensant ses revenus avec toute l'élégante légèreté d'un vrai gentilhomme polonais, il s'entendait à profiter de sa position et à remplir ses coffres. Sa femme et sa fille, la Panna Warwara, l'aidaient de leur mieux; elles étaient ingénieuses à découvrir toujours de nouvelles ressources, mais il les surpassait encore en habileté. Avant 1848, les plaintes des paysans contre leurs propriétaires remplissaient les bailliages galliciens; et toutes ces plaintes, sans exception, passaient par les mains de

M. Gondola. Il était donc naturel que les gentilshommes lui fissent la cour. On ne lui donnait pas le bonjour, on se jetait à ses pieds, en paroles, cela va sans dire, mais il comprenait ces paroles à la façon de certaines dames de théâtre qui tendent la main quand on leur offre son cœur. S'agissait-il par exemple d'un paysan à demi mort, assommé par un seigneur qui prenait tous les saints de l'Église romaine à témoin de son innocence, M. Gondola était bien trop poli pour rudoyer le coupable. Non, il lui offrait un fauteuil et se contentait de faire observer en soupirant que c'était là une mauvaise affaire sur laquelle se prononceraient les tribunaux. Là-dessus, le tyran de village croyait déjà sentir autour de son cou les deux grandes mains du commissaire ; il rougissait, perdait haleine, suppliait, implorait, mais sans réussir à émouvoir ce représentant intègre de l'autorité.

— Vous avez là, commençait d'un air indifférent M. Gondola, des chevaux superbes et une jolie voiture. Que vous êtes heureux ! Un pauvre diable de ma sorte n'a jamais l'occasion de conduire en si bel équipage sa femme et son enfant !

Cette simple réflexion produit l'effet désiré ; depuis lors, la voiture est toujours aux ordres de M. Gondola ; il s'en sert pour aller lever ses impositions ; sa femme et sa fille en profitent pour des parties de campagne ; mais cela ne suffirait pas à désarmer M. Gondola. Chaque fois que le gentilhomme vient en ville, il lui fait l'honneur d'accepter un bon déjeuner. L'aubergiste juif offre les mets les plus exquis, les meilleurs vins de sa cave, et, le repas terminé, Gondola pousse la délicatesse jusqu'à sortir dans la rue pour laisser le gentilhomme régler la note. Madame Gondola montre la même délicatesse quand le seigneur envoie une provision de farine, de beurre, de pommes de terre, du gibier ou un petit cochon ; elle compte scrupuleusement si le nombre des objets envoyés s'accorde bien avec l'énumération qu'en a faite le donateur, ne manque jamais de demander au commissionnaire s'il appartient à la Société de tempérance, le loue si sa réponse est affirmative, l'exhorte sévèrement dans le cas contraire, mais sous aucun prétexte ne lui offre un verre de bière. Le donateur vient-il rendre visite à ces dames, elles gardent un silence digne ; c'est à peine si madame Gondola se défend quand il baise sa main dure et osseuse. Enfin M. le commissaire se décide cependant à trouver que le paysan a exagéré les sévices dont il prétend avoir été victime, et il le renvoie avec un peu d'argent, très-peu, pour se faire soigner.

Le cours de la procédure se modifie si le plaignant a la bonne idée d'amadouer la justice par le don d'une vieille poule ou d'une soixantaine d'œufs. M. Gondola est trop équitable pour mépriser les petits, et le gentilhomme s'aperçoit à sa prochaine visite que son affaire va mal tourner, à moins qu'il ne s'assure de l'intervention des dames, laquelle est gagnée d'ordinaire par deux robes de soie de Lyon.

Il peut arriver encore qu'un juif riche demande à M. Gondola l'autorisation d'enterrer selon la religion de Moïse avant le coucher du soleil quelque membre de sa famille qui vient de rendre l'âme. C'est contraire à la loi : celui qui est chargé de la faire exécuter le renvoie sans miséricorde, la première fois du moins. La seconde fois, on l'écoute en se moquant de lui et du prix qu'il offre pour obtenir une dispense. Soyez sûr que le juif reviendra une troisième fois, tremblant comme la feuille, compter les cinquante ducats qu'exige le commissaire. A peine aura-t-il eu le temps de soupirer, qu'on en exigera cent autres pour l'hôpital, ou l'orphelinat, ou toute autre maison de charité. S'il est marchand, il lui sera permis d'envoyer aux dames de la toile, des étoffes, que sais-je ? Cette famille n'est pas fière et n'a garde de rien dédaigner. Du reste, M. Gondola fait apporter de temps en temps, au grand jour, dans sa propre cuisine, le bois destiné au bailliage ; il bourre ses poches de papier, de plumes, de cire à cacheter et autres bagatelles dont regorgent les bureaux, sans oublier par-ci par-là une bouteille d'encre, bien qu'on écrive peu dans sa maison ; mais sa femme sait faire de tout un commerce lucratif. Néanmoins il n'y a jamais d'argent au logis, le commissaire ne perdant pas de vue les devoirs de représentation qu'entraîne son emploi et aimant pour son compte à vivre comme un pacha.

La Panna Warwara avait grandi dans le milieu que nous venons de décrire ; en outre, elle entendait chaque jour appeler gueux quiconque ne possédait rien ; elle voyait son père se courber jusqu'à terre devant telles gens riches qu'il désignait dans l'intimité de la famille, toutes portes closes, sous le nom de coquins. Était-il question d'un étranger ? — Qu'est-ce qu'il a ? demandait M. Gondola. — Une fille se mariait-elle ? — Quels sont ses biens ?

Le premier jouet de Warwara enfant avait été deux ducats tout neufs que son père, revenant d'une tournée, lui jeta sur les genoux. Warwara n'aimait pas la musique, on ne l'entendit jamais fredonner une chanson ; les romans ne l'attiraient guère, la poésie l'ennuyait. Elle apprit au contraire avec plaisir les langues : après l'allemand, le français, puis le russe et même un peu d'italien. A dix-huit ans, Voltaire était son auteur favori. Elle lisait volontiers ; mais jamais un caractère noble, une aventure touchante ne fixait son attention ; ce qui la frappait, c'était le tableau de la puissance, du faste. Aucune illusion, aucune fantaisie ne dora jamais sa jeunesse ; elle ne connut pas non plus, en revanche, ces amers désenchantements qui attendent à son début dans la vie une âme confiante ; elle ne prit jamais un joli garçon d'esprit pour un demi-dieu, ni un tronc d'arbre éclairé par la lune pour une colonne d'argent. Pour elle, une forêt était un lieu où l'on coupe du bois et le bluet des blés une mauvaise herbe. Bref, cette fille avisée voyait les choses comme elles sont. Il était impossible au plus fin de la tromper par un masque ; elle reconnaissait aussitôt le vrai visage qu'on lui cachait. Ce qui l'amusait singulièrement, c'était l'inconséquence des hommes en général, qui, sans cesse occupés à dissimuler leurs vices, à feindre des vertus qu'ils n'ont pas, à paraître meilleurs et plus beaux que la nature ne les a faits, sont toujours disposés cependant à prendre le fard d'autrui pour les couleurs ingénues de la santé.

Sûre de sa propre supériorité, Warwara était résolue à profiter sans miséricorde de la sottise humaine, afin d'acquérir une haute position sociale; mais elle n'était pas encore fixée sur le choix des moyens. D'abord elle essaya son pouvoir sur ses parents, qu'elle dominait à l'égal l'un de l'autre, puis sur les jeunes officiers et employés du bailliage, qui étaient entre ses mains comme autant de moineaux prisonniers dans celles d'un enfant. Elle fit de nombreuses conquêtes, mais sut fuir tout ce qui ressemblait à une intrigue amoureuse. Son but était un riche mariage, et elle n'avait pas tardé à découvrir avec sa perspicacité ordinaire que les filles romanesques se marient rarement. Elle passait pour vertueuse et même pour prude, mais sa vertu n'était que de la froideur.

Les scènes sanglantes de 1846 lui fournirent l'occasion de montrer toute la force de son caractère et l'inflexibilité de son cœur. L'insurrection polonaise contre l'Autriche avait été promptement suivie de celle des paysans contre leurs seigneurs. Des massacres épouvantables, qui commencèrent dans les provinces de l'ouest, eurent lieu au nom de l'empereur, pour qui le peuple, s'armant de faux et de fléaux, avait pris parti. Beaucoup de gentilshommes durent se réfugier avec leurs familles et leurs serviteurs, dans les villes de province, sous la protection de ce même gouvernement qu'ils avaient entrepris d'abattre. La révolution cependant n'était pas encore domptée; les troupes autrichiennes avaient abandonné aux insurgés Cracovie et Podgorze; un corps polonais avançait sur Tarnow. L'agglomération dans les chefs-lieux de tant de gens, qui avaient en somme pris part à la conspiration, parut dangereuse aux baillis, et ils s'empressèrent d'éconduire au plus vite ces réfugiés, qui, les circonstances aidant, pouvaient si facilement se changer en rebelles.

Les malheureux seigneurs polonais assiégeaient les bailliages et se présentaient en suppliants chez les employés desquels ils attendaient un peu de compassion ou qu'ils croyaient corruptibles. Ce fut une époque prospère pour M. Gondola; il trafiqua, par tous les moyens imaginables, de la vie menacée des nobles.

Le baron Bromirski, un vieux roué ridicule, qui, poursuivi par ses paysans, avait mis sa perruque à l'envers et tremblait de tous ses membres, fut le premier à se racheter en payant mille ducats. A ce prix, il trouva dans la maison du commissaire une cachette sûre et commode. D'autres suivirent son exemple et obtinrent la permission de rester en ville.

Le 26 février, le capitaine du cercle envoya Gondola, avec un gendarme et un détachement de chevau-légers, à quelques milles de là pour recevoir, des mains des paysans, un certain nombre d'insurgés prisonniers. Vers le soir de ce même jour, le seigneur Kutschkowski, de Baranow, entra précipitamment chez le commissaire. Lorsque madame Gondola lui eut appris que son mari ne reviendrait que le lendemain, il laissa tomber sa tête sur sa poitrine en s'écriant avec angoisse :

— Alors nous sommes perdus! Personne ne peut nous sauver!

Warwara entreprit de le consoler.

— Je suis prête à remplacer mon père de mon

mieux, dit-elle. Moyennant mille ducats, nous vous cacherons volontiers.

— Il ne s'agit pas de moi seul ; j'ai laissé là-bas ma femme, sa mère et mes enfants, qui courent les plus grands dangers. D'ailleurs, où voulez-vous que je prenne tant d'argent?

— Pour faire des révolutions, les Polonais trouvent toujours de l'argent, insinua d'un ton railleur madame Gondola.

Warwara réfléchissait.

— Écoutez, dit-elle ; j'irai avec vous chercher votre famille, que je préserverai de tout mauvais traitement. Fixez vous-même la somme que vous pouvez donner.

— Cent ducats.

Les deux femmes haussèrent les épaules.

— Je ne me dérangerais pas à moins de cinq cents, fit Warwara.

— Au nom de Dieu, venez, s'écria Kutschkowski ; peut-être ma belle-mère pourra-t-elle compléter la somme.

Warwara s'enveloppa de fourrures, prit un gendarme avec elle et monta dans le traîneau du seigneur, qui se dirigea aussitôt vers Baranow. Il faisait nuit quand ils arrivèrent ; la seigneurie était entourée de paysans, les femmes tenant des torches de résine dont la rouge lumière projetait comme des taches de sang sur les faux de leurs maris. Grâce à la présence de mademoiselle Gondola et du gendarme, Kutschkowski put gagner sain et sauf la salle du rez-de-chaussée, où était réunie sa famille.

— Voici, dit-il, un ange qui vient à notre secours.

Sa femme se jeta, éperdue de reconnaissance, dans les bras de la jeune fille.

Tandis qu'elle la couvrait de baisers et de bénédictions, Kutschkowski s'entretenait à voix basse avec sa belle-mère :

— Hélas ! dit-il enfin d'une voix brisée, il est impossible de nous procurer tout l'argent que vous demandez ; prenez les cent ducats, et ayez pitié de nous !

Mais l'ange resta inébranlable.

— S'il en est ainsi, je ne puis rien en votre faveur ; mon père m'adresserait des reproches : une lourde responsabilité pèse sur lui. Les Polonais gagnent du terrain, il est nécessaire de faire un exemple par-ci par-là. Je prendrai l'argent pour la peine que j'ai eue, et je veux bien encore exhorter les paysans.

— Mais on égorgera ces innocents ! s'écria le seigneur hors de lui.

— Je n'y puis rien.

— Vous signez donc notre arrêt de mort ?

Kutschkowski se jeta sur un fauteuil, le visage dans ses mains ; sa femme, à genoux devant Warwara, lui demandait grâce comme à un juge, mais la digne fille de Gondola ne répondit que par une grande révérence de cour et sortit, impassible. Dehors, elle adressa, selon sa promesse, quelques mots aux paysans pour les calmer, puis elle remonta dans le traîneau avec le gendarme.

Le lendemain, on sut que les propriétaires de Baranow, grands et petits, avaient été torturés, puis mis à mort par les paysans.

— Ma foi! dit Warwara, je regrette d'avoir renvoyé leur traîneau. A qui maintenant va-t-il servir?

Après l'exemple donné par cette fille énergique, nul ne refusa plus de se soumettre aux prétentions de la famille Gondola. L'insurrection éteinte, une nouvelle occasion de rapine ne tarda pas à se présenter. Les paysans, qui avaient combattu au nom de l'empereur, refusaient désormais de se soumettre au *robot* exigé par les nobles rebelles. Le gouvernement essaya d'avoir raison des résistances de ses amis par la douceur d'abord, puis par la force. L'intelligent commissaire voyageait d'un village à l'autre, vivant comme un prince chez les seigneurs ou chez leurs mandataires, envoyant à sa femme des charrettes pleines de provisions, et déployant à l'égard des paysans, selon le plus ou moins de générosité du propriétaire, toute son éloquence, depuis la douce réprimande jusqu'au bâton.

Les paysans du baron Bromirski furent les premiers à reprendre leurs travaux, et le baron n'oublia jamais le service que M. Gondola lui avait rendu, — sans doute parce qu'il l'avait assez chèrement payé. Il resta l'ami intime de la famille, promena les dames en voiture, leur donna des fêtes champêtres, et les accompagna l'hiver à Lemberg, où il payait leurs emplettes et se montrait chaque soir avec elles au théâtre. La robe de Warwara ne pouvait l'effleurer sans qu'il tressaillît; chaque fois qu'il baisait la blanche main de cette belle personne, il poussait un soupir qui en disait long.

— Bromirski est amoureux de toi, dit un jour la mère à sa fille.

— Vous croyez m'apprendre une nouvelle ?

— J'y ai déjà mûrement réfléchi, continua la matrone ; tu pourrais faire pis que de le prendre pour amant.

— Vous voulez dire pour mari ! répliqua la Panna Warwara.

Et l'épouse du commissaire ouvrit de grands yeux.

II

Au mois de mars 1848, chaque courrier apportait de Vienne des nouvelles inquiétantes ; le conducteur, en descendant de son siége, était aussitôt entouré d'une foule émue ; enfin le chef-lieu polonais à son tour entendit proclamer la Constitution et vit armer la garde nationale. M. Gondola secouait toujours la tête en assurant que cela finirait mal : — Que deviendra un pauvre petit employé comme moi, disait-il, quand un Metternich lui-même... — Il achevait sa phrase en levant les yeux au ciel. Certain soir, ou lui fit un charivari. Tandis que Warwara ouvrait la fenêtre pour tirer la langue au peuple, le géant, son père, se glissa sous un lit, affolé par la peur. Dans la nuit, on alla chercher le médecin ; le lendemain, il mourut. Personne ne le suivit au cimetière, sa femme exceptée ; Warwara prétendit n'en avoir pas la force ; aucun des collègues ni des amis du défunt ne parut aux funérailles ni chez la veuve ; elle fut vite, ainsi que sa fille, oubliée, pour ne pas dire évitée. En ces jours où l'on vit pâlir tant d'étoiles, celle des Gondola s'éteignit tout à fait. Le baron Bromirski lui-même fit le mort. D'abord, les deux affligées le crurent à Lemberg; mais, à quelque temps de là, son carrosse ayant traversé la ville, madame Gondola put constater qu'il détournait la tête pour ne pas l'apercevoir à sa fenêtre. Il fallut en finir avec le luxe; toutes les sources des gros revenus étaient taries; il ne restait plus qu'une modique pension de veuve. La mère et la fille se résignèrent à de pénibles réformes, qui n'étaient pas encore suffisantes, car, moins d'une année après, tous les meubles étaient saisis dans le petit logement qu'elles habitaient au fond d'un faubourg.

— A quoi te sert la beauté que Dieu t'a donnée? disait madame Gondola interpellant sa fille.

— Soyez sûre que j'en tirerai bon parti, maman, avec l'aide d'un autre don du bon Dieu que je me pique de posséder : l'esprit.

— Songe donc, en ce cas, à la triste situation de ta mère!

Et madame Gondola s'en allait, avec un sanglot à demi étouffé, vaquer aux soins du ménage; le soir, elle se délassait en tirant les cartes. Cependant Warwara lisait des drames à haute voix.

— Quelle idée de perdre ton temps en lectures inutiles et de crier de façon à faire croire aux voisins que nous nous disputons?

— Je ne suis pas femme à perdre mon temps; j'apprends des rôles, parce que je compte entrer au théâtre.

— Toi, ma fille, une comédienne!..?

— Cela vaut mieux que d'être courtisane. Ma résolution est prise, et tu sais que je ne renonce jamais à un projet. Tout sourit aux comédiennes ; leur opulence égale celle des vraies princesses.

Madame Gondola se mit en colère. Depuis lors, il y eut entre ces deux femmes de violentes et continuelles discussions. Warwara fut vite à bout de patience.

— J'en ai assez, dit-elle brusquement un jour ; je ne resterai pas une heure de plus dans ce taudis.

— Qu'est-ce qui t'arrête ? répliqua la mère ; je ne te retiens pas ; seule, je vivrai plus tranquille !

Sans ajouter un mot, Warwara commença ses emballages. Après l'avoir laissée faire quelque temps, madame Gondola vint regarder la petite malle qu'elle avait traînée dans le vestibule.

— Tu ne pourras te présenter nulle part, murmura-t-elle ; tu n'as pas de quoi te vêtir.

— J'ai ce qu'il me faut.

— Tu avais des robes, et tu me les cachais !

— Fallait-il les laisser prendre aux huissiers ?

— Mais nous les aurions vendues ! Comment ! tu ne partages pas tout avec ta pauvre mère qui te nourrit ? Voilà bien les enfants, sans tendresse, sans reconnaissance !..

— Écoute donc, maman ! et d'abord laisse-moi rire. Je n'aurais rien du tout si je n'avais pas pris le soin de faire disparaître sous une planche du grenier deux de mes robes de soie et ton manteau de velours.

— Quoi ! mon manteau !

Madame Gondola se jeta sur la malle et tira le vêtement par un bout, tandis que sa fille le retenait par un autre. Ce fut entre ces deux mégères une querelle de chattes en fureur; elles criaient, crachaient, griffaient à l'envi. Enfin la plus vieille perdit haleine :

— Garde-le donc! va-t'en comme une voleuse! Tu es libre!

Warwara remit le manteau dans la malle, qu'elle ferma, puis elle secoua une petite bourse devant le visage de sa mère :

— Vois-tu, j'ai aussi de l'argent!

Madame Gondola tomba évanouie; sa fille sortit, en quête de quelque moyen de transport. Après avoir longuement marchandé avec un juif qui se rendait à Lemberg, elle rentra chez elle et, appuyée contre la fenêtre, attendit le passage de la *butka*.

Madame Gondola, revenue de sa syncope, était en train de chercher la bonne aventure dans les cartes; tout à coup, elle dit d'une voix adoucie et en ayant recours aux cajoleries du diminutif :

— Warwarouschka, pourquoi le théâtre? Un beau mariage t'attend.

— Je le trouverai plus aisément au théâtre qu'ailleurs, répondit Warwara d'un ton sec.

Les roues de la *butka* ébranlaient déjà le pavé; la longue voiture de forme orientale, couverte d'une toile et chargée de juifs pauvres des deux sexes, s'arrêta devant la porte.

— Adieu! dit la fille.

— Adieu! répondit la mère.

Elles se séparèrent ainsi.

Warwara, montant lentement dans le chariot,

d'où s'exhalait une forte odeur d'ail, prit place entre une marchande de volaille et un boucher. Les chevaux partirent au trot. Après une course de quelques heures à travers la plaine désolée qu'entrecoupaient à de rares intervalles quelques collines basses, un village ou un bouquet de saules, ils s'arrêtèrent devant une auberge juive où, de temps immémorial, les voyageurs pour Lemberg avaient passé la nuit. Warwara n'obtint pas de gîte sans quelque peine; encore était-ce une mauvaise petite chambre humide au rez-de-chaussée ; l'unique fenêtre qui ouvrait sur la cour était rapiécée par des morceaux de papier de toutes couleurs; sur le lit, il n'y avait qu'une méchante paillasse et un matelas; mais enfin c'était une chambre. Les appartements habitables se trouvaient être retenus par des personnages de plus haute importance, dont les gens devaient loger dans les calèches qui encombraient la cour. Toute la société juive, parfumée d'ail, s'installa aussi pour la nuit sous la tente de la *butka*.

Warwara s'assit devant une des tables de la salle à manger; elle avait faim. On ne put lui offrir que des œufs, dont elle se contenta en y trempant des mouillettes de pain bis. Non loin d'elle, un jeune homme, le front appuyé sur ses deux mains, semblait dormir. Le bruit que fit un couteau en tombant l'éveilla; il leva deux grands yeux bleus sur la jeune fille et sembla stupéfait, presque effrayé. Peut-être cette blonde image sortie trop brusquement du brouillard de ses rêves se mêlait-elle encore à l'un d'eux. Avec un trouble charmant, il rougit, mit la main devant ses yeux et ôta son bonnet pour saluer l'éblouissante apparition.

Warwara répondit avec une négligence coquette, comme toute Polonaise de race répond au salut d'un homme. Pendant quelques minutes, ces deux êtres jeunes et beaux ne firent que se regarder, trouvant sans doute à cette mutuelle contemplation un extrême plaisir. Chaque fois que l'étranger tournait les yeux vers Warwara, elle baissait les siens, de même qu'il ne manquait pas de siffler tout bas en étudiant avec attention les peintures de la chambre chaque fois que le regard perçant de la voyageuse se posait sur lui. Il pouvait se laisser regarder sans crainte aussi bien qu'elle-même : grand, svelte, un peu frêle peut-être, il avait cette élégante aisance de démarche et de manières que nul ne peut apprendre et qui plaît tant aux femmes. Les traits n'étaient pas absolument réguliers, mais délicats, spirituels et toujours éclairés par un sourire vainqueur. L'entretien muet de leurs yeux fut interrompu enfin par Warwara, qui demandait à l'aubergiste une carafe d'eau. Aussitôt l'étranger se leva et, s'approchant avec un balancement des hanches coquet, presque féminin, pria la dame de lui faire la grâce de ne pas boire cette eau, sortie d'une mare croupissante où l'on ne pouvait puiser que la fièvre; en même temps, il s'offrait à préparer du thé, ce que la jeune fille accepta gracieusement. Aussitôt il courut chercher de l'eau, la mit sur le feu et, tandis qu'elle bouillait, sortit d'une gibecière des viandes froides et des confitures auxquelles Warwara fit honneur.

— Maintenant, dit le galant inconnu, pardonnez-moi une question qui risquerait de vous paraître inconvenante si je n'étais pas un homme grave, un homme marié... Vous êtes-vous pourvue de linge de lit ?

— Je n'y ai pas pensé.

— Permettez-moi donc d'améliorer votre gîte de mon mieux, sans que vous ayez à vous en occuper.

Warwara resta la bouche entr'ouverte de surprise, ce qui, du reste, lui allait très-bien. Un malaise vague et indéfinissable s'était emparé d'elle.

— Vous êtes marié ? Votre femme est-elle belle?

— On le dit, répliqua négligemment le jeune homme.

— Et vous l'aimez, par conséquent ?

— Mon Dieu! dit l'étranger avec un sourire, en jetant du sucre dans une tasse que lui apportait la servante, nous nous supportons!

Il se fit un silence, pendant lequel la porte grinça piteusement sur ses gonds, pour livrer passage à un nouvel hôte. Coiffé d'un bonnet gris, enveloppé dans son manteau de voyage, il grondait le domestique qui portait ses bagages. Répondant avec hauteur à l'humble accueil de l'aubergiste juif, il se jeta sur le vieux canapé, puis se mit à examiner ses voisins. Warwara reconnut le baron Bromirski ; il la reconnut aussi et souleva son bonnet, mais elle n'eut pour lui qu'un regard dédaigneux. Le vieux fat parut courroucé de cette indifférence; il se tourna brusquement vers son domestique et lui demanda sa pipe turque.

— Vraiment, vous êtes marié? répéta Warwara, s'adressant à l'étranger. Mais pourquoi ne pas vous asseoir? ajouta-t-elle, lorsqu'elle eut remarqué qu'il restait debout comme un serviteur.

Il s'inclina respectueusement et prit place en face d'elle, ce qui lui fit tourner le dos au vieux Bromirski, puis, répondant à la première question de Warwara, tendit vers elle une belle main très-soignée :

— Voyez mes chaînes.

— Oh! ces chaînes-là sont faciles à rompre, dit en riant la jeune fille, surtout chez nous, où les plus fidèles vivent séparés de leur seconde femme...

Elle retira cependant de son doigt l'anneau nuptial avec un soupir à demi moqueur, le fit glisser sur le sien, puis le rendit lentement au jeune homme, qui rougit de nouveau. Ils causèrent comme causent des gens qui ne se connaissent pas. Peu leur importaient les paroles sorties de leurs lèvres; la musique de leurs voix confondues suffisait à les enivrer. L'étranger s'amusait à faire danser la flamme bleue du punch; Warwara broyait dans sa main des sucreries dont elle répandait les miettes sur la nappe; bientôt elle s'aperçut qu'il ramassait ces miettes pour les porter à ses lèvres, et une secrète joie l'envahit, car elle avait compris qu'elle produisait sur lui quelque impression. Interrompant ce jeu, elle passa tout à coup à un autre, qui consistait à pétrir des boulettes de mie de pain et à les lancer dans toutes les directions. Elle toucha le front du juif, qui secoua ses boucles noires en regardant autour de lui d'un air étonné; elle tira sur le chien qui dormait sous le buffet; elle fit sonner les vitres et inquiéta une multitude de mouches collées sur le chandelier comme des grains de raisin sec.

— Pourquoi ne me prenez-vous pas pour cible? demanda en riant l'étranger.

Elle ne se le fit pas dire deux fois; mais lui, se dérobant à la grêle qui l'atteignait, vint saisir ses deux mains agressives. Warwara parut offensée.

— Si j'ai manqué au respect que je vous dois, dit-il en reculant d'un pas, punissez votre esclave.

Elle éclata de rire et le frappa au visage d'une de ses tresses qui s'était détachée.

— Les magnifiques cheveux! s'écria le jeune homme.

— Vous ne devez pas faire de ces remarques-là, monsieur... un homme marié...!

— J'ai cependant le droit de baiser la verge, dit-il.

Et avant qu'elle eût compris, il avait pressé la tresse blonde contre ses lèvres.

Rien n'irrite davantage un homme que de passer inaperçu aux yeux d'une femme qui en même temps reçoit et encourage les hommages d'un autre. Si Warwara avait eu l'intention d'ensorceler le baron, elle n'eût pu s'y prendre mieux.

Bromirski souffla quelques bouffées formidables de sa pipe turque, se leva, se promena de long en large, s'approchant de plus en plus de la table où les deux jeunes gens étaient assis, puis s'éloignant avec effroi. Enfin il se sentit assez maître de lui pour dire à Warwara :

— Mademoiselle, vous semblez ne plus me reconnaître.

— Vraiment, monsieur, répondit-elle avec un calme écrasant, je ne sais à qui j'ai l'honneur...

— Rappelez vos souvenirs, un vieil ami de votre pauvre père...

— Vous vous servez d'une bien mauvaise recommandation, interrompit Warwara; tous nos amis ne valent pas cela! — et elle fit claquer ses doigts; — nous avons pu les apprécier dans le malheur.

— Je ne mérite pas d'être confondu avec les autres, puisque j'étais à l'étranger...

— Oui, oui, je vous reconnais maintenant, dit Warwara.

Et elle eut la malice de présenter les deux hommes l'un à l'autre.

— Monsieur?...

— Maryan Janowski, dit le plus jeune.

— Monsieur Maryan Janowski, je vous recommande M. Baruch-Pintschew, qui vendait à feu mon père du sucre et du café au plus juste prix.

— Quelle folie! bégaya le baron, devenu tout pâle; je suis le baron Bromirski, Lucien Bromirski.

— Mon Dieu! qu'ai-je dit? s'écria mademoiselle Gondola; je me suis trompée... mais c'est votre faute, baron...

Maryan Janowski s'en alla vaquer, comme il l'avait dit, à l'arrangement de la chambre de sa nouvelle amie, et Warwara profita de son absence pour interroger le juif sur lui. Elle ne se gênait nullement devant Bromirski, de plus en plus irrité. Elle apprit donc par le juif — qu'est-ce que les juifs ne savent pas? — que Maryan Janowski était le fils d'un propriétaire du cercle de Przemysl, que son père ne lui avait laissé que beaucoup de dettes, que son village venait d'être vendu par autorité de justice et qu'il s'en allait à Lemberg chercher un emploi. — « Quel malheur! » pensait cette fille pratique, tandis que le baron s'efforçait d'engager la conversation.

Maryan lui plaisait plus qu'aucun homme qu'elle eût encore rencontré; elle se sentait le pouvoir de le rendre amoureux quand bon lui semblerait; mais qu'en adviendrait-il? Un homme marié! Elle serait donc sa maîtresse; la maîtresse d'un gueux?.. fi donc! L'obstacle était là. Une fois mariée elle-même, elle n'aurait certes pas d'autre galant; mais où trouver le mari? Son regard tomba sur Bromirski, et ce regard décida du sort du vieux roué. Une pensée en fait naître une autre. La fantaisie de Warwara se transformait en projet, projet romanesque peut-être, mais sans mélange d'imprudence, et le projet devait être exécuté sur-le-champ; il n'y avait pas de temps à perdre.

Maryan vint avertir Warwara que tout était prêt chez elle; en effet, il avait ajouté aux matelas les coussins de sa voiture et jeté sur le plancher son propre manteau en guise de tapis. — Le baron offrit son bras à mademoiselle Gondola, mais elle refusa froidement, en alléguant que Maryan Janowski avait été le premier à se mettre à ses ordres, ce qui n'empêcha pas Bromirski de monter l'escalier derrière elle en sautillant. Il fallut pour le forcer à se retirer que Warwara lui fermât la porte au nez d'un mouvement si brusque qu'il porta instinctivement la main à cette partie de son visage. S'étant assuré qu'elle était saine et sauve, Bromirski soupira, se frappa trois fois le front et retourna dans la salle pour charger de nouveau sa pipe. Warwara regardait autour d'elle.

— Êtes-vous contente? demanda Maryan.

— Vous vous êtes privé de tout pour me donner le superflu, dit-elle avec vivacité; laissez-moi voir s'il vous reste le nécessaire.

Elle saisit la lumière et se fit montrer la chambre du jeune homme, située plus loin dans le même corridor, mais donnant sur la route.

— Qu'est-ce que je disais? vous n'avez plus d'oreiller!

— Une bonne conscience suffit, mademoiselle.

— Plus de couvertures!

— Je m'envelopperai dans mes espérances.

— Qu'espérez vous donc?

— Une place pour ne pas mourir de faim.

— Oui, dans l'avenir, mais tout de suite?

Maryan baissa les yeux en souriant.

— Que voulez-vous? un pauvre diable de ma sorte doit se contenter du pain quotidien.

— Vous m'avez paru cependant à table aimer assez les sucreries?

— Elles ne sont pas faites pour moi; il y a tant de choses plus douces auxquelles je ne puis aspirer!

— C'est que vous manquez de courage.

— Le courage risque parfois de ressembler à de l'insolence.

— Votre langage est celui d'un homme d'honneur, mais si je vous disais...

Elle avait éteint la lumière, et Maryan sentit deux

lèvres brûlantes contre les siennes, dans ses bras un corps frémissant.

. . . .

Warwara sortit de la chambre de Maryan, en marchant avec précaution sur la pointe des pieds. Arrivée devant sa propre chambre, elle respira, déposa sur le seuil la chandelle éteinte qu'elle tenait et descendit dans la cour pour demander des allumettes au juif. Comme il faisait nuit, elle n'avançait qu'à tâtons. Dans toutes les voitures ronflaient des nez invisibles, formant un concert étrange qui rappelait un peu l'ouverture du *Tannhauser*. Tout à coup, un petit cercle de feu illumina le visage bouffi et la brillante perruque noire du baron. Warwara put remarquer que ce vieux drôle se penchait tantôt sur un pied, tantôt sur l'autre pour regarder dans les voitures transformées en dortoirs, quand il ne s'accroupissait pas pour surprendre par les fenêtres basses, éclairées au dedans, les secrets de toilette d'une Suzanne quelconque.

— Monsieur le baron, dit-elle tout haut, je vous prierai de me donner de la lumière.

— Comment ! vous ici, mademoiselle !.. Je vous croyais endormie.

— Il a, pensa Warwara, déjà regardé par ma fenêtre.

Le baron tira son briquet de sa poche et lui remit ce qu'elle demandait.

— Cela vous suffit ?

— Tout à fait.

— Alors, je peux baiser aussi la petite main ?...

— Toutes les deux si vous voulez.

Il la regarda s'éloigner.

— Quelle charmante créature! Et elle pourrait embellir ma vie... Si ce freluquet n'était pas ici ! Il ne semble pas lui déplaire, quoiqu'il n'ait pas le sou ! Ces petites personnes-là pourtant aiment les belles robes, les pelisses de fourrure, les diamants...

La méditation du baron fut interrompue par la lumière qui brilla soudain à la fenêtre de Warwara, dont on avait négligé, non sans intention peut-être, de fermer les rideaux. L'artificieuse fille posa son miroir à côté de la chandelle, sur une petite table, et procéda lentement à se déshabiller, dénouant d'abord ses lourds cheveux et y promenant ses doigts avec complaisance, puis détachant sa robe, qu'elle posa sur une chaise ; après quoi, elle fit voir par le mouvement le plus naturel ses épaules virginales et se mit à tresser légèrement les ondes d'or qui avaient enveloppé jusque-là sa poitrine. Bromirski suivait tous ses mouvements, et il sentait se serrer de plus en plus les cordes qui le liaient pour jamais.

Tandis que Warwara procédait à se déchausser, on frappa doucement à la porte. Elle jeta un châle autour d'elle et demanda :

— Qui est là ?

— Moi !

— Qui, vous ?

— Moi, belle Warwara.

— Vous, Maryan ! quelle audace !

— Ce n'est pas ce petit maître, mademoiselle, mais bien votre vieil ami Bromirski ! Ouvrez !

— Pourquoi?

— J'ai à vous parler de choses importantes.

— Attendez jusqu'à demain !

— Warwara, je ne suis pas un galant à poches vides, moi, je suis riche, très-riche ; tous vos désirs, je vous le jure, seront comblés. Ne me repoussez pas.

— Ah ! ma mère avait bien raison de me prémunir contre vous, de dire que vous étiez un homme dangereux ! Mais je saurai défendre mon honneur.

En même temps, elle tirait le verrou, si doucement que Bromirski put croire que la porte cédait à ses assauts redoublés.

Le lendemain, de grand matin, sans être aperçue de Maryan ni de personne, sauf l'hôtelier juif, Warwara monta dans le carrosse du baron, qui la ramena chez sa mère. Elle était pâle et grave, mais sur ses lèvres serrées on lisait la satiété du triomphe. Lorsqu'elle entra dans la chambre de madame Gondola, celle-ci ne témoigna ni mécontentement ni plaisir ; une extrême surprise se peignit seule sur ses traits.

— Tu n'entres donc pas au théâtre ? dit-elle, tandis que la jeune fille ôtait ses gants et son chapeau.

— Le monde est un grand théâtre, répondit Warwara, et j'ai toutes les facilités pour y jouer très-bien mon rôle.

III

Le baron Bromirski fut depuis lors très-assidu dans la maison des deux dames. Il envoyait comme interprètes de son amour pour Warwara des bécasses, des perdrix, des lièvres, de beaux fruits, des robes, des fourrures et des bijoux, mais rien de tout cela ne réussissait à lui assurer un tête-à-tête avec celle qu'il adorait. Warwara, sérieuse et même taciturne, gardait le silence, tandis qu'en désespoir de cause il jouait au « mariage » durant les longues soirées d'hiver avec madame Gondola.

Un jour, une charrette de paysan entra dans la cour de sa seigneurie, et Warwara en descendit, couverte d'un voile épais. Le baron s'élança, tout ravi, pour recevoir cette visite imprévue :

— Ah ! s'écria-t-il en baisant tendrement la main qui reposait froide comme un glaçon dans les siennes, vous me rendez le plus heureux des hommes !

— Je ne sais si vous avez lieu de vous réjouir, répondit Warwara, mais ce que j'ai sur le cœur me rend infiniment malheureuse.

Elle s'était assise dans le cabinet du baron et dénouait lentement son voile. Lorsqu'elle l'eut retiré, Bromirski vit qu'elle avait en effet les yeux rouges.

— Que s'est-il passé, ma bien-aimée ? Que souhaitez-vous de moi ? Tout ce que je possède est à vous.

— Merci, vous êtes généreux et bon pour tout le monde, je suppose, sauf pour une seule personne, la femme que vous avez perdue !.. Le mal est sans remède !..

Elle porta son mouchoir à son visage et sanglota. Le baron était consterné.

— M'expliquerez-vous, Warwara...

— Il faut vous expliquer ! murmura-t-elle en le regardant d'un air de tendre reproche, vous ne devinez pas !... Je serai bientôt mère, Lucien.

— Mais ce n'est pas un si grand malheur, dit le baron en souriant avec embarras.

Au fond, cette nouvelle le flattait singulièrement ; il avait grandi d'un pouce.

— Vous riez, s'écria Warwara, quand je pense à mourir !

— Ma chère belle, je suis prêt à faire tout ce que vous demanderez ; j'assurerai l'avenir de l'enfant...

— Non, Lucien, ce ne serait pas assez : ma pauvreté est plus fière que vous ne croyez. L'amour m'a entraînée ; c'est un crime, je le sais, aux yeux du monde... il pourrait être excusable aux vôtres ; mais vous me méprisez trop pour faire de moi votre femme...

Le baron parut de nouveau extrêmement embarrassé. Il n'avait pas pensé à la conclusion qui se présentait.

— Mon refuge sera dans la mort. Oui, je me tuerai, moi et mon enfant !

Elle se leva hautaine, indignée ; ses yeux étincelaient.

— Eh ! s'écria Bromirski avec humeur, je ne demande qu'à réfléchir ; il ne s'agit plus d'une bagatelle !

— Réfléchir ! Vous n'avez pas réfléchi, avant de déshonorer une fille innocente qu'aveuglait une passion insensée... Ah ! je me suis bien trompée ! Aujourd'hui, je vous connais, je vous juge ;

vous n'étiez pas digne de mon sacrifice; adieu...

— Warwara !... Je vous conjure...

Elle était déjà loin. Le baron courut après elle sans bonnet, en robe de chambre, puis, désespérant de l'atteindre, il fit atteler; ce fut en vain; il ne la trouva nulle part. Éperdu, il arriva chez madame Gondola; Warwara n'y était pas... Avait-elle donc réalisé ses menaces! Quelle responsabilité terrible pesait sur lui! Sous quel fardeau gémissait sa conscience! Des heures s'écoulèrent.

Il perdait la tête de plus en plus; enfin l'infortunée rentra, et à sa vue il fut tout près de défaillir comme un condamné qui reçoit sa grâce sous la potence. Elle ne lui accorda pas un regard; elle ne répondit pas un mot, lorsqu'il balbutia :

— Pardon! je suis, en principe, ennemi du mariage, mais si ce que vous m'avez dit est vrai... attendons encore un peu!...

Warwara vivait. N'ayant plus à redouter un péril pour elle, il se remettait à défendre, mais faiblement désormais, sa propre liberté.

Pendant les semaines qui suivirent, il ne put obtenir d'être reçu; enfin, il força la porte et trouva sa victime étendue sur un lit de repos, assez pâle et défaite. Une ample kazabaïka l'enveloppait; elle travaillait à un petit ouvrage de lingerie.

— Que cousez-vous donc là? demanda-t-il pour dire quelque chose.

Warwara lui montra une brassière d'enfant avec un geste dont l'éloquence acheva de triompher des hésitations de Bromirski. Se tournant vers madame Gondola :

— Madame, dit-il, j'étais venu vous demander la main de votre fille.

— Prenez-la, s'écria madame Gondola avec son accent le plus pathétique, elle est à vous !

Les noces furent célébrées sans bruit, et le baron emmena aussitôt sa nouvelle épouse dans la belle terre de Separowze, qu'il possédait aux environs de Kolomea. Madame Gondola les suivit jusqu'à cette dernière ville, où elle s'installa aux frais de son gendre, cela va sans dire.

L'amoureux baron ne la quittant plus une minute, il devint difficile pour Warwara de jouer plus longtemps la comédie.

Elle se décida donc à un coup hardi, peu de jours après son mariage. Elle attendit le soir Bromirski dans un négligé qui dessinait effrontément les lignes sveltes de sa taille aussi mince que jamais. Le baron ne l'avait vue depuis longtemps qu'empaquetée dans les plis menteurs d'une épaisse kazabaïka; il demeura stupéfait, regardant sa femme d'abord, puis le plancher et de nouveau sa femme. Celle-ci s'était jetée à ses pieds, les mains au ciel, en jurant que l'amour seul, poussé jusqu'au délire, lui avait dicté un subterfuge dont elle s'accusait humblement, mais qu'elle saurait tout réparer en ne vivant que pour lui, comme sa servante, comme son esclave!

Bromirski, tout ému par la preuve de passion que lui donnait une femme si jeune et si belle, la releva aussitôt et la consola plutôt qu'il ne lui fit des reproches. Elle l'avait enveloppé de ses charmes comme d'un filet aussi difficile à secouer que la robe même de Nessus. A quelques semaines de là, il fit un testament par lequel il l'instituait son unique héritière. Warwara eut toujours soin depuis de garder ce monument de son amour, comme elle nommait le testament, dans sa cassette, dont elle portait par tendresse sans doute la clef sur son cœur. Du reste, selon la promesse qu'elle avait faite, elle ne vivait que pour le baron, s'arrogeant de plus en plus toute l'administration de ses biens, s'emparant de ses papiers précieux et gardant sa caisse dans la chambre conjugale.

— Tu es un petit dissipateur, lui disait-elle en l'embrassant : si je te laissais faire, tu n'aurais plus bientôt qu'un bâton de mendiant ; tous tes parents et amis ont les mains dans tes poches, tu donnes trop à ma mère, tu m'entoures d'un luxe de sultane et tu te refuses à toi-même les moindres fantaisies. Il ne faut pas que cela soit ; je prétends te gâter.

Et, en effet, Bromirski n'avait jamais joui autant de sa fortune jusque-là. Mille douceurs embellissaient sa vie ; l'ameublement de la seigneurie fut renouvelé, la table était exquise, car Warwara, comme beaucoup de femmes froides et profondément égoïstes, tenait à la bonne chère et préférait un pâté de perdrix ou un ragoût d'écrevisses au clair de lune et au parfum des fleurs.

Bromirski était persuadé qu'elle ne songeait qu'à lui rendre la vie agréable ; il s'émerveillait en même temps des économies qu'elle savait faire sans qu'il en souffrît jamais. La maison était tenue avec un ordre rigoureux ; tout ce qui avait passé en gaspillage venait désormais grossir ses revenus, qui parurent augmenter considérablement dès la première année. Bromirski se félicita d'abord d'avoir une femme aussi entendue aux choses du ménage; il eût souhaité cependant que Warwara lui laissât un peu d'argent de poche.

— Te traiter comme un écolier quand tout est à toi?.. ce serait trop ridicule! s'écriait Warwara. Je ne suis que ton caissier.

Mais le caissier tenait ferme les fonds qu'on lui avait confiés ou laissé prendre. Dès qu'une somme quelconque arrivait à la seigneurie, Warwara faisait une toilette, capable de transformer un capucin en don Juan, et entourait son cher mari de câlineries félines jusqu'à ce qu'il lui eût remis l'argent. Chaque fois, il se promettait solennellement d'être moins faible, et parfois son héroïsme dura jusqu'au soir, mais jamais au delà. Elle enroulait autour de son cou ses cheveux dénoués, semblables à ces cordes de soie avec lesquelles un sultan fait étrangler ses pachas et ses vizirs, et c'en était fait.

Le vieux valet de chambre, qui était dans tous les secrets de son maître, disait aux gens de la maison, quand la baronne inaugurait de nouveaux atours :

— Il faut que monsieur ait reçu beaucoup d'argent aujourd'hui, car madame est très-décolletée.

Bromirski voulait-il faire une partie de whist, il devait s'adresser à sa femme, qui fronçait le sourcil et lui comptait avec répugnance quelques petites pièces.

— Il serait absurde, disait-elle, de perdre davantage.

Et le baron lui baisait encore la main en signe de remerciement. Néanmoins il finit par extorquer de l'argent à Warwara au moyen de prétextes dans le choix desquels il déployait un génie inventif qui le surprenait lui-même. Jamais, par exemple, il ne manquait d'aller lui-même à Kolomea pour remettre ou pour chercher des lettres ; c'était l'occasion de voler à Warwara quelques kreutzers, et il en était heureux comme un enfant ; ou bien il s'agissait de billets de loterie qu'il n'avait pu décemment refuser. Un jour, il prétendit avoir trouvé en chemin un jeune homme pendu à un arbre ; il s'était empressé de couper la corde, mais le malheureux avait juré de revenir à son funeste dessein s'il ne parvenait pas à se procurer cinq ducats qu'il devait au père de sa fiancée.

— Le mariage, la vie de ce pauvre garçon étaient en jeu, ajoutait Bromirski ; je n'ai pu résister au plaisir de le sauver.

Warwara fut ou feignit d'être dupe, mais elle ne tarda pas à découvrir que son mari avait fait quelques petites dettes. Elle les paya, puis manda le baron dans sa chambre, dont elle ferma la porte. Bromirski tremblait comme un meurtrier qu'on amène devant la preuve sanglante de son forfait.

— N'as-tu pas honte d'emprunter, dit Warwara, riche comme tu l'es?..

— Moi !.. c'est un malentendu... Ne vas pas te fâcher...

Elle se posa devant le misérable, en le menaçant du doigt :

— Que cela ne t'arrive pas une seconde fois ! pro

nonça-t-elle lentement, d'une voix si sévère, avec un tel regard, que Bromirski recula jusqu'à ce qu'il fut collé au mur, en balbutiant :

— Tu me fais peur.

Warwara possédait une seconde clef du bureau de son mari ; aussitôt qu'il s'absentait, elle visitait tous les tiroirs afin de s'assurer qu'il n'avait pas fait de nouveau testament. De jour en jour, elle prenait plus d'ascendant sur lui ; elle finit par lui interdire d'aller jouer chez les voisins.

— Qu'ils se réunissent plutôt ici une fois par semaine, dit-elle ; au moins, de cette façon, tu ne risqueras rien, car nous aurons soin de ne jamais jouer ensemble : quand tu perdras, je gagnerai ; quand je perdrai, tu gagneras. Comprends-tu ?

L'hôte ordinaire des Bromirski était, outre le curé, un certain Albin de Lindenthal, fils d'un ancien gouverneur du cercle et Polonais enragé, comme le sont en Gallicie tous les fils d'employés allemands. Ce Lindenthal, beau cavalier d'une trentaine d'années, faisait à la baronne une cour respectueuse, mais décidée. Il lui apportait des violettes et des roses en plein hiver, il lui donnait les plus belles sérénades. Le jour de sa fête, il imagina une fête champêtre. Les garçons et les filles de quatre villages réunis vinrent chanter et danser la kolomika autour d'un feu où rôtissait, attaché à un jeune bouleau qui représentait la broche, un bœuf tout entier, tandis qu'un jet d'eau improvisé faisait jaillir des flots d'eau-de-vie. Lindenthal invita la baronne pour une mazurke, et du haut du perron Bromirski regardait, ravi, en fumant sa pipe turque.

A quelque temps de là, Warwara, toujours attentive auprès de son vieux mari, lui persuada que les longues veilles ne convenaient pas à sa santé. La partie de whist ne dura plus jusqu'à minuit, le curé vint moins souvent; en revanche, Lindenthal était chaque soir assidu à la seigneurie, et quand le baron allait se reposer, il restait volontiers auprès de sa femme, lui tenant compagnie.

Malgré tous les soins dont il était l'objet, Bromirski tomba malade cet hiver-là, et au printemps il mourut. Warwara le négligea beaucoup pendant sa maladie, car elle avait peur du spectacle même de la souffrance; il la fit demander à la fin, mais la femme de chambre vint annoncer avec toute l'emphase polonaise que madame la baronne était tombée sans connaissance, de sorte que Bromirski expira sans lui avoir dit adieu, en murmurant sans cesse ces mots : « Pauvre femme! pauvre femme! »

A peine son fidèle valet de chambre lui eut-il fermé les yeux que Warwara le fit porter hors de la maison dans la salle mortuaire; puis, après que les fenêtres eurent été ouvertes une heure de suite et la chambre dûment parfumée, elle fit l'effort d'entrer pour fouiller tous les tiroirs. S'étant assurée qu'ils ne renfermaient rien de contraire à ses intérêts, elle mit le testament, qu'elle avait toujours gardé, dans le bureau du défunt.

Bromirski fut transporté avec pompe jusqu'au caveau de la famille. Sa veuve n'assista pas à la cérémonie; le désespoir l'en empêcha. Lindenthal marchait vêtu de noir derrière le cercueil, suivi de la foule des serviteurs.

Un homme de loi parut à Separowze pour l'ouverture du testament.

Warwara entrait en possession d'une fortune considérable. Elle n'avait que vingt-deux ans.

IV

Warwara donna en ces circonstances à sa mère une première preuve d'amour filial; elle prit madame Gondola dans sa maison. Les mauvaises langues prétendirent que c'était en qualité de femme de charge.

Jamais veuve ne porta le deuil avec plus de plaisir que Warwara, car chaque miroir lui répétait que les crêpes noirs faisaient valoir son teint éblouissant. Du reste, elle se dédommagea d'une année de retraite forcée par les plaisirs de l'année qui suivit. M. de Lindenthal avait demandé sa main; elle répondit avec autant de grâce que de fermeté qu'elle voulait rester libre, mais qu'elle ne lui défendait pas d'embellir ses jours.

Warwara n'était économe que de son propre argent. Elle acceptait sans scrupule les fêtes que Lindenthal lui donnait, elle acceptait sa loge au théâtre de Lemberg, de même qu'elle lui permettait de la conduire aux bals du gouverneur et des magnats. Retournait-elle à Separowze? Toute la contrée était sur le qui-vive, car ce devait être le signal de quelques splendides réjouissances, et jamais l'attente de l'honnête noblesse campagnarde ne fut déçue;

aujourd'hui encore, ceux de ses membres qui ont survécu à cette époque racontent les féeries imaginées par la baronne Bromirska. Elle monta une fois avec Lindenthal dans un traîneau qui représentait un ours blanc emporté par six chevaux noirs. Vêtue comme une czarine, coiffée d'un kalpak élevé à plumes de héron, elle jetait à la foule enthousiaste des poignées de ducats qui ne sortaient pas de ses coffres. Sur l'étang gelé, on construisit au mois de janvier un petit palais de glace dont le portail était précédé de deux dauphins crachant des flammes. Au carnaval c'était des bals masqués, des cortèges où figurait Warwara en Vénus triomphante sur un char de forme antique. L'été suivant eurent lieu des régates tout à fait extraordinaires, les bateaux finissant par donner la chasse à une baleine de carton qui fut traînée ensuite, à l'aide de harpons d'argent, devant la reine de la fête. Sur une estrade se tenaient des musiciens en costumes turcs et, lorsque la nuit se répandit, l'étang et ses bords étincelèrent soudain de lanternes de couleurs comme prélude au plus brillant des feux d'artifice.

Dans le tourbillon d'une pareille vie, Warwara n'oubialit pas l'administration de ses terres; en même temps elle augmentait ses revenus par d'habiles spéculations. Rien n'échappait à sa surveillance âpre et impitoyable. Le fermier de son moulin ne pouvant payer exactement, avait demandé en vain un sursis; en vain sa femme s'était-elle jetée aux pieds de la baronne; il fut accusé, condamné et une commission vint de Kolomea pour procéder à l'exécution légale. Tout étant fini, ces messieurs furent priés de dîner à la seigneurie, selon un vieil usage auquel ne pouvait échapper la baronne, bien qu'elle le désapprouvât. Quelle surprise pour Warwara lorsque, entrant dans la salle à manger, elle se trouva en face de Maryan Janowski! Le jeune homme impressionnable rougit jusqu'aux yeux; la femme froide, prudente et hardie, perdit elle-même quelque peu contenance. Néanmoins elle se remit promptement, lui tendit la main et s'écria :

— Quel heureux hasard!

Puis elle força M. Janowski de s'asseoir auprès d'elle à table et quand, le dîner terminé, les convives prirent place à la table de jeu, Warwara appela Maryan auprès d'elle sur un petit divan turc, à l'autre extrémité du salon.

— Dites-moi avant tout, mon ami, demanda-t-elle avec aisance, pourquoi, puisque nous sommes si proches voisins, vous ne m'avez jamais rendu visite?

— Je vous prie, madame la baronne, de considérer ma position...

— Vous êtes marié, c'est vrai! dit Warwara d'un ton moqueur.

— Ce n'est pas seulement cela, répondit Maryan avec calme, je suis encore greffier du tribunal de Kolomea.

— Je ne comprends pas...

— Vous ne comprenez pas que je suis pauvre et que vous êtes riche? Vous ne comprenez pas qu'un honnête homme ne saurait être tenté par le rôle de parasite?

— Je désire pourtant vous voir, dit la baronne, sa main blanche comme l'hermine mollement posée sur celle de Maryan, vous voir très-souvent... Je ne vous ai pas oublié, moi, bien que vous paraissiez, ajouta-t-elle très-bas, avoir effacé tout à fait de votre cœur certains souvenirs qui me sont chers.

— War... madame!...

— Point de paroles, interrompit Warwara; donnez-moi des preuves sérieuses de repentir, et je verrai si je dois vous pardonner.

Elle lui pardonna, car il revint souvent. Bien que l'honnêteté mît un sceau sur ses lèvres, il laissait lire dans ses yeux bien des choses qui, reliées et dorées sur tranche, se nomment de la poésie. Maryan était trop fier pour parler de ce qui reposait au plus profond de son âme, comme dans un sépulcre; il employait donc tous les moyens pour ne pas se laisser entraîner à de périlleuses conversations. Il y avait par exemple un échiquier sur la petite table devant le divan turc. Maryan plaçait cet échiquier entre lui et Warwara, qui toutes les fois l'amenait à se rendre.

— Comment peut-on jouer aussi mal? dit-elle un jour; il n'y a pas de plaisir à vous battre. Faites donc attention!

— Je suis tout attention, répliqua Maryan et c'est justement ce qui me trouble.

— A quoi faites-vous donc attention?

— A vos mains.

Ses mains étaient en effet fort belles. Elle le savait et sourit.

— Quand vous tenez suspendue au-dessus du damier cette main qui pourrait être un chef-d'œuvre de statuaire, continua le jeune homme, j'ai toujours l'impression qu'il vous serait aussi facile de toucher ma poitrine et de saisir mon cœur.

— Ah ! et qu'en ferais-je?

— Une pelote à épingles peut-être.

Un jour Maryan vint dans l'après-midi. Il faisait si beau que Warwara ne voulut pas le retenir à jouer et proposa une promenade.

Elle mit son grand chapeau de paille, prit son ombrelle et s'en alla gaîment avec lui à travers les ondes mûrissantes des blés, du côté du village d'Antoniowska. Le soleil brûlait, l'air était lourd à étouffer, de grands nuages blancs se gonflaient comme des voiles et montaient vite sans qu'on sentît le souffle qui les poussait en avant. Les oiseaux se taisaient, on n'entendait que le coassement des grenouilles et la chanson des cigales. Par un temps semblable, on cherche l'ombre. Warwara s'assit sur la lisière d'un verger; Maryan se tenait debout à quelques pas, la regardant mordiller un épi de blé :

— Je suis fatiguée, dit-elle; cette chaleur est insupportable.

— Nous aurons de l'orage, répliqua Maryan sans se rapprocher.

— Croyez-vous?

Comme le silence se prolongeait :

— En pareil cas, pensa la baronne, la littérature est la meilleure ressource. — Et elle entama une comparaison entre les romans français et anglais à laquelle Maryan ne s'attendait guère; il s'y jeta cependant à corps perdu pour sortir d'embarras. Tous deux parlaient avec tant de feu qu'ils ne remarquèrent pas ce qui se passait au ciel. De grosses gouttes de pluie les avertirent de gagner le village. Warwara cherchait en vain à s'abriter sous son ombrelle; une forte grêle se mêlait à des torrents d'eau.

— Nous serons lapidés! criait-elle.

Maryan l'entraîna, éperdue, jusqu'à la plus proche chaumière qui se cachait sous les pommiers et les buissons de syringa. Il en poussa la porte, et aussitôt une grosse poule mouchetée, effrayée de cette irruption, sauta sur la table avec des gloussements de détresse, puis de la table sur le poêle où elle continua de s'agiter.

— Les gens de la maison doivent être aux champs, dit la baronne, et moi je suis trempée; si l'on pouvait faire un peu de feu pour se sécher!

Maryan eut vite trouvé du bois résineux et quelques brins de fagot qui remplirent le poêle de petillements pareils aux coups de fusils d'une bataille.

— La paysanne a sûrement des robes, dit-il ensuite, il faut que vous changiez de vêtements sous peine de prendre la fièvre.

Ouvrant une armoire, il en tira quelques hardes. Warwara, assise sur une caisse peinte, s'efforçait en vain d'ôter ses bottines; le cuir était gonflé par l'humidité.

— Permettez-moi de vous aider, murmura Maryan. — Et, pliant le genou, il défit les bottines, tira les bas, puis enveloppa les pieds nus, d'une beauté marmoréenne, dans les mouchoirs de la paysanne. Il n'y avait point de bas, bien entendu, mais les lourdes bottes du dimanche pouvaient servir, faute de mieux. Après s'être acquitté avec une réserve imperturbable de son office de femme de chambre, Maryan sortit, laissant la baronne se déshabiller. Elle apparut bientôt sur le seuil vêtue d'un jupon bleu très-court, d'une chemise chamarrée de broderies en laine rouge et d'un corset de drap noir comme une belle de village de la Petite Russie. Les femmes pensent à la parure dans toutes les situations, elle avait donc entouré son cou de grains de corail et noué autour de sa tête un mouchoir jaune qui, cachant le front à demi, grandissait encore ses yeux.

— Est-ce que je vous plais ainsi? demanda-t-elle à Maryan.

Perdu dans une muette admiration, il oublia de répondre.

— Mais vous aussi, ajouta-t-elle, vous tremblez de froid. Allez changer d'habits. Ne m'entendez-vous pas?

— J'écoute.

— Cela ne suffit pas; il faut obéir.

— Comme vous voudrez.

Après s'être déguisé en paysan gallicien Maryan fouilla toute la chaumière.

— Il n'y a de thé nulle part, dit-il enfin. Je ne trouve que de l'eau-de-vie.

— Donnez-m'en donc un peu, ordonna la baronne.

Maryan versa de l'eau-de-vie : elle y trempa ses lèvres, puis lui rendit le verre, qu'il vida d'un trait.

Tous deux tendirent une corde devant le poêle pour y sécher leurs habits.

La tempête avait cessé; il ne pleuvait plus. Les gouttes d'eau qui tremblaient sur les feuilles ressemblaient à des diamants; la lumière dorée du soleil ruisselait de nouveau sur toute la campagne, au-dessus de laquelle s'arrondissait l'arc-en-ciel.

— Nous pouvons partir, dit Maryan.

— Affublés comme nous le sommes?...

Un sourire effleura ses lèvres, tandis qu'il regardait, pensif, le sol à ses pieds.

— A quoi pensez-vous?

— Qu'il vaudrait mieux pour moi que vous fussiez toujours vêtue ainsi.

— Et pourquoi?

— Parce que je pourrais dire à une paysanne bien des choses que je dois cacher à la baronne.

— Qu'est-ce que ce devoir-là? qui vous l'impose? s'écria Warwara avec un regard étincelant de colère charmante. Je ne vous ai pas condamné à rester muet; c'est vous qui me gardez rancune. Vous dites des absurdités... Si j'étais paysanne, vous ne m'aimeriez pas. Allons-nous-en.

Elle sortit de la chaumière d'un pas dégagé. Maryan suivait à quelque distance; brusquement elle s'arrêta et l'attendit :

— Mais parlez donc, dit-elle, je vous le permets, ou plutôt je le veux. Avez-vous tout oublié? Vous paraissiez m'aimer autrefois; comment vous suis-je devenue indifférente?

— Si je l'expliquais, vous me comprendriez mal peut-être. Je ne veux pas avant toutes choses que vous me méprisiez.

— Décidément, vous êtes fou! Je n'aurais jamais cru les hommes si romanesques. Où avez-vous pris tout cela? Dans *Werther?*

Tout en faisant une moue de dédain, elle approchait ses lèvres du visage de Maryan qui sentit la fraîcheur de son haleine et recula.

Là-dessus, elle le toisa fièrement de bas en haut et secoua la tête comme pour dire :

— Attends! tu me demanderas à genoux ce que tu feins de dédaigner aujourd'hui.

Cette femme, malgré toute sa perspicacité, n'entendait rien aux scrupules de la conscience.

— Il m'aime pourtant, disait-elle rêveuse, il me désire et il me fuit!..

Bromirski avait laissé une assez belle bibliothèque à laquelle Maryan empruntait parfois des livres. Un jour Warwara, feuilletant certain volume de Mickiewicz qu'il venait de rapporter, vit une marque autour de quatre vers qui peuvent se traduire ainsi :

« Mon âme, le souvenir habite en toi, comme un vautour. — Il dort pendant la tempête du sort et tu es sauve. — Mais le repos et la confiance te sont-ils rendus. — Aussitôt, tu saignes sous des serres impitoyables. »

— Pourquoi, demanda Warwara, pourquoi donc avoir marqué ce passage?

Maryan s'en défendit.

— C'est inutile de nier, s'écria-t-elle, vous l'avez marqué, vous dis-je! De quel souvenir êtes-vous tourmenté? Qu'avez-vous perdu? A quoi bon saigner et vous débattre?

— Il est donné au poëte, répondit Maryan d'une manière évasive, de rendre dans la langue des anges la souffrance muette de l'homme...

— Continuerez-vous à parler par énigmes? interrompit Warwara avec emportement. Prétendez-vous, monsieur, vous jouer de moi? Assez de phrases sentimentales! Si je vous plais comme autrefois... alors... ces vers sont superflus, je ne vous ai pas repoussé! Si vous ne tenez plus à moi, que signifient ces soupirs, ces allusions, ces aveux à demi étouffés qui agacent mes nerfs et qui commencent, entendez-vous... à m'ennuyer?

Maryan éclata enfin :

— Faut-il vous dire que je vous aime?

— Vous ne pouvez pourtant vous attendre raisonnablement à ce que je le dise la première?

— Où nous conduirait ma folie? Vous êtes libre, mais moi...

— Ah! nous y voici! vous voudriez m'épouser! dit Warwara avec un rire moqueur; mes richesses ne vous feraient pas honte si je vous offrais de les partager, de monter du rang de petit greffier à celui de maître de Separowze!

Maryan était devenu très-pâle.

— Je vous l'avais bien dit que vous me comprendriez mal, répondit-il avec hauteur; heureusement, je peux prouver par mes actes que...

Il s'interrompit, salua et sortit tranquillement de la chambre.

Warwara s'efforça en vain de le rappeler; elle parut trop tard à la fenêtre ouverte, il dépassait déjà d'un pas rapide l'allée de peupliers; il n'eut garde de se retourner pour voir flotter un mouchoir blanc, il fut sourd à la voix qui prononçait son nom avec un mélange de prière et d'angoisse. Son orgueil avait triomphé encore une fois, mais le triomphe ne devait pas être de longue durée.

Lorsque M. de Lindenthal se présenta ce soir-là chez la baronne il ne fut pas reçu, et le lendemain Warwara se leva les yeux rouges. Si Maryan se fût traîné à ses genoux, elle l'eût repoussé peut-être; les dédains du jeune homme irritaient son amour-propre. Elle pensait comme Talleyrand que chaque homme, de même que chaque chose, a son prix et le fait qu'un pauvre petit scribe eût considéré comme une offense l'hypothèse d'être enrichi par ses mains la laissait confondue. A tout prix, il fallait vaincre cette insolence. D'ailleurs elle aimait Maryan autant qu'il lui était possible d'aimer, avec une sorte d'énergie semblable à de l'avidité. Elle le poursuivit désormais, comme don Juan put poursuivre une fille aux abois. Son unique pensée du matin au soir était de le rencontrer, et elle le rencontrait, comme si sa volonté implacable eût forcé les événements. Chaque fois elle le saluait affectueusement; elle s'arrêtait même, dans l'espoir qu'il l'aborderait, et Maryan passait d'un air sombre. Une fois, sur la route impériale, à quelque distance de la ville, elle fit arrêter sa voiture et cria :

— Monsieur Janowski, je vous en prie, un mot!...

Maryan resta immobile, respirant avec effort :

— Me prenez-vous donc pour un mendiant, noble dame? demanda-t-il. Je ne demande pas l'aumône. Employez mieux votre argent.

Puis s'adressant à un groupe de fainéants déguenillés, boiteux fort ingambes et aveugles voyants, qui encombraient le fossé, il reprit :

— Écoutez, pauvres gens! voici une dame compatissante qui veut vous donner, vous donner beaucoup. Courez vite!

Là-dessus il s'éloigna, laissant Warwara aux griffes de ces gueux, qui saisissaient les rênes des chevaux, grimpaient sur les roues, tendaient leurs bonnets à la portière en énumérant leurs misères, comme fait le chœur d'une tragédie grecque.

— En avant! ordonna la baronne

— Impossible! répondit le cocher.

— N'importe! que les chevaux passent sur eux!

Le cocher fit le signe de la croix et ne bougea pas. Force fut bien à madame Bromirska de tirer sa bourse et de jeter son argent à cette horde presque menaçante qui lui souhaita cent ans de vie et autant d'enfants.

Cette désagréable aventure ne l'empêcha pas d'aborder quelques jours plus tard Maryan, qui fumait un cigare devant le café de Kolomea, où se trouvaient aussi cinq officiers, un commissaire du cercle et une demi-douzaine de juifs, lesquels ouvrirent de grands yeux et envièrent la bonne fortune du jeune greffier. Maryan eût désiré être un oiseau qui s'envole à l'approche du chat, mais la fortune lui ayant refusé des ailes, il jugea convenable de répondre en homme bien élevé. Warwara feignait de se promener sur la place; elle lui parlait en même temps avec vivacité sans obtenir une seule réponse. Au bout de quelques minutes, Maryan regarda sa montre, et prétexta une affaire pour la quitter.

Une autre fois elle vint à son bureau, lui demander

conseil pour un procès. Il s'excusa disant qu'il n'était pas légiste.

— Mais vous êtes un homme d'esprit et je n'ai confiance qu'en vous.

— Consultez plutôt M. de Lindenthal.

Elle se leva d'un air de reine outragée, mais le soir même, il la trouva sur son chemin; elle lui saisit les mains avec des sanglots étouffés :

— Pardonnez-moi, le dépit m'a emportée trop loin, oubliez les paroles indignes qui m'ont échappé, j'en suis trop punie, ayez pitié de moi! Faut-il tomber à genoux ici, dans la rue?

— Je ne vous en veux pas..., balbutia Maryan, dont le ressentiment devait céder à cet humble repentir.

— Prouvez-le en m'accompagnant tout de suite jusque chez moi.

Il voulut résister, mais la victoire fut pour la baronne. Dans cette calèche close qui roulait au milieu du silence et des ténèbres, il était son prisonnier; Warwara se jura de ne plus jamais lui rendre sa liberté.

A Separowze ils furent reçus par M. de Lindenthal qui, ne comptant pas sur la présence d'un tiers, vint au-devant de la voiture en bottes rouges et en robe de chambre turque. Maryan changea de couleur et voulut prendre congé.

Warwara ne comprit pas d'abord :

— Quelle mouche vous pique? demanda-t-elle.

Tout à coup elle éclata de rire :

— Jaloux? vous êtes jaloux! Et vous ne vouliez pas de moi! Eh bien! c'est votre punition!

Elle profitait, pour parler ainsi, de l'absence de Lindenthal qui, tout confus de son côté, était allé faire une toilette moins intime.

— Cet homme a des droits que je suis tout prêt à respecter, riposta Maryan, désenchanté une fois de plus.

— Taisez-vous, interrompit Warwara, je ne veux pas chez moi de scandale ; mais je vous jure de le congédier de la bonne manière. Faites-nous seulement une mine moins tragique et vous verrez !

Sur ces entrefaites une alliée précieuse vint au secours de Warwara. Ce fut Théofie, la femme de Maryan, bonne personne d'un esprit borné et de sentiments assez vulgaires. Les longues visites que son mari faisait à Separowze et dont elle ne pouvait manquer d'être instruite, excitèrent sa jalousie. Au lieu d'avoir recours pour le retenir à des artifices ingénieux, elle s'emporta, elle le tourmenta par ses prières, ses reproches, ses larmes, ses attaques de nerfs, ses menaces, ses injures ; elle ouvrit les lettres qu'il recevait de Warwara, elle le suivit à Separowze, le fit appeler par les valets, entama une scène de violence, puis lorsqu'elle le vit en colère, tomba soudain à genoux, jurant, les mains levées au ciel, que personne ne pouvait l'aimer comme elle l'aimait. Tout cela n'était pas fait pour rallumer un amour éteint. Au lieu de ramener son mari, la pauvre femme le poussa dans les filets de sa rivale, comme si elle eût été complice de cette dernière. Une brouille complète avec Lindenthal acheva d'assurer l'ascendant de Warwara sur Maryan Janowski.

Le magnifique gentilhomme arriva un jour chez sa maîtresse très-rouge et très-embarrassé ; après de longs préambules, il demanda timidement à la baronne de lui prêter un peu d'argent.

Warwara se mit à jouer avec les franges du sofa où elle était assise, comme si elle eût réfléchi.

— Prêter de l'argent à ses amis est le moyen le plus sûr de perdre leur affection. Vous m'êtes encore trop cher, Albin, je me garderai de vous prêter une obole.

— Mais, Warwara, puisqu'il faut vous le dire, je suis ruiné ou bien près de l'être, et si mes amis m'abandonnent...

— Je vous remercie de votre franchise, interrompit froidement la baronne ; si vous en êtes là, il serait inutile d'essayer de vous sauver et je risquerais en outre d'être entraînée dans votre malheur.

— Vous oubliez, fit observer Lindenthal avec amertume, que tout ce que je possédais a été à vous bien longtemps !

— Il est indigne d'un homme d'honneur de me le rappeler, dit Warwara, avec une superbe explosion de courroux ; après ce reproche, monsieur, je ne puis plus vous revoir.

Elle lui montrait la porte. Lindenthal sortit en chancelant :

— Soit, dit-il, je n'ai qu'à mourir.

— Vous ne pouvez rien faire de mieux, répliqua la baronne avec une sombre ironie ; n'avez-vous plus de pistolets? Je vous en prêterai un, je vous donnerai même de la poudre et des balles. Vous voyez que je sais rendre service, quoi que vous en disiez.

Le malheureux la quitta tout à fait anéanti; il ne s'est pas tué cependant, que je sache.

Peu de temps après cette rupture, madame Gondola rendit l'âme, humblement, sans bruit, comme elle avait vécu, dans la maison de son opulente fille. Warwara surmonta cette fois l'horreur qu'elle avait des impressions désagréables; elle vint sur le seuil de la chambre où agonisait la vieille dame, lui demander s'il y avait quelque chose qu'elle souhaitât, puis battit en retraite, satisfaite d'elle-même.

Comme il lui fallait une complaisante, une subalterne de confiance à laquelle elle pût livrer quelquefois ses secrets et une partie de ses intérêts, elle remplaça vite sa mère par une certaine Hermine, camériste, brune piquante, vraie beauté bohémienne, résolue en outre et adroite, qui se promit de dominer promptement sa maîtresse. Warwara sentait en elle un esprit supérieur et lui demandait son avis pour toutes choses, sauf pour ce qui concernait Maryan. Sur ce point elle avait un projet arrêté, projet inouï, qui paraîtra incroyable à quiconque ignore nos mœurs galliciennes.

Peut-être n'ai-je pas fait bien connaître jusqu'ici la femme de Maryan : la scène qui va suivre suffira cependant à donner une juste idée de son caractère. Warwara, profitant de l'heure où le greffier était à son bureau, fit arrêter son carrosse devant le pauvre logement des Janowski.

— Je suis, dit-elle simplement, la baronne Bromirska, et je viens, madame, vous proposer un marché.

— A moi? demanda Théofie atterrée.

Ses cheveux étaient en désordre sous un bonnet chiffonné, et, dans un négligé à peine propre, elle ne paraissait ni jeune ni jolie, bien qu'elle fût en réalité l'une et l'autre.

— La chose est bien simple, continua Warwara, qui, sans y être invitée, s'était jetée sur un vieux canapé à housse jadis blanche et promenait un regard de pitié sur cet intérieur qui trahissait un désordre plus insupportable sans doute à Maryan que la pire pauvreté. Voulez-vous me vendre votre mari?

— Vous le vendre?...

— Remarquez, madame, que la démarche que je fais est dans votre intérêt seul. Votre mari m'aime, il m'appartient, personne ne peut me le reprendre; mais les gens malavisés aiment le bruit, dont, pour ma part, j'ai horreur. Je veux jouir en paix de ce que je possède, et puis il me plaît que Maryan voyage avec moi. Si je l'emmène il abandonne son emploi, cela va sans dire. Je trouve donc loyal de vous offrir une somme annuelle égale à ses appointements.

Théofie s'emporta comme l'eût fait à sa place toute autre femme, puis elle pleura, elle sanglota, sans que Warwara l'interrompît. Lorsque ses larmes furent séchées par un nouvel accès de colère :

— Écoutez, dit la baronne, il faut vous décider vite; Maryan ne doit rien savoir de cette affaire avant qu'elle soit conclue; il ne donnerait jamais son consentement; mais il me suivra, si je le veux, et alors de quoi vivrez-vous?

— Oui, de quoi vivrai-je? murmura d'une voix sourde madame Janowska.

— Acceptez donc cette rente.

— S'il faut que je perde mon mari...

— Vous l'avez perdu, il ne vous aime pas.

— Eh bien! vous me le payerez cher! C'est un capital que j'exige, non pas une rente. Les femmes de votre sorte peuvent changer d'avis.

— Quels sont les appointements?

— Six cents florins.

— Je vous en donne dix mille.

— Non, cela ne suffit pas. Je veux vivre dans l'aisance, si je suis malheureuse.

Warwara fronça le sourcil.

— Mon mari vaut bien trente mille florins.

— Oh! il est sans prix, dit la baronne; mais je ne vous donnerai pas plus de quinze mille florins.

— Vingt mille!

— Pour vous prouver que je ne suis pas avare, dix-huit mille, pas un florin de plus!

La lutte dura longtemps.

— Je garde mon mari, en ce cas, dit Théofie.

— Comment vous y prendrez-vous?

— Je ferai valoir mes droits d'épouse. La loi me donnera raison.

— Va donc pour vingt mille florins!

Warwara sortit de sa poche un acte tout rédigé où la somme seule était en blanc.

— Il me faut votre signature.

Madame Janowska alla chercher un encrier couvert de poussière, en tira, au bout d'une plume rouillée, une mouche et un fil d'encre, signa l'acte et le reçu, puis, faute de sable, sécha l'écriture avec du poivre qui restait sur la table depuis le dernier dîner. Les vingt mille florins furent comptés, les deux parties contractantes se tendirent la main, et tandis que le carrosse de Warwara s'éloignait à grand bruit, Théofie se remit à pleurer, tout en cousant l'argent dans de petits sacs qu'elle cacha un peu partout.

Lorsque Maryan sortit de son bureau, il aperçut la baronne qui, renversée sur les coussins de sa voiture découverte, lui faisait signe de la main.

— Tu es libre, dit-elle gaiement, je t'emmène, nous dînerons ensemble aujourd'hui et toujours.

— Que signifie...

— Je t'expliquerai. Monte d'abord.

En route et tandis que les chevaux dévoraient la distance au plus vite, Warwara partit d'un grand éclat de rire :

— Dis-moi avant tout, demanda-t-elle, si tu vaux vingt mille florins ?

— Est-ce une plaisanterie ?

— Elle est de mauvais goût, j'en conviens, mais ta femme l'a signée.

Warwara lui tendit les deux papiers ; il lut, regarda la baronne, lut encore, froissa l'acte entre ses mains et haussa les épaules :

— Croyez-vous qu'un homme se laisse vendre comme un cheval ou un chien ? Il me suffira de dire non...

— Tu ne diras pas non, parce que tu m'aimes.

— Autant que je te hais, répliqua Maryan farouche.

— Enfant ! ne désirais-tu pas de tout ton cœur pouvoir être à moi comme je suis à toi seul ? Nous verrons le monde ensemble, nous jouirons de la vie, tu abandonneras un travail ingrat...

— Et s'il me manque, de quoi vivrai-je ?

— Vas-tu mêler d'ignobles questions d'argent à notre amour ? Je te parle d'aller en Italie, à Paris, où tu voudras...

Maryan se tut. C'était une première lâcheté sans remède. Il consentait par ce silence à quelque chose de pire que la mort, l'infamie.

— Oh ! que je suis heureuse, s'écria étourdiment Warwara, un bonheur comme le mien ne peut être acheté trop cher !

— Même si on le paye vingt mille florins ? demanda Maryan avec un dégoût profond.

Il se sentait le plus vil des hommes et il s'y résignait.

V

Quelques jours après cet événement, la baronne et Maryan convinrent de s'éloigner du lieu qu'habitait madame Janowska. Ils partirent pour Vienne. Jusqu'au dernier moment, Warwara craignit que sa proie ne lui échappât ; Maryan ne pouvait s'absenter une heure sans la retrouver en larmes, persuadée qu'il avait pris la fuite et qu'elle ne le reverrait plus. Pour le retenir, elle l'avait chargé d'une responsabilité matérielle, en lui remettant tout l'argent du voyage. C'était de la part d'une telle femme un acte de confiance extraordinaire.

— Mais, se disait-elle, jamais il n'emportera l'argent, et s'il me le rend, je serai avertie de ses desseins dont j'aurai le temps d'empêcher l'exécution. Ce portefeuille me répond de lui.

De pareilles précautions étaient bien inutiles. Maryan ne songeait guère à rompre ses indignes chaînes : il s'enivrait de son bonheur jusqu'à n'avoir plus ni honte ni remords. Rêver, étendu aux pieds de Warwara, lui dire ces mille folies qui font hausser les épaules aux gens de sang-froid et qui sont les délices des amants, vivre près d'elle dans un état de vague béatitude, c'était tout ce qu'il demandait. Les quinze premiers jours se passèrent ainsi troublés seulement par les énergiques remontrances d'Hermine à sa maîtresse.

On pourra s'étonner de l'humilité avec laquelle les supportait madame Bromirska. Mais, à cette époque, l'empire d'Hermine était définitivement établi : la baronne, qui jusque-là ne s'était attachée à aucune femme, aimait jusqu'à la rudesse de cette suivante au franc parler qui ne la flattait jamais, tout en lui marquant un dévouement absolu. Elle ne l'avait pas décidée sans peine à l'accompagner en Italie. Hermine lui avait reproché de sacrifier sa réputation à un aventurier, de s'afficher comme une courtisane, d'oublier la dernière pudeur et avait fini par déclarer qu'elle ne tremperait pas dans un tel scandale, qu'elle s'en irait. Les prières, les larmes de la baronne eurent raison de ces scrupules qui n'étaient peut-être que les susceptibilités d'un despote obligé à l'improviste de partager le pouvoir ; elle resta, mais en témoignant à l'intrus un dédain écrasant, une froideur glaciale dont il affectait de ne pas s'apercevoir. Peu à peu l'attitude de cette singulière personne se modifia ; elle observait Maryan et le mépris qu'il lui avait inspiré d'abord se changeait insensiblement en pitié. Plus d'une fois la baronne, qui l'emmenait partout avec elle, au théâtre, à la promenade, la traitant comme une sœur, remarqua, non sans en prendre ombrage, l'expression des yeux noirs d'Hermine lorsqu'ils s'arrêtaient sur Maryan.

Déjà la félicité des amants s'obscurcissait de quelques nuages : chez chacun d'eux commençaient à s'éveiller lentement des instincts ennemis qui semblaient vouer ces deux êtres unis par la passion à une haine future, à des hostilités réciproques et implacables. Maryan était plus amoureux que jamais, et cependant il avait des lueurs de raison, rares et fugitives sans doute, qui lui permettaient de discerner toutes les noirceurs, toutes les bassesses du caractère de Warwara. Son avarice surtout le révoltait. Dans la pauvreté même, il avait toujours été généreux. Un mendiant lui tendait-il la main, il donnait son dernier sou, sans demander d'abord :

— Es-tu digne d'être secouru ? N'es-tu pas misérable par ta propre faute ?

Warwara au contraire eût considéré comme une faiblesse coupable de venir en aide à un fainéant ; elle engageait les infirmes à se faire recevoir dans quelque hospice, les vagabonds à travailler ; celui-ci était trop bien vêtu, il devait mentir, les haillons de celui-là indiquaient une vie de désordre abject.

Il était curieux de l'entendre, en ces circonstances, faire de la morale comme si elle-même eût été sans reproche. L'assemblage des deux épithètes pauvre et honnête la faisait rire ; elle trouvait ces qualités inconciliables.

— On ne doit jamais se laisser entraîner par le sentiment, disait-elle, jamais !

Maryan sifflait entre ses dents au lieu de répondre ; ce langage était si déplacé dans la bouche d'une femme jeune, belle, aimée ! Une sorte de mélancolie l'envahit peu à peu.

— Est-il malade ? se demandait Warwara.

L'événement donna raison aux craintes qui la tourmentaient ; une année à peine s'était écoulée dans des voyages et des plaisirs de toutes sortes, quand soudain, au milieu d'une fête, le sang jaillit des lèvres du jeune homme avec une violence épouvantable. On eût dit que le rouge torrent de la vie voulait s'échapper jusqu'à la dernière goutte. Les médecins furent appelés en toute hâte. Warwara s'enfuit ; elle avait peur ; elle ne voulait pas assister au dénouement terrible, et puis certains ennuis pouvaient s'ensuivre pour elle. L'accident était survenu à Vienne.

— Il faut, dit-elle à Hermine, que nous partions pour Separowze ; il pourra m'y rejoindre, s'il guérit.

— Partez, répondit Hermine, moi je reste.

A la profonde surprise de sa maîtresse, elle s'obstina dans cette résolution : personne ne savait préparer aussi bien qu'elle des pilules de glace, ses soins étaient nécessaires au malade, elle ne le quitterait pas, c'était une question d'humanité.

Quand, à la fin du quatrième jour, le péril fut conjuré, Maryan promena autour de lui un regard éteint en prononçant le nom de Warwara. Ce fut Hermine qui répondit; il la regarda, sourit avec tristesse et lui tendit une main tremblante, presque diaphane, sur laquelle tomba un baiser mouillé de pleurs.

Warwara revint pour la convalescence avec de grandes démonstrations de tendresse et de joie. Tandis qu'agenouillée devant le lit de repos où gisait Maryan, elle lui parlait des angoisses qu'elle avait ressenties, Hermine la regardait avec des yeux qui s'élargissaient dans l'obscurité comme ceux d'une bête de proie. La baronne se releva pour allumer une cigarette dont la fumée fit aussitôt tousser Maryan.

— Pour Dieu! ne fumez pas! s'écria Hermine.

— Dis-moi si cela t'importune, fit Warwara s'adressant au jeune homme. Aucun sacrifice ne me coûtera, tu le sais.

Il secoua la tête et continua de tousser.

— Ne l'entendez-vous pas? dit brusquement Hermine.

— Mais je lui ai demandé...

— On ne demande pas, on sent ces choses-là!

Elle fit tomber des doigts de madame Bromirska la cigarette qu'elle écrasa par terre.

— Tu brûles le parquet, Minoschka.

— Mieux vaut brûler le parquet, ma foi, que ses poumons!

— A t'entendre on croirait que je suis une égoïste et sans cœur!

— Vous avez plus de nerfs que de cœur, en tout cas!

La baronne était habituée à ces sorties de la part de sa confidente. Elle haussa légèrement les sourcils.

Le médecin vint faire sa visite quotidienne. Warwara l'emmena chez elle et eut avec lui un entretien secret auquel prit part sans y être invitée la fine oreille d'Hermine.

— Ainsi, j'ai payé vingt mille florins une vie qui menace de s'éteindre à chaque instant! pensa la baronne lorsque le médecin lui eut déclaré que la santé de Maryan exigeait le séjour permanent dans un pays chaud.

— Que de dépenses! dit-elle à Hermine, et puis je ne vais plus avoir un moment de repos. Je l'aime tant, et je suis menacée de le perdre! Par quelle fatalité me suis-je attachée à un malade?

— Oh! madame, dit Hermine, vous parlez d'amour! et vous pensez à votre argent comme une juive, une vraie juive...

— Vas-tu encore me dire des injures?

— A votre place, moi, je vendrais ma vie pour pouvoir le sauver, le soulager seulement...

— Tu en parles à ton aise!

La baronne emmena cependant Maryan en Italie. Ils s'arrêtèrent d'abord à Venise, où le convalescent parut renaître sous l'influence des brises marines et surtout des impressions nouvelles. Il était sensible aux arts, à l'éblouissant spectacle qu'offrent ces palais flottants pour ainsi dire entre le ciel et l'eau, il riait comme un enfant quand les domestiques de l'hôtel l'appelaient le prince Janowski.

Le fameux portefeuille lui était toujours confié, il

payant les notes de l'hôtel, les gondoles, les loges au théâtre, mais Warwara l'arrêtait s'il faisait mine de donner une piécette à quelqu'un de ces enfants qui s'empressent sur les pas de l'étranger pour rendre mille petits services, ou d'acheter des fleurs à la bouquetière de la Fenice. Elle lui enlevait la bouteille de vin de Bordeaux qu'il buvait par ordre des médecins, de crainte qu'il ne s'échauffât le sang, confisquait ses cigares dans l'intérêt de sa poitrine, venait éteindre avec un sourire la bougie qui brûlait pendant ses nuits d'insomnie, afin d'empêcher qu'il ne se fatiguât en lisant, et songeait parfois, quand il s'agenouillait à ses pieds, qu'il devait user sur le tapis ses vêtements neufs.

Maryan avait désiré monter à cheval :

— Il faut qu'il ait un cheval ! dit Hermine.

— Un cheval à Venise ? ce serait une anomalie, je lui donnerai un chien de préférence.

Mais le chien coûtant fort cher, elle s'avisa que cette vilaine bête infecterait l'air dans la chambre du malade ; un chat vaudrait mieux, mais le chat valait dix florins, on avait vu des gens étouffés par des chats dans leur sommeil ; elle finit par lui apporter un oiseau dont Maryan s'amusa, car il aimait tout être vivant comme font ceux qu'a déjà effleurés l'haleine froide de la mort.

Maryan observait et jugeait Warwara, mais en lui cherchant des excuses. Elle l'aimait, puisqu'elle avait soin de lui et que pour lui elle se résignait à l'exil.

En été, cependant, les voyageurs revinrent à Separowze, où la baronne n'avait plus de ménagements à garder envers le monde, puisque chacun y était au fait de la situation de Maryan. Alors, elle ressaisit tout naturellement la direction de sa fortune et lorsque, l'hiver revenu, l'inséparable trio reprit le chemin de l'Italie, le prince Janowski se trouva, par un tour d'adresse qui eût fait honneur à l'escamoteur le plus habile, relégué au premier rang de la domesticité; non que l'impérieuse baronne convînt de cette transformation avec lui ou seulement avec elle-même; elle l'accablait toujours de petits soins et de tendres caresses, il avait toujours la meilleure chambre de la maison, un médecin à ses ordres, tout le luxe que peut désirer un homme riche; si elle le chargeait de ses commissions, si elle le laissait au débarcadère remplir l'office de portefaix, c'était pour le forcer à un exercice salutaire. Il ne se plaignait pas du reste; sa mauvaise humeur, qui se traduisait en boutades et en railleries amères, était celle d'un malade, voilà tout. Jamais il ne manquait une occasion de faire le procès des richesses.

Le lieu qu'ils avaient choisi cette fois pour leur résidence était Rome. Un jour qu'ils visitaient ensemble la villa Ludovisi et les jardins de Salluste :

— Vous n'admirez rien, dit Maryan à Warwara, qui regardait les merveilles environnantes d'un air d'indifférence profonde. Vous êtes bien trop sage pour cela! Que le ciel me préserve de votre sagesse, qui rend aveugle et sourd! Si, au lieu de feuilles, des ducats bien brillants pendaient à ces arbres, vous ouvririez les yeux sans doute; vous diriez : — Le délicieux pays! Que la nature est belle! — Pauvre femme! je vous plains de tout mon cœur!..

Et il éclata de rire.

— Devient-il fou? demanda Warwara inquiète a sa fidèle Hermine.

— Réponds ! s'écria Maryan prenant brusquement la tête de Warwara entre ses mains pour la forcer à le regarder dans les yeux. Te sens-tu le cœur épanoui comme l'ont les pauvres? Es-tu heureuse?

— Oui, si tu m'aimes.

— Tu veux qu'on t'aime et tu n'aimes pas; c'est de l'eau de pavot qui coule dans tes veines; tu redoutes de rien prodiguer, même tes sentiments. Tu es économe de ton cœur comme de ton argent.

— Je ne t'aime pas ?

— Non !

Warwara porta son mouchoir de dentelles à ses paupières humides :

— Pourtant, ton injustice me fait pleurer.

— M'aimes-tu? donne tout ce que tu possèdes et laisse-moi travailler pour toi, mendier pour toi si je n'ai plus la force de travailler. Tu verras comme nous serons heureux !

— Cet homme est fou décidément, pensa madame Bromirska.

Quelque temps après, comme elle se plaignait avec amertume d'un de ses paysans qui avait volé à la seigneurie de Separowze un sac de pommes de terre :

— Nourris-les mieux, dit Maryan moqueur, l'honnêteté veut manger quelquefois; la meilleure lampe risque de s'éteindre si l'on n'y renouvelle l'huile nécessaire.

— Tu défends toujours les gueux!

— Je n'en ai pas le droit, en effet, n'ayant plus les vertus de la pauvreté. Il faut que tu le saches pourtant, quand un pauvre cesse d'être honnête, il n'est pas toujours criminel, tandis que l'honnêteté du riche ne peut jamais être un mérite.

— Ce sont là, soupira Warwara, des idées de communiste...

Pendant une excursion qu'ils firent dans la campagne de Rome, Warwara ne cessa d'exprimer la crainte folle d'être attaquée par des brigands. Maryan cependant chantait un air de *Fra Diavolo.*

— Voilà, dit-il, la supériorité que donne une poche vide ; on attend les bandits en chantant.

— Je crois vraiment que tu les appelles ! balbutia Warwara qui se mit à prier.

Elle avait peur de ce qui lui semblait être chez Maryan un accès de démence autant que des bandits eux-mêmes. De plus en plus elle regrettait ses vingt mille florins. Au lieu de se rétablir, Maryan languissait, épuisé par un combat atroce, celui de la passion invincible et du mépris de lui-même.

Hermine le devinait. Elle parlait peu, restait à son égard dans une demi-réserve, mais elle était toujours là quand il souffrait, une tasse de tisane ou une drogue à la main.

— Ma petite bohémienne ! disait Maryan.

Et elle se trouvait récompensée.

Parfois Warwara la chassait avec colère ; la jalousie s'emparait d'elle :

— Si j'était soupçonneuse !... disait-elle.

— Que soupçonnerais-tu ? demandait Maryan.

— Que tu me préfères cette chétive laideron au

teint noir. Je ne serais pas la première femme trompée.

Maryan détournait la tête d'un air de lassitude. Qu'elle le comprenait peu! Comme s'il eût pu bannir un seul instant de sa pensée, de son cœur, dont elle torturait toutes les fibres, la cruelle idole à laquelle il s'était donné! Souvent, après des scènes de passion insensée, il l'éloignait de lui.

— Que tu es belle et affreuse à la fois! lui disait-il. Je ne te souhaite pas de devenir vieille! Quand les années auront eu raison de la volupté de ton corps, tout le monde te fuira. Tu mourras seule et abhorrée.

— Grand Dieu! ne me parle pas de mourir! s'écria-t-elle en cachant son visage dans ses mains devenues tout à coup froides et tremblantes.

— Non, parlons de la vie, de ta vie, car la mienne sera courte. Pourquoi essayerais-je de te conseiller, de t'exhorter? Rien ne nous change au moral, nous restons tels que nous avons été créés... D'ailleurs, je ne te verrai pas vieillir. Que m'importe donc ton avenir? Aujourd'hui tu m'appartiens, tu es jeune, tu es belle, je serais fou de ne pas trouver divin ton sein blanc parce qu'il loge un caillou au lieu d'un cœur.

Le langage de Maryan était souvent amer, ses bizarreries étaient souvent sinistres; si Warwara se montrait aussi patiente, c'est que jamais il n'avait été plus beau, le mal implacable qui le minait donnait à son visage amaigri un charme idéal qui, pour tout autre œil que le sien, eût semblé de mauvais augure. En effet, un vomissement de sang plus terrible encore que le premier, mit le pauvre Maryan, vers la fin de l'hiver, aux portes du tombeau. Hermine redevint sa garde-malade assidue, silencieuse. Cette fois Warwara ne s'enfuit pas, elle remporta sur ses nerfs une victoire mémorable et alla le voir régulièrement chaque jour; mais sa visite ne durait guère que dix minutes, dix minutes dont le malade était reconnaissant et qui lui donnaient la force d'attendre le lendemain. Cependant, comme la crise se prolongeait et qu'après trois semaines, Maryan pouvait à peine quitter son lit pour aller, soutenu sous les deux bras, respirer au soleil sur la terrasse, Warwara finit par se lasser. Elle s'en remit à Hermine du soin de soigner et de distraire Maryan, et prit, quant à elle, son parti de se promener seule, d'aller seule au théâtre.

Ces façons indépendantes ne choquent personne dans la société russe et polonaise. Elle rencontra une élégante de Moscou, madame Iraleff, jeune veuve émancipée qui devint vite son amie intime. On n'aurait pu parler d'harmonie entre deux personnes de cette sorte. Madame Iraleff était comme madame Bromirska un instrument humain accordé à faux; mais enfin elles se comprirent. La jeune veuve avait un frère, véritable Adonis de style moderne, major dans l'armée russe, qui, à la suite d'un duel, avait obtenu un congé illimité dont il profitait pour dresser des chevaux et des chiens avec l'art d'un entraîneur de profession. Le comte Mirosoff ne quitta plus les deux dames et l'ennui de Warwara se dissipa soudain comme un mauvais rêve.

Le matin on visitait ensemble les musées, les églises, les palais, chacun se déclarant à l'envi transporté d'admiration, puis, c'étaient de petits dîners à trois. tantôt chez la baronne, tantôt chez madame Iraleff; dans l'après-midi, on allait en voiture au Corso, le soir à l'Opéra ou au bal. Bien souvent Warwara, toute prête à partir avec le comte, se rappelait soudain qu'elle n'avait pas vu Maryan de la journée; alors elle courait lui mettre un baiser au front pour disparaître ensuite comme une fée. Si par hasard elle passait une soirée chez elle, son amie moscovite lui tenait fidèle compagnie; étendues, nonchalantes, sur un divan, les deux inséparables fumaient leurs cigarettes, tandis que Maryan toussait à en mourir dans la chambre voisine.

— Comment pouvez-vous supporter cela? demandait madame Iraleff; c'est épouvantable! Pauvre jeune homme!

— Si j'avais le cœur dur, je l'aurais depuis longtemps congédié, répondait Warwara, mais je suis faible et bonne. On ne peut changer sa nature!

Enfin, Maryan provoqua une explication :

— Ne lui refusez pas cela, dit Hermine, voyez-le... il est si agité!

Hermine ayant parlé, Warwara dut se soumettre, mais elle craignait que l'explication n'irritât ses nerfs, et la remit au lendemain, au surlendemain, au jour suivant,... puis il se trouva que le jour suivant l'ambassadeur de Russie donnait une fête à laquelle il lui était impossible de manquer. Comme elle s'envolait, en grande parure, au bras du comte, Maryan apparut sur le seuil à l'improviste, très-pâle, les cheveux en désordre :

— Madame, il faut que je vous parle.

Warwara rougit jusqu'au blanc des yeux

— Qui est ce jeune homme ? demanda le comte.

Maryan était plus âgé que lui en réalité, mais la phthisie rajeunit les malades en prêtant à leurs traits une expression qui n'appartient qu'à l'âge de l'enthousiasme.

— C'est un parent pauvre, dit tout bas Warwara.

Puis, se tournant vers Maryan avec un sourire :

— Aie patience jusqu'à demain, ajouta-t-elle, tu vois que je suis pressée.

— Je suis pressé aussi, moi !

— Permettez ! murmura la baronne s'adressant à Mirosoff.

Elle suivit dans sa chambre l'importun Maryan, qui ferma aussitôt la porte à clef.

— Laisse-moi, commença-t-il, te raconter une histoire.

— Franchement l'heure est mal choisie.

— Mon histoire est courte et tu l'entendras.

D'un air de résignation, Warwara se posa dans l'embrasure de la fenêtre en frappant de son éventail la paume de sa main gantée.

— Au temps où lady Stanhope habitait son château de Dar-Dschun, sur la cime d'un rocher... tu sais, lady Stanhope, la nièce de Pitt, la reine de Palmyre...

— Continue, continue...

— Eh bien, il advint alors qu'un jeune voyageur rencontra dans certaine grotte du Liban un aigle aveugle à qui la vieillesse avait fait perdre tout son plumage. Une corneille cependant lui donnait la becquée.

La voix de Maryan et toute sa personne tremblaient.

— Est-ce fini? demanda Warwara.

Il fit un signe affirmatif.

— Réfléchis, ajouta-t-il. Un animal peut être doué de compassion, et toi, un être raisonnable, toi une femme, tu n'as point pitié d'un malheureux que tu aimes.

— Je t'en prie..., point de scène, balbutia Warwara, ménage mes nerfs.

Il éclata de rire.

— De quoi peux-tu te plaindre? ajouta la baronne; est-ce que je ne t'entoure pas de soins, est-ce que je ne t'ai pas fait mille sacrifices?

— Quant aux sacrifices, dit Maryan, — et il se leva d'un air de mépris indicible, — je ne connais que ceux que je t'ai faits.

— Mais lesquels?

— Le sacrifice de ma liberté, de ma réputation d'honnête homme, et avant tout, celui de ma propre estime.

Warwara haussa les épaules.

— Ta liberté, je te la rends si elle t'est si précieuse.

Il frémit encore, de grosses larmes roulaient malgré lui le long de ses joues creuses.

— Je me hais pour cela, dit-il, mais tu sais bien que je n'ai pas la force de me séparer de toi.

Warwara s'était élancée hors de la chambre; elle revint avec un portefeuille qu'elle jeta devant lui d'un geste magnifique, de sorte que les billets de banque s'échappant voltigèrent de çà et de là comme de grands papillons :

— Voilà, dit-elle d'une voix étouffée, voilà mon argent. Je sais qu'il ne s'agit que de cela, prends-le, je te donne tout volontairement, mais ne me tourmente plus ainsi.

Maryan la toisa d'un regard qui la brûla comme un fer rouge et qui lui fit sentir pour la première fois qu'elle avait un cœur.

Tandis que, repoussant du pied le portefeuille, il sortait sans répondre, Warwara se jeta dans le fauteuil et se mit à sangloter. Hermine accourut haletante :

— Il s'en va, et vous en êtes cause. Il s'en va! Oh! madame! Outrager un mourant!...

— J'ai eu tort! s'écria la baronne, ne me ménage pas les reproches, je les mérite tous!...

Hermine alla droit au salon où le frère de madame Iraleff attendait toujours, et, avec l'aplomb qui lui était propre :

— Madame la baronne est malade, dit-elle; M. le comte voudra bien l'excuser.

Mirosoff leva ses sourcils dédaigneux, prit son chapeau, alluma un cigare et battit en retraite.

— Et maintenant, dit Hermine courant rejoindre sa maîtresse, vous lui demanderez pardon.

— Oui, oui, répondit Warwara, qui avait essuyé ses larmes, mais d'abord ramasse l'argent.

Hermine ramassa les billets de banque, et la baronne se mit à les compter.

— Il y a cent florins de moins, murmura-t-elle, les aurait-il pris?

— Bon Dieu! s'écria Hermine, ne prêtez donc pas à autrui vos viles pensées, il y a encore au monde des gens qui gardent une dernière étincelle d'honneur, bien que vous paraissiez l'ignorer. Puisque vous le jugez ainsi, laissez-le donc partir, cela vaudra mieux ; mais je partirai avec lui, entendez-vous?

— Tout le monde m'abandonne! gémit Warwara, éclatant de nouveau en lamentations.

Elle errait par la chambre au hasard, fiévreuse, désespérée. Tout à coup elle s'arrêta.

— Ah! fit-elle, voilà mon billet de banque?

Il était allé, en effet, s'accrocher aux épines d'un cactus. Aussitôt cette grande agitation se calma.

— Je le retiendrai, dit la baronne, et rien ne sera changé, ma petite Hermine.

— Comme vous voudrez, grommela sourdemen la bohémienne.

Maryan venait de rentrer d'un air fier et glacial.

— Daignez me faire connaître la somme que vous avez dépensée pour moi, madame la baronne, dit-il gravement. Elle vous sera rendue. C'est pour moi une dette sacrée.

— Mon Dieu! interrompit Hermine, que venez-vous nous raconter là quand madame ne pense qu'à implorer votre pardon? Mais parlez-donc, madame...

— J'ai été trop vive... les intentions que tu me prêtes sont loin de ma pensée, balbutia la baronne. Tu prends si tragiquement toutes choses!

— Je vous pardonne, mais je ne resterai pas ici un jour de plus.

— Eh bien! partons ensemble!

— J'ai dit que je ne resterais pas un jour de plus auprès de vous.

— Maryan!...

Il secoua la tête.

— Tu ne m'aimes donc plus? sanglota Warwara, se jetant à ses genoux tout éplorée.

Il la laissa un instant dans cette attitude. Une joie sombre, involontaire s'était peinte sur ses traits décharnés; puis, la relevant, il la tint pressée contre sa poitrine.

— Méchant! dis-moi que tu m'aimes encore!

Hermine lui jeta un regard où se mêlaient l'indignation, la haine et l'envie.

Tout en attirant le jeune homme sur le divan, Warwara pensait en elle-même : — Que dira Mirosoff? Il sera furieux. Mais Maryan! J'ai tant dépensé pour lui! Et s'il m'échappe... D'ailleurs, c'est un plus grand plaisir de faire perdre la raison à un homme que de causer à l'ambassade des agitations de l'Italie ou de l'empereur Napoléon, avec une Excellence édentée ou un cardinal obèse. Dieu sait si le pauvre garçon durera longtemps encore!

Jamais elle ne s'était faite pour lui plus coquette, plus séduisante, et, tout en l'entourant de voluptueuses câlineries, elle n'oubliait pas l'essentiel, la question d'argent.

— Puisque tu l'exiges, cher amour, nous ferons ce compte, mais ne t'en préoccupe pas d'avance! Loin de moi la pensée de te demander... C'est une bagatelle. J'ai tout noté... le total est de cinq mille six cent quarante-deux florins, vingt-trois kreutzers. D'ailleurs tu vérifieras toi-même.

— Quelle idée!...

Comme elle avait passé un bras autour de son

cou, Maryan n'entendait que la douce musique de sa voix, sans s'arrêter aux paroles :

— Puisque tu y tiens tant et pour l'ordre seulement, finit-elle par ajouter, je te permets de me souscrire un billet. Tu seras calme ensuite? Tu ne diras plus que je ne te traite pas en homme d'honneur?

Le sourire de Warwara était si délicieux, son étreinte si tendre, que Maryan prit machinalement la plume qu'on lui tendait. Tandis qu'il écrivait, Warwara affectait de son côté un air d'indifférence : elle étirait avec un léger bâillement ses membres magnifiques. Quand Maryan lui remit le billet, elle le posa sur la cheminée sans y jeter un coup d'œil; blottie plus près encore de son amant, elle reprenait sur ce malheureux, par tous les sortiléges dont elle savait la puissance, son diabolique empire.

Cette nuit-là, Maryan fut arraché au premier sommeil par le contact léger d'une main froide comme un flocon de neige. Warwara était debout devant son lit.

— Ne te fâche pas si je te trouble encore une fois, dit-elle; mais, cher, tu as oublié dans ton billet les vingt-trois kreutzers.

Maryan sourit faiblement. Elle fit de la lumière, lui apporta le précieux papier et trempa elle-même la plume dans l'encre.

— Combien as-tu dit?...

— Vingt-trois kreutzers... tu sais bien.

Les ayant notés, elle lui donna deux baisers brûlants et s'en alla toute joyeuse.

Le lendemain, on la vit à l'Opéra, en compagnie de Mirosoff et de sa sœur.

Hermine, qui, lorsque rentrait sa maîtresse, avait fait d'ordinaire un premier somme, fut éveillée vers dix heures ce soir-là par un bruit insolite dans la chambre de Maryan. Elle craignit qu'un malheur ne fût arrivé, jeta autour d'elle une robe de chambre et courut frapper à la porte du jeune homme. Quelle fut sa surprise de le trouver tout habillé! Il avait endossé ses vieux vêtements d'autrefois, dont jamais, au grand étonnement de Warwara, il n'avait voulu se séparer; son manteau gris en bandoulière comme un soldat, il tenait à la main un bâton de voyage.

— Jésus-Marie! s'écria la bohémienne, quel projet est le vôtre?

— C'est facile à deviner. Je m'en vais.

— Où donc?

— Chez moi.

— Vous n'y pouvez songer, malade comme vous l'êtes!

— Je me trouve très-bien. Jamais je n'ai eu l'esprit plus sain : c'est l'essentiel.

— Vous n'atteindrez pas la frontière seulement... Un si long voyage! Savez-vous ce qu'il coûte?

— J'irai à pied.

— A pied de Rome à Kolomea!

— N'aie pas peur. Je trouverai des gens compatissants qui me nourriront. Il ne m'en faut pas davantage.

— Et vos bagages?

— Je n'emporte que ce qui m'appartient.

— Faites-moi une grâce... Toutes mes epargnes sont à votre disposition.

— Merci, petite! Dieu te récompensera. Moi, je n'ai besoin de rien. Sois heureuse.

Hermine fondit en larmes. Il l'embrassa fraternellement. Elle s'attachait à lui toute frémissante; mais il l'éloigna avec douceur et partit en jetant un dernier regard dans la chambre, où elle s'était laissée tomber à genoux. D'en haut, Hermine l'entendit chantonner le vieux refrain :

Courage, Cosaque, sois gai,
Tu es toujours jeune et vaillant !

Il s'éloignait en chantant; il voulait revoir sa patrie, cette patrie à laquelle le cœur de chacun de nous reste attaché, quoiqu'elle soit rude et pauvre. Ce fut ainsi qu'il se dirigea vers les Karpathes bleuâtres, vers les eaux vertes du Dniester, vers la steppe.

VI

En rentrant, Warwara trouva Hermine accroupie auprès de l'âtre, par terre, la tête enveloppée de ses tresses dénouées et renversée contre le mur. Elle s'était endormie dans son désespoir. La baronne l'éveilla en lui touchant doucement le genou du bout de son pied. Elle entr'ouvrit les yeux, mais ne bougea pas. Warwara, entrant dans la chambre de Maryan, appela ce dernier, alluma une bougie, revint auprès d'Hermine et l'interrogea.

— Il est parti, répondit la bohémienne.

— Parti? pour me rejoindre au théâtre peut-être?...

— Non, pour Kolomea.

— Mais il n'a pas un kreutzer sur lui!

— Il est parti cependant!

Warwara retourna dans la chambre, fouilla partout, compta son or, inspecta son écrin. Il n'avait rien emporté! Ayant constaté cela, elle tomba éplorée dans un fauteuil.

Le vide laissé par ce départ lui devint de jour en jour plus sensible. Mirosoff et sa sœur l'importunaient; elle avait pris l'Italie en grippe. Sans même dire adieu à ses amis, elle quitta Rome brusquement et passa quelques mois à Paris. L'été la retrouva, comme de coutume, dans sa seigneurie de Separowze. Le premier soin de la baronne avait été de s'informer de Maryan. Elle apprit que, gravement malade, celui-ci avait été recueilli par un pauvre maître d'école du voisinage. Elle lui écrivit une lettre pleine de tendres reproches : Maryan ne répondit pas; elle écrivit de nouveau, se plaignant de son ingratitude. Point de réponse encore.

Alors elle cessa d'implorer l'amant et s'adressa au débiteur, le priant de lui rendre par fractions la somme qu'il lui devait. Même silence. Le temps s'écoula. Peu à peu elle parut oublier le pauvre Maryan Janowski, mais une rencontre inattendue vint rafraîchir sa mémoire.

C'était par une après-midi d'automne. La baronne avait fait en compagnie de sa fidèle Hermine une assez longue promenade et retournait chez elle, fatiguée. Les rayons du soleil ruisselaient tièdes et clairs sur le feuillage devenu rare et qui brillait des plus beaux tons de pourpre ; comme un fleuve d'or roulaient les feuilles tombées que l'on foulait aux pieds et que le vent poussait devant lui par tourbillons ; le ciel était d'un bleu pâle admirablement limpide, mais dans l'air flottait une odeur lourde et stupéfiante qui rappelait un peu l'église et tout autant la cave. Le lointain était barré par une de ces murailles basses et grises que forment les brumes en s'amoncelant ; des fils de la Vierge s'accrochaient aux chaumes et aux herbes desséchées ; un vol de grues se dirigeait vers le sud ; bientôt on n'en vit plus qu'un triangle noir qui se dessina sur le ciel, tandis que de temps à autre les cris stridents des oiseaux voyageurs retentissaient dans le lointain comme un appel de détresse.

Une cigogne retardataire perchée sur une grange faisait tristement claquer son bec ; on eût dit la crécelle de bois du vendredi saint. Aucun oiseau ne gazouillait plus ; l'œil eût vainement cherché dans l'espace l'aile diaprée d'un papillon : c'en était fait de la danse des moucherons à travers les flammes rouges du soir, c'en était fait du concert des grillons et du bourdonnement des abeilles. Un solennel silence régnait dans la nature et faisait penser à ce calme qui se répand sur le visage d'un mort après qu'est exhalé le dernier soupir. Au milieu de ce silence, sous ces mourantes lueurs, Warwara vit tout à coup Maryan assis sur un banc de bois au seuil d'une maisonnette ; ses mains étaient jointes devant lui ; ses grands yeux bleus levés vers le ciel semblaient suivre le vol des oiseaux de passage qui émigraient vers le sud. Et qu'il était pâle! A peine tenait-il encore à la terre !

La baronne frissonna, fondit en larmes, puis elle rebroussa chemin précipitamment. Il lui était impossible de passer devant le spectre de celui qu'elle avait aimé.

Aux premières neiges, elle regagna Lemberg. Là, elle apprit, dans une fête chez le gouverneur, de la bouche de certain gentilhomme qui avait des terres dans le voisinage de Kolomea, que Maryan Janowski n'atteindrait pas le printemps, et qu'il eût manqué du strict nécessaire si quelques amis d'autrefois, entre autres un vieux juif ancien factotum de son père, ne l'avaient point secouru. Le lendemain, Warwara se rendit chez un procureur, qu'elle chargea de poursuivre Maryan selon la loi. Lorsque celui-ci reçut la sommation, il ne fit que sourire et déchira le papier en deux morceaux qu'il jeta au feu.

— L'affaire peut se discuter, lui dit le maître d'école qui l'hébergeait. Ne la remettrez-vous pas entre les mains d'un avocat?

— Oh ! dit Maryan avec un nouveau sourire, j'ai déjà le meilleur des avocats, celui contre lequel tous les tribunaux du monde sont impuissants, la mort.

Un soir, on entendit dans la rue un joyeux tintement de grelots, et la porte du malade s'ouvrit avec impétuosité pour livrer passage au maître d'école, puis ce brave homme s'arrêta tout à coup, sourit, toussa, cracha d'un air embarrassé ; il finit par bégayer :

— Monsieur le bienfaiteur..., il y a quelqu'un là.

— Qui donc? demanda Maryan avec effroi.

— Une dame qui... quel bonheur!... une dame qui... voyez vous-même...

Sur le seuil parut une femme enveloppée de voiles épais. Le malade se redressa, et la dernière goutte de sang qui restait dans ses veines monta violemment à ses joues. Mais déjà la femme voilée lui tendait les bras et venait s'agenouiller près de sa chaise.

— Maryan! murmura-t-elle d'une voix qui n'était pas celle de Warwara.

— Mon Dieu! est-ce possible? Vous, Théofie?... vous?... Qu'est-ce... qu'est-ce qui vous amène?

— Tu me le demandes? dit madame Janowska en arrachant son voile, tu me le demandes, et je suis ta femme? et tu souffres?...

— Sois tranquille sur ce point. Dieu me délivrera bientôt.

— Je suis venue pour te soigner! s'écria la bonne créature. Si tu le permets... ajouta-t-elle avec crainte.

— Ma pauvre amie, tu seras bien mal ici...

— Bah! nous nous arrangerons...

Elle n'en dit pas davantage, mais se mit à déballer mille petites choses qui soulagent les malades et dont Maryan avait été privé jusque-là.

Lorsque Hermine, avec un plaisir visible, apprit cette nouvelle à sa maîtresse, celle-ci eut une attaque de nerfs.

— Cette femme est auprès de lui! elle le soigne! elle fait venir des médecins en consultation, et tout cela, grand Dieu! avec mon argent! Oh! les hommes n'ont ni honneur ni conscience!

A mesure que la terre s'éveillait sous le souffle u renouveau, Maryan se sentait mieux.

— Patience, lui disait sa femme, encore quelques semaines, et nous aurons le printemps. Tu guériras tout à fait.

— Pour jouir du bien-être que je ressens, répondit le malade, il faut qu'un homme soit bien près de la mort. La vie ne s'annonce pas si consolante et si légère.

Déjà les frimas fondaient le long des vitres, un vent doux passait sur la plaine de neige; le fleuve rompait ses chaînes avec un bruit de tonnerre, et de tous côtés naissaient des ruisseaux qui descendaient vers lui en murmurant; une vapeur humide s'élevait sans cesse; de grosses gouttes d'eau pareilles à des larmes perlaient aux fenêtres: c'était partout un bruissement perpétuel. Encore un jour, encore un, et la terre, dépouillée de son linceul, s'épanouirait dans une vapeur bleuâtre. Des petits nuages de ouate moutonnaient sur le ciel serein; le sol fumait et remplissait l'air d'un parfum frais, capiteux, enivrant; les corbeaux s'envolaient lourdement vers la montagne; les moineaux pépiaient sur les branches encore nues et dans les haies qui servent de clôture aux chaumières. Le gazon flétri se parait d'une verdure nouvelle; tout était si distinctement dessiné par le vigoureux éclat du soleil, que le moindre petit tronc d'arbre sur la colline lointaine, chaque abreuvoir perdu au sein des pâturages apparaissait avec une netteté extraordinaire. Déjà commençaient dans les airs ces jeux folâtres, ces chansons, auxquels succède bientôt l'épanouissement complet de tout ce qui vit.

Un jour, une hirondelle cherchant son ancien nid entra sous le porche; elle voltigea quelques minutes deçà delà avec des petits cris, puis elle s'égara jusque dans la chambre du malade, où, après avoir fait mille tours, elle finit par se reposer sur le dossier de sa chaise, en clignant ses petits yeux noirs.

— Elle nous apporte le printemps, dit Théofie avec joie; ne dirait-on pas qu'elle va nous conter des nouvelles de ces beaux pays lointains où il n'y a pas d'hiver?

Le malade se retourna, et regardant l'oiseau familier :

— Oui, oui, dit-il, elle vient me parler d'un pays où il n'y a plus d'hiver, plus d'orages, plus de douleurs, plus de déceptions... Ne connais-tu pas la croyance populaire? L'hirondelle qui entre dans la chambre en volant est une messagère de paix, une messagère de mort...

— Pourquoi ces tristes pensées?

— Elles ne sont pas tristes, Théofie; elles me sont très-douces. Cette nuit, j'ai rêvé que je volais, moi aussi, et, tandis que je m'élevais de plus en plus haut, la terre se déroulait au-dessous de moi comme une broderie bigarrée; les rivières n'étaient plus que des fils d'argent, et les nuages voguaient dans l'azur comme des cygnes sur une nappe d'eau. S'envole-t-on quand on est mort? Je voudrais m'envoler.

Le même jour, il fut saisi d'une grande faiblesse, mais refusa de se coucher. Il sourit lorsque les huissiers de Kolomea entrèrent pour saisir ses meubles au nom de la baronne Bromirska ; il les observa en souriant toujours, tandis qu'ils inscrivaient consciencieusement ses habits râpés, son linge usé, ses vieilles bottes.

— Le reste m'appartient, dit sa femme, mettant la justice à la porte.

L'hirondelle était sortie depuis longtemps, mais Maryan croyait toujours l'entendre ; il la cherchait à travers la chambre. La nuit, il demanda une fois à boire, puis voulut s'habiller. On lui obéit, on lui donna ses vêtements, on le porta jusqu'à la fenêtre.

— Laisse entrer, dit-il à sa femme, l'odeur des fleurs nouvelles... J'ai senti le printemps !... Que c'est doux, que c'est bon !...

Théofie hésitait à ouvrir la fenêtre, mais Maryan fit un mouvement des paupières qui signifiait : — Désormais, peu importe... — Et la fenêtre fut ouverte.

— Ne la referme, dit le mourant, qu'après que je ne serai plus, afin que mon âme puisse s'envoler.

Il resta quelque temps tranquille, comme s'il eût respiré avec délices l'air embaumé. Tout à coup, sa tête se renversa, et il se mit à chanter tout bas :

Petite moissonneuse,
Aiguise ta faucille ;
Dans la steppe, belle fille,
Le froment est mûr !

Au matin revinrent l'huissier, le clerc et le juge du village. Ils avaient reçu l'ordre exprès de conduire en prison Maryan Janowski, la baronne Bromirska ayant demandé, outre la saisie, la contrainte par corps. Théofie les conduisit dans la chambre funèbre, où brûlaient six grands cierges autour de Maryan, qui, pâle, paisible, plus beau que jamais, les mains jointes sur les fleurs qui jonchaient sa poitrine, semblait dormir. La fenêtre était restée ouverte, et, sur le rebord, l'hirondelle, familièrement perchée, jetait son petit cri doux et triste devant le catafalque drapé de noir.

— Le voici, dit avec amertume madame Janowska. Conduisez-le en prison si vous voulez.

Les trois hommes firent le signe de la croix et s'agenouillèrent pour réciter une prière.

VII

Lorsque Warwara reçut le billet de mort à marges noires, elle s'évanouit, et, longtemps après qu'elle fut revenue à elle, ses larmes coulèrent en abondance. Hermine resta pelotonnée dans un coin jusqu'au soir et du soir jusqu'au matin, sans rien dire. Le lendemain, elle fit offrir le saint sacrifice pour le repos de l'âme du défunt et pria de tout son cœur.

Le premier rayon du soleil d'été ramena la baronne à Separowze. Elle apprit que madame Janowska habitait encore la maison où était mort Maryan et résolut d'aller lui rendre visite. La veuve, en grand deuil, la reçut avec plus de surprise que d'indignation; elle répondit à toutes les questions lui lui furent posées sur les derniers moments de son mari. Warwara, ayant fini de l'interroger, regarda, non sans quelque embarras, ses ongles roses et murmura timidement :

— Parlons, s'il vous plaît, de la somme que me devait le pauvre homme... vous savez bien, la somme...

— Ma foi ! il me semble que vous n'avez épargné aucun moyen pour vous la faire rendre ! répondit froidement madame Janowska.

— Je croyais, dit Warwara en soupirant, je supposais... enfin je compte sur votre honnêteté...

Hermine tirait énergiquement sa maîtresse par la robe, mais elle ne réussit pas à l'arrêter dans cette ignoble réclamation.

— Car enfin, continua la baronne, vous vivez de mon argent.

— De votre argent ! s'écria la veuve en se levant toute droite ; avez-vous bien l'impudence de venir parler ici de ce commerce d'âmes, femme éhontée ! Ainsi vous croyez m'avoir payé le sacrifice que je vous ai fait ?... Vous ne le pouviez pas, m'eussiez-vous donné tout l'or du monde ! Je me disais que mon mari, qui vous aimait, serait heureux comme il ne pouvait l'être avec moi ; voilà pourquoi je vous l'ai donné, n'exigeant en échange que mon pain quotidien, afin de ne plus lui être à charge, afin qu'il fût heureux ! répéta Théofie dans l'obstination de son étrange dévouement. L'a-t-il été ? Non ! Vous nous avez trompés tous les deux, moi et lui...

— Je vous en prie, murmura Warwara, ménagez mes nerfs. .

— Sa mort est sur votre conscience, répéta sans l'entendre madame Janowska, vous l'avez tué! que son spectre vous poursuive...

La baronne trembla sous cette menace.

— De grâce! répétait-elle en s'efforçant de gagner la porte.

— De moi, vous n'obtiendrez rien; non, rien, pas un kreutzer; emportez ses vieilles nippes si vous voulez... tenez... ceci vous appartient!

Mais madame Bromirska avait pris la fuite.

Une fois dehors, Hermine lui dit brusquement :

— Rentrez toute seule; j'ai encore du chemin à faire.

— Où vas-tu donc?

— A son tombeau.

— Oh! Herminoskha, ma chère Nushka, supplia la baronne, n'y va pas! ne fais pas cela! Je ne dormirais pas de la nuit!

— Peu m'importe! répondit la bohémienne en s'échappant.

Lorsqu'elle revint le soir, Warwara la regarda tout émue :

— Qu'as-tu été faire là? demanda-t-elle enfin.

— Planter des fleurs sur son tombeau.

— Tu les as plantées toi-même?

— Moi-même.

— Jésus! Marie! ne me touche pas... Va-t'en! Va-t'en!

Elle se déshabilla toute seule, tant était grande son horreur pour ces mains qui avaient touché la terre où reposait Maryan; mais, au coup de minuit, Hermine la vit se précipiter dans sa chambre un flambeau à la main et le visage revêtu d'une pâleur livide :

— Je meurs! dit-elle, je deviens folle! Je l'ai vu! Je l'ai vu!

— Qui donc?

— Le mort! — Ses dents s'entrechoquaient en parlant. — J'ai senti son souffle froid comme la tombe, et, quand j'ai ouvert les yeux, il était là debout devant mon lit et me faisait signe!...

— Eh bien! répliqua Hermine, c'est une punition du Ciel! Vous l'avez bien méritée! Je souhaite qu'elle se renouvelle chaque nuit.

— Nuschka, veux-tu me faire perdre l'esprit? sanglota la baronne. Je commanderai cent messes pour lui... Crois-tu que cela me viendra en aide ?... Cinquante messes, qu'en dis-tu? — reprit-elle après une pause qui lui avait suffi apparemment pour se calmer un peu.

Lorsque la joyeuse lumière du jour entra dans la chambre, Warwara trouva que dix messes seraient assez, et après le déjeuner elle envoya Hermine chez le curé pour commander une seule messe, qui ne fut suivie d'aucune autre, le spectre de Maryan Janowski ne s'étant plus montré.

La baronne avait trente ans à cette époque, c'est à-dire l'âge où une femme bien portante est à l'apogée de ses charmes et plus dangereuse que jamais; le bonheur ne voltige plus devant elle comme un papillon chatoyant, mais il se couche à ses pieds comme un chien soumis. La tête de Warwara rappelait la beauté sévère de la Vénus au miroir, du Titien; sa haute taille, sa démarche avaient autant de grâce que de majesté. Elle était riche, tout le monde lui rendait hommage, elle pouvait satisfaire tous ses désirs, et cependant elle n'était pas contente. Une perpétuelle inquiétude, qu'elle attribuait à ses nerfs malades, la tourmentait sourdement. Chaque jour, son médecin lui donnait de nouveaux conseils ; enfin, il trouva l'œuf de Christophe Colomb :

— Il vous faudrait plus d'activité, madame, dit-il gravement ; occupez-vous de quelque façon utile.

Warwara s'occupa en effet, et de la manière qui, à son point de vue, était le plus utile.

Elle était entrée en relations à Lemberg avec un Juif du nom de Gottesmann ; ce personnage, aussi dévot que rusé, possédait toute sa confiance. Gottesmann n'était certes pas ce qu'on appelle un honnête homme, mais il avait une habileté merveilleuse pour esquiver la loi sans se compromettre. De concert avec ce Juif, la baronne commença donc à dépenser utilement son activité selon l'ordonnance du médecin. L'hiver, elle habitait Lemberg, et l'été Separowze, s'occupant à la campagne comme à la ville d'affaires aussi variées qu'intéressantes. Elle prêtait de l'argent, avec une surprenante obligeance, aux officiers, aux fils de famille qui étudiaient dans la capitale, aux petits employés. L'embarras de ces pauvres gens l'amusait ; les imbroglios, les scènes de drames auxquels ils la faisaient assister avaient pour ses nerfs détendus un charme indicible ; elle buvait leurs larmes comme du champagne. Quand un lieutenant, ayant engagé sa parole d'honneur, se voyait sur le point de perdre son grade, quand un jeune gentilhomme déshérité par suite de ses folies parlait de se brûler la cervelle, quand un père de famille criblé de dettes se tordait à ses pieds, tel qu'un ver qu'on écrase, alors elle jouissait réellement de la vie et savourait jusqu'aux moindres détails de la situation, sans en dédaigner un seul. D'abord elle feignait d'être inflexible, puis elle accordait une vague espérance, comme si les prières de ses débiteurs aux abois et quelques à-compte, toujours bien reçus, l'eussent désarmée; mais la saisie ne s'ensuivait pas moins. Les atermoiements n'avaient d'autre but que de rassurer ses victimes afin de lui permettre de fondre sur elles à l'improviste. Quand elle avait traîné enfin sa proie en prison, Warwara rentrait dans son argent et il se trouvait que sans rien risquer elle avait savouré quelques agitations délicieuses.

— Mon Dieu! disait-elle, il y a des femmes qui font venir leurs toilettes de Paris, des hommes qui entretiennent plusieurs maîtresses à la fois. Moi, j'ai des goûts tout particuliers. Mon unique plaisir est d'avoir quelques pensionnaires sous les verrous de la prison pour dettes.

Aux véritables indigents, elle ne donnait jamais une obole, car la satisfaction de les torturer ne l'eût jamais dédommagée d'une perte; l'avidité l'emportait encore chez elle sur la jouissance qu'elle éprouvait à faire sentir aux malheureux le pouvoir de l'argent.

Plus la baronne gagnait, moins elle devenait scrupuleuse dans ses spéculations. Elle prêtait sur des immeubles, sur le blé, sur des marchandises de toutes sortes. Si le payement ne s'effectuait pas au jour dit, elle posait sa belle main blanche sur l'objet engagé, l'exécution avait lieu, et, à la vente, M. Gottesmann se rendait d'ordinaire acquéreur à vil prix pour revendre ensuite le plus avantageusement possible. Nombre de marchés frisaient la ligne de séparation qui, fine comme un cheveu, est tirée entre les choses permises et les choses défendues. La baronne tendait volontiers ses filets sur les terrains vagues où la justice n'a point de prise. Ainsi, elle possédait, par indivis avec un parent de feu son mari, certaine maison à Cracovie. Il arriva qu'un seigneur des environs voulut acheter un immeuble. Warwara s'empressa de recommander la maison de Cracovie, mais elle passa sous silence ce détail peu important qu'elle en possédât la moitié. La maison valait quarante mille florins. Selon le conseil de son astucieuse parente, le cousin de Bromirski, agissant comme propriétaire unique, demanda le double de cette somme; mais M. Gottesmann, qui s'était posé en entremetteur, conseilla fortement à l'acquéreur de ne donner que soixante mille florins, pas un kreutzer de plus. C'était aussi l'avis du gentilhomme; malheuseusement, il lui manquait vingt mille florins. Gottesmann lui procura donc cette somme à douze pour cent; la baronne donna l'argent, et l'affaire fut conclue; Warwara reçut aussitôt sa part de vingt mille florins, plus dix mille florins pour l'argent prêté; elle trouva moyen en outre de grappiller dix mille francs de chicanes.

Autant la baronne était indulgente pour elle-même, autant elle se montrait sévère pour autrui; elle dépouillait sans scrupule; mais le sens moral s'éveillait chez elle dès qu'elle se sentait lésée, si peu que ce fût. Il fallait la voir alors fulminer des malédictions contre les coupables! Un de ses fermiers, ruiné par la grêle ou par un incendie, venait-il la supplier d'avoir un peu de patience, elle se tordait les mains en s'écriant : — Désormais, je ne me fierai à personne, non, à personne! Moi qui vous croyais honnête homme! N'est-ce pas, Hermine? toi aussi, tu le croyais honnête? Et maintenant vous descendez au rang des voleurs, des bandits!... Retirez-vous... sortez de ma présence!... — Quiconque lui faisait perdre un liard cessait aussitôt d'être honnête. Hélas! bien d'autres que Warwara voient un sot dans chacun des pauvres hères qu'ils rançonnent et un fripon en celui qui leur fait du tort! Le monde juge-t-il autrement? Nos créanciers ne sont-ils pas toujours à nos yeux des bourreaux et nos débiteurs des coquins? Demander à Warwara un peu de pitié pour des paresseux, des prodigues, des maladroits, ç'eût été vraiment trop exiger d'une femme raisonnable. Jamais elle n'eut cette faiblesse à se reprocher; la sensibilité ne lui joua jamais de tours; ses nerfs eux-mêmes devenaient au besoin singulièrement calmes : le grincement d'un clou sur un mur les eût exaspérés, mais le spectacle d'une exécution ne les chatouillait que très-agréablement. C'est que la richesse endurcit plus vite un cœur que l'eau bouillante ne durcit un œuf. Warwara ne se laissait donc ni persuader, ni toucher, ni intimider ; elle montrait même une telle intrépidité lorsqu'il s'agissait d'argent, qu'elle faillit devenir un jour victime de son héroïsme.

Un voisin de Warwara, le seigneur Papowitch, petit russien, grand faiseur de projets, qui bâtissait aujourd'hui un moulin, pour y ajouter demain une boulangerie à vapeur, quitte à démolir le tout dès que lui souriait un nouveau système, le seigneur Papowitch, un songe-creux de la première sorte, occupé tantôt de l'invention d'un vaisseau perfectionné, tantôt de celle d'un canon ou d'un ballon modèle, eut le malheur de découvrir sur ses terres une argile qui lui sembla propre à faire de la porcelaine. Aussitôt le projet d'une fabrique de porcelaine germa et mûrit dans son esprit, mais l'argent comptant lui manquait pour l'effectuer. Il rendit visite à sa voisine et développa ses idées d'une façon qui séduisit apparemment la baronne, car celle-ci n'hésita pas à lui remettre dix mille florins contre une lettre de change payable au bout d'un an. Bien que le bon jeune homme eût été contraint d'écrire douze mille florins au lieu de dix mille, il ne manquait jamais depuis de faire l'éloge de son obligeante voisine.

Les constructions avançaient; il se procura des machines, prit des ouvriers; mais, avant le terme échu, il lui fallut encore emprunter trois mille florins, ce qui ne l'empêcha pas d'être obligé de s'arrêter peu après, faute de ressources. L'échéance vint : il dut demander un délai. Warwara lui accorda six mois, s'il voulait s'engager pour quinze mille florins. Lorsqu'il fit de nouveau appel à sa patience, elle se montra moins accommodante et en exigea vingt mille, toujours payables dans six mois; mais le malheureux Papowitch, se trouvant de plus en plus embarrassé,

Warwara n'hésita pas ensuite à faire saisir la forêt et le moulin. Elle gagna encore dix mille florins à cette saisie. Plus que jamais l'infatigable Papowitch cherchait de l'argent pour achever sa fabrique. Cette fois, M. Gottesmann intervint comme une fée bienfaisante et procura cinq mille florins pour lesquels le propriétaire souscrivit un billet de six mille, qui en deux années s'éleva jusqu'à douze mille, sans que la fabrique pût être encore mise en activité. Au jour de l'échéance, le pauvre Papowitch fut tout surpris de voir la plus aimable femme du cercle, comme il l'avait longtemps nommée, faire main-basse sur la métairie, les troupeaux, les pâturages et enfin sur la fabrique. Il se consola par un nouveau projet. En fouillant ses champs, il y avait trouvé du charbon de terre; cela valait une mine d'or! Naturellement, l'exploitation lui coûta cher, mais une bonne fortune lui fit rencontrer certain gros Juif qui lui procura deux mille florins. Ce fut le dernier emprunt de ce constructeur de châteaux en Espagne. La seigneurie, la terre furent vendues par autorité de justice; ensemble elles valaient bien quarante mille florins; les enchères cependant n'atteignirent pas cette somme, ou plutôt à la première et à la seconde enchère aucun acheteur ne se présenta. A la troisième, la plus aimable femme du cercle offrit deux mille florins, et la propriété lui fut adjugée. Alors seulement, les yeux du bon Papowitch s'ouvrirent; ils s'ouvrirent même très-grands, si grands, que sa charmante voisine lui fit soudain l'effet d'une ogresse qui avait dévoré le pauvre nain membre par membre, comme on mange un artichaut feuille à feuille. Un instant il forma le suprême projet de mettre le feu à sa maison, mais il s'en tint finalement à celui de partir pour Baden, où le râteau du croupier balaya son dernier sou. On le revit dans le pays quelque temps après, déguenillé, en bottes trouées. Ainsi vêtu, il osa se présenter dans le salon de la baronne :

— Que voulez-vous? lui demanda celle-ci avec hauteur.

— Je veux mon argent, je veux mon moulin, mes champs, ma maison.

— Je crois que vous avez perdu la tête.

Warwara s'était levée, mais Papowitch la saisit par le bras et tira un couteau.

— Misérable! s'écria-t-il, voilà tes intérêts!

En même temps, il lui portait à la poitrine un coup qui ne la blessa que légèrement, car le pauvre diable ne savait ce qu'il faisait : il était ivre.

Elle appela au secours.

Papowitch laissa tomber le couteau; il essayait de l'étrangler quand les domestiques accoururent.

Il fut terrassé.

— Attachez-lui les mains! criait la baronne, il a voulu m'assassiner, frappez! frappez-le! et traînez-le en justice.

Maintenant Papowitch implorait sa grâce, déclarant qu'il n'avait voulu que l'effrayer; ce fut en pure perte. Roué de coups, à moitié mort, il fut jeté dans une charrette pour être conduit à Kolomea. La baronne parut aux assises dans une toilette élégante pour témoigner contre lui. Lorsqu'elle l'eut entendu condamner à trois années de prison, considération prise des circonstances atténuantes, elle fronça le sourcil et dit qu'il n'y avait pour de tels drôles qu'un seul châtiment : la potence, qu'il fallait les arracher comme autant de mauvaises herbes. Elle envoya même aux journaux de Vienne un article de plaintes et de récriminations contre la justice gallicienne.

Tout endurcie que fût cette femme, elle ne pouvait cependant se passer d'affection et non pas seulement de cet amour sensuel qu'elle en était venue à demander aux valets de bonne mine dont elle s'entourait volontiers, mais de pur dévouement. Aussi l'empire d'Hermine grandissait-il tous les jours. La bohémienne tyrannisait, opprimait sa maîtresse, réglant sa nourriture, sa toilette, ses plaisirs, s'amusant parfois à la faire pleurer, tant elle se montrait impertinente et capricieuse. N'importe, la baronne tenait à elle par-dessus tout; c'était l'unique créature qui, croyait-elle, lui appartînt sincèrement; or, il n'est pas de cœur au monde qui s'affranchisse complétement du besoin d'aimer et d'être aimé, fût-il en apparence de pierre ou de glace.

VIII

Bien des années s'étaient écoulées depuis la nuit où Maryan Janowski, près de mourir, avait salué le printemps, lorsque je fis connaissance avec la baronne Bromirska. L'incident qui me conduisit chez elle était des plus simples; il s'agissait de lui présenter une liste de souscriptions ouverte par quelques amis des arts en vue d'envoyer un jeune peintre d'avenir étudier sous le ciel et au milieu des chefs-d'œuvre de l'Italie. L'un des premiers noms inscrits sur la liste était celui de la baronne. Je me présentai chez elle dans l'après-midi. Cette chaleur tropicale qui distingue l'été gallicien, aussi court qu'il est ardent, desséchait la terre, qui, soulevée par le sabot de mon cheval, tourbillonnait autour de moi comme un nuage de fumée. Le ciel, d'un bleu foncé pur et puissant, resplendissait des feux implacables du soleil. On ne sentait aucun souffle d'air; aucun chant d'oiseau ne se faisait entendre; l'herbe semblait brûlée au bord des ruisseaux taris. A l'horizon se détachaient, nettement sculptées, les cimes des Karpathes.

J'éprouvai une sensation de soulagement délicieuse en m'enfonçant sous les futaies de Separowze : les vieux chênes formaient une voûte de verdure que perçaient çà et là des flèches de lumière dorée; du fond des ravins où roulait le torrent, une douce fraîcheur monta vers moi, mêlée à des aromes de miel sauvage. Ma surprise fut grande cependant, en atteignant une clairière non loin de la seigneurie, de me trouver au milieu d'un abatage qui permettait aux rayons du soleil de pleuvoir en liberté. Les souches grises, avec leurs longues barbes de mousse et leurs racines largement étirées, faisaient penser à une armée de gnômes prête à entrer en bataille contre les géants de la futaie. Partout s'alignaient des bûches toisées ou de grands troncs abattus. De distance en distance, un Titan renversé, ses rameaux encore parés de quelques feuilles sèches, barrait le chemin; des centaines de coléoptères en cuirasse vert doré fourmillaient dessus, et l'écorce fendue laissait couler la résine comme coule le sang d'une blessure mortelle. Deux bûcherons étaient en train de mutiler un beau vieux chêne. Un pic au plumage bleuâtre semblait parodier leur travail en frappant du bec contre le tronc d'un autre arbre avec un bruit mesuré.

— Qui donc fait abattre ce bois magnifique? demandai-je aux bûcherons.

— Qui? répéta l'un d'eux en posant sa pioche pour essuyer la sueur qui couvrait son visage. Qui serait-ce, sinon la dame de Separowze? Elle a besoin d'argent pour l'enfermer dans ses coffres; elle n'en a jamais assez.

Ce que je vis à Separowze ne s'accordait que trop avec le jugement du bûcheron. On eût dit que la guerre venait de traverser la seigneurie et que les ravages du canon avaient été à peine réparés. Un habit de mendiant, rapiécé de toutes couleurs, n'est pas plus bigarré que ne l'était le château de cette riche baronne Bromirska, dont tout le monde enviait l'opulence. Le fronton de la maison, primitivement peint en rouge rehaussé de bleu de ciel, avait laissé tomber par places cet enduit et ressemblait à quelque écran de tapisserie rongé par les teignes.

La toiture avait évidemment besoin des soins du couvreur; la cheminée croulante, réduite à la moitié de sa hauteur primitive, semblait s'accroupir, telle qu'un vieux chat noir. Les vitres salies étaient en maint endroit remplacées par des morceaux de papier collé. Ici, un bouchon de paille remplissait quelque trou. On avait barré plusieurs fenêtres avec des planches qui leur donnaient un air de prison.

Entre les lames d'une jalousie couverte de poussière passaient et repassaient une myriade de moineaux, qui avaient installé leurs nids derrière ce rempart mobile. Un autre volet ne tenait plus que par un seul gond et semblait destiné à remplacer dans la tempête la grinçante girouette qui manquait au toit, bordé de ce qui semblait d'abord un étrange travail de sculpture, de ce qui n'était en réalité qu'une guirlande pressée de nids d'hirondelles.

Les hirondelles apportent le bonheur, selon une croyance populaire, aux maisons qu'elles choisissent; pour cette raison sans doute, la baronne les tolérait. La grange, construite en longueur auprès de l'habitation, rappelait par ses poutres détachées, ses bardeaux pourris qui laissaient entrevoir la nudité des solives, la carcasse gigantesque d'un animal antédiluvien.

De l'autre côté de la seigneurie s'étendait un jardin mal entretenu, où le plantain et les orties obstruaient les anciennes allées; on cultivait maintenant des légumes dans les plates-bandes, de sorte qu'entre les choux et les raves jaillissaient encore quelques touffes de roses et de giroflées. Je confiai mon cheval à un gars costumé en jockey, qui m'apprit que sa maîtresse était chez elle, et je montai avec précaution l'escalier dont les marches en bois formaient presque autant de bascules. Le valet, occupé dans l'antichambre à attraper des mouches, me conduisit, en souriant avec complaisance, par une enfilade de pièces délabrées où se reflétait le caractère de celle qui en faisait son gîte. Les murs semblaient crier des maximes d'économie : — Ne jetez rien ! ne réparez rien ! — Çà et là, ils laissaient pendre leurs tapisseries en morceaux, comme des affiches déchirées au coin des rues. Dans tous les angles se tendaient de grandes toiles d'araignée dont les fils couraient d'un tableau à l'autre : les araignées aussi portent bonheur. Tous les siéges se dérobaient sous des housses de toile grise rappelant la cendre des Juifs au jour de la réconciliation. Dans les bahuts et sur les étagères se mêlaient à la vieille argenterie les objets les plus hétérogènes : souliers de bal sans semelles, peaux de lièvres, bouquets flétris, vieux journaux, éventails cassés, squelettes de chapeaux, un bras de statuette, un collier de chien, un jouet d'enfant, la moitié d'un peigne, de vieux clous, des noisettes sèches, des brosses à dents usées. Un serin de mauvaise humeur piquetait du bec quelques graines de lin dans sa cage, dont les fils de fer étaient remplacés par un entrelacement de ficelles. Auprès d'une fenêtre jaunissait un calendrier de 1849. Le secrétaire supportait quelques belles pièces de vieux Saxe plus ou moins ébréchées, mais aussi de grands ciseaux couverts d'une rouille pareille à des taches de sang, de vrais ciseaux de Parque destinés à trancher la vie des mortels, un encrier d'argent barbouillé d'encre, un vieux bas qui servait d'essuie-plume, et un amas de papiers saupoudré de tabac à priser.

On respirait dans cette étrange demeure l'odeur mixte qu'exhale un fruitier et un garde-manger : en effet, des poires et des pommes à demi mûres étaient dispersées au bord de toutes les fenêtres et sur toutes les tables où elles pourrissaient, tandis que des débris de victuailles de toutes sortes, soigneusement conservés, se décomposaient de leur côté en attirant une multitude de mouches.

Warwara Bromirska me reçut dans sa chambre à coucher, où elle était en train de s'attifer devant une grande glace. Elle me tendit sa belle main, froide comme le marbre, et m'invita poliment à m'asseoir auprès d'elle, sur un petit divan d'où sortaient de tous côtés des mèches d'étoupe. A la tête du large lit italien s'entre-croisaient deux sabres recourbés autour d'un révolver; sur la table de nuit était jeté un poignard. La pendule marquait onze heures et demie.

Je trouvai madame Bromirska belle encore pour son âge; elle n'avait perdu ni ses cheveux, toujours frisés avec art, ni ses dents sans défaut; il lui restait même une certaine fraîcheur à laquelle le fard contribuait sans doute, mais son visage avait pris avec l'âge une étrange expression de méfiance et de méchanceté.

Deux plis profonds allaient des coins de sa bouche au bas du menton, dessinant ce qu'on eût pu prendre de loin pour une sorte de moustache sarmate. Ses yeux brillaient comme le tranchant d'un couteau; en vérité, ils se plongeaient dans votre cœur ni plus ni moins que le glaive le mieux aiguisé pour disséquer ce cœur sans miséricorde; mais, ce qu'il y avait de plus remarquable en elle, c'était sa toilette. Je n'en avais jamais rencontré de pareille; évidemment elle portait, pour ménager ses robes neuves, des vieilleries du passé, des vieilleries d'apparat : une mantille de velours bleu qui laissait la ouate s'échapper aux coutures, une vieille robe rose d'où pendait un falbalas, décousu peut-être dans un bal par le pied de quelque cavalier maladroit, il y avait de cela vingt ans et plus. Sur sa tête était posé un fez turc, et la finesse de ses pieds se perdait dans de grosses pantoufles en feutre.

Je lui dis d'abord le chagrin que m'avait fait éprouver l'abatage de sa magnifique futaie, en cherchant à lui persuader que ce sacrifice était mal entendu, même au point de vue de l'économie.

Elle tira une longue bouffée de sa cigarette :

— Oh ! répliqua-t-elle, je sais tout cela, mais je sais aussi que je ne vivrai point éternellement. Je veux donc jouir de mes biens tandis que je vis. Ce n'est pas l'abatage de ma futaie qui vous amène. En quoi puis-je vous être agréable ?

Tirant de ma poche la feuille de papier où s'alignaient déjà plusieurs souscriptions, je me mis en frais de rhétorique.

Elle sourit, un peu embarrassée.

— Je veux bien contribuer à cette œuvre selon mes moyens, dit-elle enfin. On m'a déjà parlé de votre peintre ; je ne doute pas de son génie, mais, pour parler franchement, ce génie, ne craignez-vous pas de l'étouffer ?

— Ah ! madame, vous ajoutez donc foi, vous aussi, à cette sotte redite que le talent ne grandit que dans la misère ? Il est prouvé cependant que les plus grands esprits ont été ceux que ne tourmentaient pas le besoin de produire pour satisfaire aux nécessités vulgaires de la vie.

— C'est possible ! répondit-elle en cherchant dans ses poches quelque menue monnaie de cuivre; puis elle prit la feuille, s'approcha du secrétaire, écrivit deux ou trois mots qu'elle sécha au moyen d'une pincée de sable prise dans le crachoir, compta et se relut encore une fois, puis me rendit en soupirant la liste, plus cinquante kreutzers.

— Tout ce que je vous demandais, c'était de me dire si le jeune homme était vraiment digne de notre compassion, de nos secours. Vous êtes-vous bien assuré de sa reconnaissance? Vous paraissez avoir un bon cœur. Les gens en abuseront souvent.

Elle se laissa retomber négligemment sur le sofa auprès de moi :

— Quand on montre tant de sensibilité à propos de quelques méchants arbres, qu'est-ce que cela doit être, bon Dieu, quand il s'agit d'un homme! Permettez cette observation à une vieille femme : je ne vous crois pas un garçon pratique... eh! eh! cela viendra, monsieur, avec le temps!... Il faudra que vous vous pénétriez d'une chose : c'est que dans ce monde il ne s'agit pas de cœur bon ou méchant, mais d'une loi de nature. Celui-ci profite de celui-là tant qu'il peut. Il n'est personne qui hésite à se servir, pour atteindre au plus haut, d'une échelle vivante, oui, oui, d'une échelle formée de têtes d'hommes!

Elle fit un mouvement du pied ; on eût dit que ce pied se posait avec joie sur la nuque d'un des malheureux qu'elle avait renversés impitoyablement comme les chênes séculaires de sa forêt.

— Permettez-moi, madame, de vous contredire à mon tour, répliquai-je en m'efforçant de rester poli;

l'expérience nous enseigne à aider le prochain, ne fût-ce que par intérêt personnel, afin d'être secourus nous-mêmes le cas échéant.

— C'est tendre la main à la paresse, à la sottise, s'écria madame Bromirska, tout agitée. L'indigent ne peut s'en prendre de son indigence qu'à lui-même.

— Pas toujours. Il y a une sorte de pauvreté qui, comme la richesse, étouffe nos élans, paralyse nos forces.

— Ah! vous êtes aussi des ennemis de la richesse? Vous nourrissez ces dangereuses idées modernes qui conduisent au communisme, vous vous faites l'apôtre du partage universel?

— Vous vous trompez, madame, répondis-je. Je crois impossible de rendre tout le monde riche, car si chacun était riche, tout le monde manquerait du nécessaire, personne ne voulant plus travailler. Jusqu'ici, malheureusement, ni les philosophes, ni les économistes, n'ont réussi à résoudre le grand problème d'un partage équitable de la propriété, mais il me paraît hors de doute que, dans la classe moyenne seulement, la vie d'un peuple, celle de l'humanité tout entière pousse de saines racines. La pauvreté, comme la richesse, a toujours arrêté le progrès. Richesse et pauvreté sont les différentes formes de la même maladie. La santé n'existe que là où vous trouvez en équilibre le travail et le gain, et là aussi est la liberté. La propriété sans le travail engendre la tyrannie, et le travail sans la propriété conduit à l'esclavage.

— Mais c'est tout à fait selon la nature, décida la baronne en roulant une nouvelle cigarette.

— Le croyez-vous, madame? Moi, je crois tout le contraire. D'où vient que les descendants de familles riches déclinent à la seconde ou troisième génération, tandis que les descendants des pauvres s'élèvent tout aussi sûrement, de sorte que la nature, en somme, tient la balance égale entre la richesse et la pauvreté? Il faut que dans la première il y ait quelque chose de démoralisant, et dans la seconde une force qui nous pousse et nous fait aspirer en haut.

— Vous avez raison, répliqua la baronne : j'ai eu l'occasion d'observer cela par moi-même. Jetons seulement un coup d'œil sur notre pays. Voyez comme tout a changé ici pour les deux grandes races dominantes, la noblesse polonaise et le paysan petit-russien, depuis 1848. Notre noblesse déchoit de plus en plus, tandis que le paysan prospère.

— Vous reconnaissez donc que la circulation de l'argent s'accomplit selon les lois de la nature, tout comme la circulation de la vie?

— C'est pour cela, s'écria la baronne, c'est pour cela que je remercie Dieu de n'avoir pas d'enfants qui gaspilleraient les biens que j'ai su acquérir!

— Vous ne pourrez pourtant, madame, emporter votre argent là-haut.

— Malheureusement non, mais j'ai depuis longtemps réfléchi à ce que je ferais en cas...

Elle fut interrompue par les aboiements d'un petit roquet qui s'élança dans la chambre. Tout blanc et joliment rasé, il avait une crinière et une queue de lion; chaque poil de son corps se hérissa de colère à ma vue, comme s'il eût voulu me déchirer :

— Paix, Mika! dit la baronne en le caressant. Regardez cette chère petite bête, monsieur; tandis que les enfants nous coûtent tant d'argent, Mika m'a valu un héritage de dix mille florins.

— Comment cela ?

Madame Bromirska leva ses regards vers le ciel ou plutôt vers le plafond, où se balançaient les toiles d'araignée.

— L'héritage de mon amie, la baronne Zatner. Elle ne voulait confier ce petit animal qu'à moi seule, qu'elle aimait tendrement; aussi donna-t-elle l'ordre de me le porter après sa mort avec une somme de dix mille florins. Mais Mika nous a interrompus... Où en étions-nous?...

Et la baronne se tourna vers moi en souriant :

— Que voulais-je dire? Oui, la richesse est, en effet, sous certains rapports, une cause de soucis. On possède et on ne jouit pas. Je ne peux pas manger mon argent; il faudra que je le laisse, sans emporter seulement une obole pour Caron. C'est triste!

— Eh bien! madame, vous voyez que cette seule pensée gâte pour vous les joies de la possession, et peut-être y a-t-il des jours où d'autres nuages se joignent à celui-là pour vous attrister. Vous admettez donc avec moi que les lots s'égalisent et que la nature est juste en définitive. Celui qui, avec une poche vide, a le cœur gai, tient sa part de félicité terrestre. Il donnera plutôt un œuf sur les deux qu'il possède que le riche n'en donnera un sur soixante, et pourtant le plaisir de donner est infiniment supérieur à celui de recevoir.

— Quelles illusions! fit la baronne avec dédain. Si vous voulez que je sois sincère, j'avouerai que je n'ai ressenti aucun plaisir en faisant l'aumône à votre peintre. Ma grande crainte, c'est que le communisme ne soit vainqueur à la fin, mais j'espère bien ne pas voir cela. Nos paysans cependant ne se gênent pas déjà pour prendre du bois, du blé, des fruits, tout ce que Dieu fait croître, et ils ne croient même pas commettre de péché.

— Parce qu'ils s'imaginent que Dieu fait mûrir pour tous les fruits et les légumes, répliquai-je; le même homme, qui ne vous reconnaît pas le droit de poser une clôture à votre champ, vous rendra fidèlement votre portefeuille bourré de billets de banque si le hasard le lui fait trouver. Je ne justifie pas nos paysans de s'approprier sans scrupule ce que le riche leur enlève, à les entendre; mais rappelons-nous pourtant, madame, que saint Augustin a dit : « Le superflu du riche est le nécessaire du pauvre. »

— J'ai mon opinion sur ce point, répliqua la baronne. Vous ferez le signe de la croix si je vous la dis, car elle n'est ni chrétienne ni moderne, mais enfin c'est mon opinion. La misère sans adoucissement, sans espérance, sans secours, comme elle existe aujourd'hui, n'est qu'une conséquence de l'abolition de l'esclavage. Vous vous étonnez? C'est pourtant ainsi. Considérez la Russie, l'Amérique; vous ne pourrez me donner tort. Autrefois, le planteur soignait, protégeait son esclave; le serf, lui aussi, était fort bien traité par son seigneur; chez nous le noble vint en aide au paysan tant que celui-ci lui appartint; il l'aidait à rebâtir sa maison dévorée par le feu, il lui donnait du blé aux époques de disette. Que fait-il en sa faveur maintenant? Rien. Pour le pauvre, je le répète, l'esclavage est un bonheur, et jamais de cet esclavage on ne réussira, entendez-vous, à supprimer que les bienfaits; ses maux subsisteront, quoi qu'on fasse. De même que le peuple le plus fort et le plus riche soumet le plus faible et le plus pauvre, de même en est-il entre les individus. Chacun dispute à l'autre l'air, la lumière, la vie, comme font les arbres dans la forêt. Or, ne vaut-il pas mieux que le plus faible se rende, que le plus pauvre offre volontairement sa nuque au pied du riche? Les hommes grossièrement organisés, les hommes du peuple sont formés par la nature pour nous servir nous autres, qui sommes d'une constitution plus fine, plus délicate. Qu'ils travaillent afin que nous puissions vivre agréablement! C'est justice. Croyez-vous que les splendeurs du monde antique, qui excitent notre enthousiasme à un si haut degré, eussent été possibles sans l'esclavage? Chez nous, je parle du temps de la république polonaise, tout gentilhomme avait les mêmes priviléges qu'un citoyen libre de la Grèce et de Rome, et le paysan labourait pour lui afin qu'il pût se vouer sans réserve au bonheur de la patrie. Mais les idées philanthropiques ont gâté tout cela; quand il s'est trouvé des nobles pour pérorer sur les droits naturels et le contrat social... Bon! vous savez toutes ces choses mieux que moi, vous savez quelles révolutions ces philosophes bienfaisants ont provoquées, comment la Pologne a été déchirée, comment est née la Révolution française.. .

— Pardon encore, madame, hasardai-je, mais il me semble que la triple tyrannie de l'aristocratie, du clergé et des partisans de la cause polonaise a produit l'esclavage des paysans, la persécution des sectes dissidentes et des Petits-Russiens, la perte de la Pologne en un mot. Quant à la France...

— Je ne veux pas me disputer avec vous, interrompit la baronne; je n'ai prétendu dire que mon opinion. Je prête volontiers l'oreille, moi aussi, à celle d'un étranger, pourvu que la discussion n'entraîne ni contrainte ni violence. Cette façon de s'échauffer sur tout ne me plaît pas; elle ne me semble propre qu'à exciter du trouble et de l'agitation, tandis qu'un échange de pensées discret et mesuré peut contribuer à notre plaisir et à notre instruction. Finissons-en pour aujourd'hui. Si vous voulez venir quelquefois tenir compagnie à une vieille femme, vous ferez une bonne œuvre. Que le Ciel vous bénisse!

Elle me baisa au front et me congédia de cette façon hautaine que les vieilles dames chez nous ont en commun avec les princes de l'Église et autres potentats.

Je regardai instinctivement la pendule. Elle marquait toujours onze heures et demie, Dieu sait depuis combien de jours!

IX

Depuis, j'allai souvent à Separowze. Mes amis s'en étonnaient, car, disaient-ils, qu'est-ce qui peut l'y attirer? La campagne n'est pas belle; il n'y a point de chasses, et les dîners de la baronne ne sont rien moins que succulents. C'était vrai, et pourtant je ne m'ennuyais jamais à la seigneurie. J'y avais découvert une collection d'originaux tels qu'il n'en existe plus peut-être nulle part ailleurs qu'en Gallicie. A elle seule, Warwara eût suffi sans doute à m'intéresser. Je pénétrais, pour ainsi dire, dans les coulisses de sa vie. Tandis que d'autres, ne la voyant qu'à l'église ou dans le monde, pouvaient se tromper sur son caractère, confondre le masque avec le visage, moi je la surprenais à ces heures inévitables où les nerfs se détendent, où l'esprit d'intrigue se repose, où la comédienne oublie son rôle, et ce déshabillé moral d'une femme prudente, astucieuse entre toutes, avait, je dois en convenir, le charme le plus piquant pour un observateur. Que de naïveté dans la proclamation incessante de son monstrueux égoïsme ! Aussi avais-je renoncé à jamais la contredire.

Les moissons en seront-elles moins détruites si vous critiquez et condamnez la grêle? La foudre qui frappe un innocent sur le grand chemin l'épargnera-t-elle davantage parce que vous lui aurez reproché l'immoralité de son action? Non vraiment, on ne peut que constater le phénomène et en prendre note. J'agissais ainsi avec la baronne. Il y avait en elle un mélange bizarre d'impressions apparemment contradictoires : l'avidité de l'or, la volupté de la possession étaient comme paralysées par la crainte de jouir d'un trésor qu'elle idolâtrait sans oser y toucher. C'était une misérable vie en somme, sans lumière, sans couleur, sans joies, et pourtant la pensée que cette vie dût finir la faisait tressaillir d'angoisse. La terreur de la mort finit par briser ce roc. Warwara devint dévote, une fausse dévote s'entend. Elle priait, se confessait, brodait des ornements d'église, mais sans cesser pour cela de faire de l'usure et des spéculations. Quand elle veillait à ce que ses gens observassent toutes les abstinences, tous les jeûnes prescrits, son avarice fraternisait évidemment avec sa dévotion ; elle ne dédaignait pas non plus la science, pourvu que celle-ci s'accordât avec ses principes d'économie. Aussi prit-elle parti tout à coup pour le système hygiénique qui prescrit l'usage exclusif des végétaux. Il fallait entendre là-dessus son valet de chambre Martschine. Retroussant ses manches et se léchant les lèvres :

— Elle nous donnait de l'herbe à manger, monsieur le bienfaiteur, rien que de l'herbe, comme aux bœufs (pour Martschine, tout légume, sauf la choucroute, était de l'herbe). Mais la révolution a éclaté à la fin ! Je crois que, si elle ne nous avait pas donné d'autre viande, nous l'aurions mangée elle-même !

J'arrivai un jour à Separowze, avant le coucher du soleil, au moment où l'on travait les vaches. De très-loin déjà, des chants harmonieux avaient frappé mon oreille, et, lorsque j'entrai dans la cour, je m'arrêtai pour mieux entendre s'élever en chœur une douzaine de voix justes et fraîches.

— Des rossignols, n'est-ce pas, que nos jeunes filles? dit Martschine en retroussant derechef ses manches de chemise. Madame a su qu'elles buvaient quelquefois du lait tout en trayant les vaches, de sorte que les pauvrettes ont reçu l'ordre de chanter sans interruption tant que la besogne dure; celle qui s'arrête est punie. Madame aime tant la musique que c'est pour elle le meilleur remède quand elle se sent nerveuse. Vous êtes peut-être nerveux aussi? ajouta Martschine en me jetant un regard si méfiant que je ne pus m'empêcher de rire. Eh bien! ici, nous sommes tous nerveux, acheva-t-il avec un gros soupir.

Warwara, comme tous les gens soupçonneux et âpres, était souvent volée; on se faisait une fête de déjouer quelque peu sa surveillance. Quand elle s'en apercevait, c'était un nouvel aiguillon pour sa misanthropie.

Je me rappelle qu'elle reçut une fois devant moi un de ses fermiers, petit homme maigre et noir dont les yeux de chat disparaissaient sous d'épais sourcils. Il toussa, fit un salut, joignit les mains, salua de nouveau et finit par soupirer bruyamment comme une locomotive qui laisse échapper la vapeur.

— Qu'est-il arrivé? dit la baronne, inquiète. Je t'ai prié déjà de ne pas souffler ainsi. Viens-tu m'annoncer quelque malheur?

— Ah! mon Dieu! s'écria le fermier d'un ton

lamentable, quels temps que les nôtres! En fut il jamais de plus durs!...

— Tu veux t'excuser de ne pas payer ton fermage... tu cherches des prétextes.

— Des prétextes! Je n'en ai pas besoin. J'ai d'assez bonnes raisons! Il m'a été impossible de me procurer de l'argent, du moins tout l'argent que je vous dois...

— Comment?... Tu oses?...

— Oui, j'ose n'avoir pas le sou, répondit-il en s'enhardissant; il m'a fallu me saigner aux quatre membres pour vous apporter le peu que voici.

Et il jeta une liasse de billets de banque sur la table.

— Maintenant, retournez mes poches, fouillez-moi comme un sac, vous me trouverez vide, absolument vide.

Warwara compta les billets, et peu à peu un sourire se dessina sur ses lèvres. Elle finit par repousser vers le bonhomme une partie de l'argent.

— Il y a là deux fois plus que tu ne me dois.

Un instant le fermier la regarda stupéfait, puis sa bouche s'ouvrit lentement, ses yeux suivirent le mouvement de la bouche, tous ses traits exprimèrent une rage comique. S'approchant d'elle avec emportement :

— Faites-moi la grâce, madame, de me donner un soufflet.

— Pourquoi?

— Ne me le demandez pas. Je veux un soufflet de votre main; ou bien, peut-être, ce jeune seigneur aura-t-il pitié de moi et m'en donnera-t-il un?

— Qu'est-ce que cela signifie?

— Cela signifie... Jésus! Marie! Joseph! que j'ai fouillé dans la mauvaise poche. Oh! bœuf que tu es!

— Qui appelles-tu bœuf!

— Moi, parbleu! et je voudrais voir qu'on me outînt le contraire. Faire de pareilles bévues!... riple sot! va!

— Voilà vos bons paysans, me dit Warwara. Il a les poches bourrées d'argent, et il prétend que les temps sont durs! Faut-il ménager de pareils fripons?

Elle n'avait pas besoin d'excuse pour ne point les ménager.

Un autre des fermiers avait le tort de lui porter sur les nerfs par son seul nom. Il est vrai que le pauvre homme se nommait Petschenischintschenko. Le nom était difficile à prononcer; se le rappeler seulement était une grosse affaire; aussi prétendait-elle qu'il s'en servait comme d'une sorte de cachette pour esquiver réclamations et poursuites.

— Si je veux lui envoyer Martschine ou l'huissier, je ne retrouve plus ce diable de nom et je suis obligée de recourir à la description : — Tu sais bien, ce grand paysan en sierak brun [1], avec un bonnet en toison d'agneau noir? — Beau signalement! Il y a aux environs cinq cents paysans de grande taille en sierak brun, et deux cent cinquante au moins en bonnet de peau d'agneau noir!

La baronne finit cependant par saisir le pauvre Petschenischintschenko et par lui tirer lentement les plumes comme fait le vautour du moineau qu'il tient dans ses serres. Peu à peu, elle lui prit ses bœufs, ses chevaux, ses vaches, ses prés, ses

1. L'habit des paysans petits-russiens.

champs et jusqu'à sa chaumière, sans se hâter et avec délices, comme s'il se fût agi de détacher l'une après l'autre les syllabes de ce nom interminable qu'elle n'avait jamais pu se résoudre à prononcer, jusqu'à ce qu'il ne restât plus qu'un misérable monosyllabe, un *rien* tout sec, vêtu de guenilles, nu-pieds, et cherchant sa consolation dans l'eau-de-vie.

Un soir, en descendant le perron pour aller faire une promenade, nous nous trouvâmes face à face avec ce pauvre hère. La baronne, craignant peut-être quelque violence, fit mine de rentrer, mais il avait déjà saisi la manche de sa kazabaïka [1] et y appliquait ses lèvres, qui laissèrent une large tache sur le velours rouge :

— Ne te sauve pas, ma colombe, s'écria-t-il ; réjouis-moi par ta vue, par tes discours qui coulent comme le miel !

— Je crois que cet homme est ivre ! s'écria Warwara.

— Pas du tout, répondit-il.

Et en effet le malheureux était à jeun. Il ne trébuchait ni ne bégayait ; ses yeux n'avaient pas cette faible lueur propre aux yeux d'ivrogne ; seul, son nez brillait rouge-foncé comme une lampe qui s'éteint.

— Il faut que je te remercie, ma bienfaitrice, s'écriait Petschenischintschenko avec un mélange d'enthousiasme et d'ironie, je te dois la liberté, le plus grand des biens. Oui, tu m'as délivré ! Qu'est-ce que l'argent en effet ? Rien ! Rien qu'un souci, un fardeau ! Tu m'en as débarrassé avant le grand voyage qui nous force tous, tôt ou tard, à y renoncer.

1. Vêtement de femme garni et doublé de fourrure.

Tu m'as donné la liberté. Il faut que je t'embrasse.

— Si tu approches, je te fais chasser à coups de pied, entends-tu? cria la baronne.

— Pourquoi? parce que je me serai montré reconnaissant, parce que je t'aurai embrassée?

— Martschine! appela madame Bromirska de toutes ses forces.

Mais Martschine fut jeté au loin comme une plume par le grand paysan, qui étreignit la baronne, quoiqu'elle se défendît, et l'embrassa d'abord sur la joue droite, puis sur la joue gauche; après quoi il s'essuya la bouche avec sa manche et s'en alla en chantonnant :

> La fille a des yeux noirs,
> Une fossette au menton!

Des scènes du genre de celle-ci se renouvelaient presque chaque jour, et j'en faisais mon profit. J'observais aussi les allures étranges d'Hermine.

La baronne, qui passait désormais tout l'hiver dans ses terres, n'avait d'autre distraction que de jouer au piquet, enveloppée de manteaux et de châles comme pour une course en traîneau, dans sa chambre à peine chauffée. Toutes les autres pièces de la maison étaient fermées à clef par économie.

J'ai dit qu'elle jouait au piquet, mais seulement quand la douce Nuschka était de bonne humeur, et cela n'arrivait qu'à de rares intervalles. Comme sa maîtresse, la jolie petite bohémienne était devenue, en prenant des années, une affreuse caricature de ce qu'elle avait pu être jadis. Toute la vie de son visage tanné s'était réfugiée au fond de ses yeux d'oiseau de proie qui brillaient sombres et féroces dans la caverne de leurs orbites. Elle raillait la baronne sans miséricorde, la dupait, la volait, allait même jusqu'à la maltraiter. Warwara s'était donné un tyran implacable, et plus le monde l'abandonnait, moins elle pouvait se passer de ce tyran, contre lequel de temps à autre elle essayait de se révolter, mais pour céder toujours à la fin.

— Ne me faites pas cette méchante mine, disait Hermine; souriez, entendez-vous, soyez gaie, ou je pars demain... Vous me connaissez!

Et Warwara souriait à travers ses larmes de rage.

Si la famille d'Hermine venait à la seigneurie, force était bien que la baronne se dessaisît des clefs du garde-manger et de la cave. Ce n'était pas sans combat.

— Tu me réduis à la mendicité, tu me mènes au tombeau! disait-elle en sanglotant.

Puis elle se rendait comme une ville qui capitule :

— Ah! la diablesse! me dit-elle un jour tout bas, comme si elle m'eût confié un dangereux secret; ah! la misérable! que ne puis-je vivre sans elle! Mais non, il faut tout endurer. Si je n'avais pas mes nerfs seulement, elle serait châtiée comme elle mérite de l'être! Pour guérir mes nerfs, je sacrifierais la moitié de ma fortune, oui, la moitié!

Les serviteurs se vengeaient sur les nerfs de leur maîtresse de tous les maux qu'elle leur faisait supporter. Martschine surtout s'entendait à les torturer : longtemps il s'était demandé en quoi pouvaient bien consister les souffrances nerveuses dont on parlait sans cesse dans la maison, et il avait fini par se persuader qu'il devait être nerveux lui-même. Voici en quelle circonstance :

C'était peu de temps après son entrée à la seigneurie. Le jour de la fête de Warwara était proche, et Martschine fut appelé dans l'appartement de sa maîtresse pour y apprendre par cœur, avec l'aide de cette dernière, le compliment qu'il devait réciter au nom de tous les autres domestiques.

L'aide que lui prêtait la baronne consistait en grands coups de chasse-mouche distribués sur la joue, l'oreille ou les jambes chaque fois que la mémoire se montrait récalcitrante. Et Martschine s'arrêtait plusieurs fois à chaque vers ; le premier surtout paraissait lui offrir des obstacles insurmontables. Il commençait ainsi : « Sois saluée, toi, soleil de nos jours ! »

Même après qu'il eut réussi à retenir tout le reste du compliment, Martschine continua d'hésiter à la première ligne. Il fallait que sa maîtresse la lui dît, et alors tout le reste suivait comme par enchantement. De même jaillit la mélodie d'une pendule à musique aussitôt qu'on a poussé le bouton. La veille de la fête, la baronne lui fit passer un dernier examen ; il s'arrêta comme de coutume :

— Donne-moi ta main, s'écria-t-elle, impatientée, en levant le chasse-mouche.

Martschine tendit la main, mais il la retira si vite que le coup ne toucha que le plancher.

— Ta main ! entends-tu ?

— Je ne peux pas, madame...

— Comment?

— Non, voyez, elle se retire d'elle-même...

— Es-tu donc si lâche?... Obéis!..

— Ce n'est pas que je craigne! mais je ne peux pas... ce doit être nerveux. Je suis sûrement nerveux.

La baronne éclata de rire. Le lendemain, elle attendit, assise sur son fauteuil comme sur un trône, en robe de soie rouge, le compliment des gens de sa maison. Ils entrèrent en bon ordre, formèrent un demi-cercle, et Martschine, muni d'un énorme bouquet, s'avança, puis se prosternant, lui baisa la main, fit un pas en arrière, salua de nouveau, baisa pour la seconde fois la main de la baronne et finit par pousser, en la regardant, un profond soupir, toujours sans parler. Pendant quelques minutes, un silence inquiétant régna dans la chambre; enfin Warwara montra des yeux au pauvre Martschine le rayon de soleil qui entrait par la fenêtre. Comme il ne comprenait pas, elle lui souffla les premiers mots; mais Martschine, les yeux fixes, n'entendait rien que le bruit d'une grosse mer agitée, comme il le dit plus tard.

— Sois saluée, toi, soleil de nos jours! murmura de nouveau la baronne.

Il regarda le plafond, puis ses bottes, puis Warwara elle-même, entr'ouvrit les lèvres et continua de se taire. Exaspérée, la baronne se leva d'un saut et lui appliqua le plus vigoureux des soufflets, en criant à tue-tête :

— Sois saluée, toi, soleil de nos jours...

Aussitôt Martschine continua rapidement, avec la précision d'une machine :

— Noble dame, qui embellis notre existence...

Et il arriva heureusement au bout; mais son visage, pâle comme la mort sur une joue et violemment coloré sur l'autre, produisait un singulier effet.

Ce jour-là, par extraordinaire, il y eut festin à Separowze. Martschine, ayant avalé une assiettée de soupe, un plat de choux, une aune de boudin, la moitié d'un gros rôti de porc et une vingtaine de *pirogui* [1], tout en desserrant à plusieurs reprises la boucle de sa ceinture, se mit à gémir :

— Dieu m'a abandonné, je n'en puis plus... Non, je ne saurais manger davantage. Je suis décidément nerveux.

X

Depuis lors, il comprit les maux de sa maîtresse. Tout le monde pour lui était nerveux, jusqu'au couvreur qui se tua en se laissant choir du haut du toit de l'église.

— Les nerfs, murmurait-il, les nerfs!

Nerveux comme il prétendait l'être, ce singulier garçon avait pour principal talent d'agacer les nerfs des autres. Martschine avait été longtemps soldat et se vantait d'avoir vu de loin la bataille de Solférino comme sur une image. Du service militaire il lui restait le goût de la propreté d'abord, l'habitude de l'obéissance ensuite.

1. Mets national, boulettes de pâte farcies de fromage.

Le premier dimanche qui suivit son installation chez la baronne, celle-ci lui ayant demandé :

— Ne fais-tu pas un tour après dîner?

Il répondit debout, en position et la tête à droite :

— Madame commande que je me promène?

Quelque temps après, comme il psalmodiait, assis sur les marches du perron, une sorte de chant funèbre :

— Est-ce que tu as du chagrin? demanda la baronne, ouvrant la fenêtre.

— Comment serais-je heureux, madame? répliqua Martschine. Je n'ai ni père, ni mère, ni frère, ni sœur, pas même une bonne amie. Je suis en effet très-malheureux. Madame ne me commande pas de n'être point malheureux, j'espère!

Il était taquin ou stupide.

La baronne ne souffrait pas que le mot de mort fût prononcé devant elle, pas plus que les mots d'agonie, de tombeau, etc. Si quelque voisin tombait malade, Hermine avait coutume de dire :

— Il fait un petit voyage de plaisir.

S'il mourait :

— Il est parti pour l'Italie.

La petite chienne ayant refusé sa pâtée, Martschine ne manqua pas de déclarer que Mika pensait faire un voyage de plaisir. Mais, d'autre part, sous prétexte de propreté, il imagina un jour de tapisser les murs salpêtrés d'un pavillon, où la baronne allait volontiers l'été faire la sieste, de tous les billets mortuaires bordés de noir qui s'étaient accumulés dans la seigneurie depuis des années. La baronne faillit s'évanouir à ce spectacle.

Elle ne craignait pas seulement la mort, elle craignait la vue de la misère, et cependant tous les vendredis une troupe de mendiants se présentait à Separowze. C'était un usage immémorial, et Warwara, qui tenait à passer pour dévote, n'eût pas osé l'abolir. Charger ses gens de distribuer les aumônes répugnait trop à sa méfiance. Elle imagina donc de faire déposer dans le vestibule un habillement complet qui avait appartenu à feu son mari et une de ses propres toilettes, usée, chiffonnée, on peut le croire.

Chaque mendiant, l'un après l'autre, endossait ces oripeaux sous la surveillance de Martschine, de sorte qu'au lieu d'une vingtaine de misérables en haillons elle recevait chaque vendredi huit messieurs en pantalon de nankin, frac bleu et souliers de bal, et douze dames en robe à queue. Dans chacune des mains salement gantées qui se tendaient vers elle, la baronne déposait deux kreutzers. Il arriva que, certain vendredi, l'un des messieurs en frac bleu manquait à l'appel.

— Qu'est devenu ce vagabond? demanda la baronne.

— Il ne pourra venir, répondit Martschine. Il est parti.

— Parti?

— Oui, pour l'Italie. J'espère que madame ne le trouve pas mauvais?

— Imbécile! que veux-tu me faire accroire là?

— Eh bien, il est parti pour un autre pays; mais ce qui est sûr, c'est que je l'ai vu partir, de mes propres yeux vu!

— Si tu dis vrai, c'est un ingrat de n'être pas venu prendre congé de sa bienfaitrice.

— Il est assez difficile de se montrer reconnaissant et poli, dit Martschine, éclatant tout à coup, quand on est mort...

— Quoi ! il est mort?...

— Oui, mort ! Madame s'y oppose-t-elle?

— Brute, me dire cela, à moi ! s'écria la baronne. Va ! retire-toi de ma présence !

Et elle eut encore une attaque de nerfs.

Un matin, Martschine apporta une lettre à sa maîtresse tandis qu'on la coiffait. Hermine, qui justement était de mauvaise humeur, lui tirait les cheveux de toutes ses forces. Martschine, ayant remis la lettre, resta debout les yeux attachés sur la baronne.

— Pourquoi ne t'en vas-tu pas? dit enfin celle-ci, pourquoi me regarder de cet air ahuri?

— Parce que j'ai grand'pitié de madame, répondit gravement Martschine; j'espère que madame ne me défend pas d'avoir pitié d'elle?

— Si fait, je te le défends ! s'écria Warwara, rouge de colère. Tu es ici pour me servir, non pas pour avoir pitié de moi.

— Mais je ne peux faire autrement, répliqua Martschine avec une émotion profonde; j'ai un si bon cœur et je suis si nerveux : comment n'aurais-je pas pitié de madame?

Et il se mit à sangloter.

L'exemple de Martschine fut contagieux. Piotre, le cocher, s'avisa lui aussi d'avoir des nerfs; seulement il ne les sentait qu'à la pleine lune. Une fois, il attela les chevaux au carrosse d'apparat comme minuit sonnait et serait allé Dieu sait où, si Martschine ne l'eût réveillé à temps. Une autre fois, on le vit, blanc comme un sylphe, dont il n'avait pas la taille du reste, assis à la lucarne du grenier, les pieds pendants, une ligne à la main. Il pêchait dans la cour.

La petite chienne blanche Mika était encore le plus nerveux de tous les hôtes de Separowze. La moindre chose excitait sa méchanceté; mais il suffisait, pour que cette méchanceté devînt de la rage, que Martschine glissât sur le parquet ciré une brosse à chaque pied. Alors les mollets de l'imprudent couraient un danger réel.

XI

La collection d'originaux que renfermait la seigneurie reçut un précieux renfort en la personne d'un parent éloigné de Warwara, nommé Zenobius Monastyrski.

Ce jeune homme, élevé dans l'abondance, avait gaspillé follement son patrimoine. Devenu pauvre, il ne regrettait rien, ayant, pour un temps du moins, vécu à sa guise. Qu'il eût faim, qu'il eût froid, qu'il dormît à la belle étoile, sa gaieté ne l'abandonnait pas. Par une matinée de décembre, il apparut à Separowze en habit d'été, sans gants, sans bottes et sans bas, les pieds enveloppés de lambeaux de toile, un claque sous le bras, et naturellement sa belle tante le traita de « prodigue incorrigible », de « membre inutile du genre humain », etc.

— Je vous demande pardon, interrompit Zenobius avec un fugitif sourire, j'ai, l'été dernier, aidé les paysans à rentrer le blé ; maintenant je travaille dans l'étude du notaire Batschkock à Koloméa.

— Eh bien! que venez-vous demander ici? Je ne peux rien pour vous.

— Pardon encore, chère tante, je ne vous demande pas d'argent, je n'y ai jamais pensé, mais je voudrais obtenir que vous vous fissiez assurer...

— De quelle assurance parlez-vous, drôle?

— D'une assurance sur la vie. Cela ne vous fera aucun mal. Laissez seulement un médecin vous examiner. Il verra si vous avez une maladie chronique ou...

— Quelle horreur! C'est au milieu de vos princesses de la rampe, de vos coureurs de tripots, dans la belle société où vous avez perdu jusqu'à vos dernières bottes, que vous prenez ces idées-là?

— Mais, ma tante, il ne vous en coûtera rien. Je prétends payer le médecin, et vous ne vivrez ni plus ni moins ; seulement, lorsqu'il plaira au Ciel de vous reprendre, j'aurai une rente assurée.

— C'est cela! vous comptez sur ma mort... Sortez... que je ne vous revoie jamais!

— J'obéis, répondit Zénobius avec déférence en marchant à reculons vers la porte, mais vous ne pouvez m'empêcher de prendre mes précautions. Voyons, combien d'années vous reste-t-il encore à vivre?.. Avec votre constitution...

— Arrête, bourreau, interrompit Warwara en se bouchant les oreilles et tressaillant de tout son corps ; arrête! ne prononce pas ce chiffre horrible! Je sais trop que je mourrai un jour; mais, si tu prends une assurance sur ma vie, je ne verrai pas là fin de l'année, j'en suis certaine. J'aime encore mieux te donner asile; mais, au nom de Dieu, ne parle plus de ma mort ni de ma constitution.

Zénobius s'empressa de lui baiser la main. Son bagage fut vite transporté à la seigneurie; il tenait tout entier dans un vieux mouchoir. En cinq minutes, il eut pris possession du réduit qui lui était assigné au rez-de-chaussée, suspendit un petit crucifix et le portrait de sa mère au-dessus de son lit, glissa un exemplaire usé de *Faust* sous son oreiller, puis, assis sur un escabeau, les deux mains appuyées sur ses genoux, il sourit et respira profondément. La misère était conjurée.

Au premier dîner, il se brûla bien un peu les lèvres, tant il avait hâte d'apaiser les déchirements de son estomac vide; mais, cette faim féroce une fois satisfaite, Zénobius reprit les manières polies dont il avait eu l'habitude. On eût dit que chez lui le gentilhomme se réveillait d'un profond sommeil. En même temps, il se rendait utile de tout son pouvoir, et naturellement la baronne abusait de cette bonne volonté toujours alerte, toujours souriante. Si, vaincue par une superstitieuse terreur, elle lui avait donné asile, ce n'était pas pour le laisser ensuite manger son pain dans l'oisiveté. Elle l'envoyait donc aux champs, au marché vendre le blé, surveiller les coupes de bois, vaquer aux soins de la basse-cour et du jardin; Zénobius recollait les meubles cassés, mettait les pantoufles à sa tante, jouait au piquet toute la journée sans autre enjeu que des fèves. De temps à autre, il se dédommageait de cette sujétion par quelque espièglerie.

Je me rappelle avoir assisté à l'une des meilleures. J'avais été invité à dîner chez la baronne avec un prêtre grec du voisinage et la famille de ce dernier. Au milieu de la table se trouvait une grande tarte magnifiquement garnie qui datait, je crois, des noces de Warwara, et qui toujours était reportée intacte au garde-manger. Quelle fut l'émotion de notre hôtesse en voyant Zénobius offrir galamment de la tarte à Cléopha, la fille aînée du prêtre? Saisissant un grand couteau, il porta au précieux objet de parade un coup si vigoureux que l'un des morceaux alla frapper au front, comme une pierre, le digne prêtre effrayé. Plus tard, celui-ci en rit avec nous, car il était impossible d'être d'humeur plus débonnaire qu'Athanase Kmietowitch. Le neveu de la baronne s'était attaché à lui d'une affection sincère, peut-être parce qu'il était le père de la belle Cléopha.

Chaque fois que j'avais rendu visite à la seigneurie, Zénobius me prenait par le bras pour m'entraîner au presbytère. C'était une humble demeure; nos paroissiens de la Petite-Russie ne sont pas riches. On eût dit un nid d'hirondelles collé à la vieille église, et comme dans un nid d'hirondelles, en effet, jeunes et vieux, étroitement serrés les uns contre les autres, gazouillaient gaiement du matin au soir. Le prêtre disait sa messe, préparait son sermon du dimanche, faisait tout tranquillement ses baptêmes, ses mariages, enterrait ses morts, et pour le reste abandonnait le monde au sage gouvernement de la

Providence, sans se soucier de la politique ni d'aucune des questions brûlantes qui troublent la digestion des gens moins bien avisés.

Athanase Kmietowitch n'était qu'un paysan, mais un paysan lettré, qui, en revenant des champs, copiait d'une belle écriture des livres qu'il était trop pauvre pour acheter et se tenait ainsi au courant de toutes les découvertes de la science, de tous les progrès de la philosophie. Très-simple, indifférent aux grandeurs, aux richesses, il ne vénérait, après Dieu, que deux choses : la science et sa femme. Madame Sophronia Kmietowitch était adorée, choyée sans cesse, comme l'est seule une femme de prêtre grec. Celui-ci, en effet, ne peut se marier qu'avant d'être définitivement consacré au Seigneur, et, s'il devient veuf, les ordres qu'il a reçus lui défendent de convoler en secondes noces. Aussi quelle terreur a-t-il de perdre la mère de ses enfants ! Il suffisait que madame Sophronia dît : « Si tu me contraries, je vais maigrir... » pour qu'il exécutât toutes ses volontés. Pourtant madame Sophronia aurait pu perdre sans inconvénient une partie de son embonpoint vraiment turc. Compatriote de cette autre fille de curé petit-russien, Anastasie Lyssowsky de Rohaty, en Gallicie, laquelle, sous le nom de Roxelane, gouverna tout l'empire ottoman, elle avait ce même petit nez retroussé qui fit de Soliman le Grand l'esclave de son esclave, ce petit nez mutin qui trahit tant de caprice, de force et de passion réunis.

Cette femme de quarante ans, magnifiquement épanouie, et les quatre enfants qui l'entouraient, ne faisaient pas mentir le proverbe qui veut que la beauté soit l'apanage de toutes les familles de prêtres grecs en Gallicie. Je m'aperçus bientôt que l'une des jeunes filles, Cléopha, une grande blonde au teint blanc et lisse comme l'hermine, et aux yeux couleur de violette dont le regard vous ouvrait tout un monde naïf et poétique comme celui de nos contes populaires, était l'objet des attentions respectueuses, mais incessantes, du brave Zénobius. C'était pour la voir qu'il m'entraînait au presbytère, n'osant plus y retourner tout seul, dans la crainte que la sollicitude maternelle de madame Sophronia ne s'alarmât.

XII

Deux billets élégants, d'une grande écriture nette, presque virile, nous avaient invités, M. Kmietowitch et moi, à nous rendre chez la baronne le même jour et à la même heure. J'allai donc chercher le prêtre, et nous entrâmes ensemble dans la cour de la seigneurie, pour y être témoins d'une scène vraiment bizarre. Warwara, assise à une fenêtre ouverte du rez-de-chaussée, un grand livre d'heures à la main, récitait tout haut les litanies de la sainte Vierge, en s'interrompant de temps à autre pour gourmander ses gens occupés dehors à divers services :

— Hé! Martschine! les oies sont au verger!...

« Trône de la sagesse, priez pour nous... » — Mon Dieu! Hermine, qu'as-tu donc cassé?... « Secours des pécheurs, priez pour nous... » — Bon, voilà que la sauce brûle... Je la sens d'ici!

Et elle appelait la cuisinière :

— Maudite coquine! la sauce est brûlée. « Reine des anges, priez pour nous! »

Et ainsi de suite. Enfin elle nous aperçut. Mika poussa un aboiement frénétique et saisit entre ses dents aiguës le manteau du prêtre, sans se laisser désarmer par les flatteries de ce dernier.

— Mika! criait la baronne, Mika! méchante bête!

Elle nous fit entrer et, sans perdre un instant, nous conduisit dans une pièce écartée où jamais elle ne recevait de visites. Arrivée là, elle ferma soigneusement la porte à clef, après s'être bien assurée que personne ne pouvait entendre.

— Je vous remercie, nous dit-elle, d'avoir eu pitié d'une pauvre femme abandonnée. Il s'agit d'un secret, d'un grand secret, et je veux me hâter de vous le confier. Autrement, on nous dérangerait... Vous savez, Hermine... Oh! je suis bien malheureuse! Cette Hermine n'a pas de conscience. Elle me tourmente dans l'espérance d'hériter... C'est une bête féroce, vous dis-je... Mais ses manéges seront trompés. J'ai fait mon testament. Je l'ai fait en double. Si je le cachais dans un meuble, elle le découvrirait; elle forcerait le tiroir, et ma vie, messieurs, ne serait plus en sûreté. Cette ingrate créature m'assassinerait de même si je le donnais à un notaire. A cause de cela, je vous supplie de veiller à l'exécution de mes dernières volontés. Tenez, prenez !

Elle tendit à chacun de nous une enveloppe cachetée.

— Et s'il plaît à Dieu de m'enlever de ce monde, — elle se mit à pleurer, — ayez la bonté de remettre ce pli...

Elle ne pouvait plus parler, tant était profonde chez elle la pitié de soi-même.

— Voyons, il n'y a pas lieu de craindre ni de s'affliger encore, dit doucement le prêtre.

— Non, n'est-ce pas? répliqua la baronne, essuyant ses larmes du revers de la main; j'ai souvent entendu dire que les malades qui reçoivent les sacrements ou qui font leur testament vivent encore longtemps après. Le croyez-vous? C'est que vraiment je ne veux pas encore mourir. Feu mon grand-père avait atteint sa quatre-vingt-deuxième année, et il est resté robuste jusqu'à la fin.

En ce moment, on frappa violemment à la porte.

— Qui est là? demanda la baronne toute tremblante.

— Ouvrez! répondit la voix brève d'Hermine.

— Vous voyez! dit bien bas madame Bromirska.

Elle ouvrit, craintive, et Hermine entra aussitôt avec fracas.

— Des secrets, en vérité? Que se trame-t-il ici? Qu'avez-vous contre moi?...

— Quelles idées vas-tu te forger, chère Nuschka? répondit la baronne de sa voix la plus caressante.

Et elle embrassa familièrement celle que tout à l'heure elle appelait sa mortelle ennemie.

XIII

Il semblait que Warwara eût été avertie par quelque pressentiment de sa fin prochaine, car, vers la fin de cet automne-là, elle tomba sérieusement malade pour la première fois. Les soins du médecin de sa maison et des deux docteurs appelés en toute hâte de Kolomea ne lui parurent pas suffisants ; elle fit venir Zénobius près de son lit et lui dit tout bas :

— Ces sots m'assassineront; prends les chevaux et va-t'en vite à Lemberg. Je n'ai confiance qu'en toi. Ramène le meilleur médecin. Je payerai... oui, je payerai tout; mais ne perds pas une seconde, et surtout garde-toi de rien dire...

Elle désigna Hermine d'un mouvement des paupières.

Zénobius partit aussitôt pour Lemberg; mais, le soir même, l'état de la malade s'aggrava sensiblement. Vers minuit, Hermine, étant seule avec sa maîtresse assoupie, la secoua de façon à l'éveiller et lui cria dans l'oreille :

— Avez-vous fait un testament?

La baronne ne parut pas comprendre.

— Avez-vous fait votre testament? répéta impérieusement Hermine.

— Mon testament? murmura la baronne d'une voix éteinte, à quoi bon? Je ne mourrai pas de si tôt.

— Il faut que vous en fassiez un... et tout de

suite, entendez-vous! reprit Hermine, la forçant à s'asseoir sur son lit.

— Non! dit Warwara avec une dernière énergie, et je te défends de me parler de la mort.

— Vous aurais-je donc sacrifié inutilement toute ma jeunesse? s'écria la bohémienne. Cela ne se peut pas!... Prenez cette plume, prenez...

— Veux-tu m'assassiner?

— Ce n'est pas la peine. Vous mourrez sans cela.

— Oh! misérable ingrate! monstre que tu es!... Les mains de la baronne se crispèrent autour du cou d'Hermine, qui crut un instant qu'elle allait l'étrangler; mais, à force de coups, la camériste se délivra de cette étreinte furieuse :

— Oui, vous mourrez! dit-elle aussitôt qu'elle eut réussi à reprendre sa respiration, vous mourrez, malgré tout, et, à la dernière heure, il n'y aura pas à votre chevet un seul être qui vous aime, car moi aussi je vous abhorre.

Hermine, après cette déclaration, n'avait plus de ménagements à garder; elle prit les clefs que la baronne cachait sous son oreiller et chercha le testament dans les coins les plus secrets. Warwara s'efforçait en vain de se lever, elle se débattait, elle appelait et personne ne répondait à ses cris. Au matin, Hermine n'avait pas encore trouvé le testament, mais elle s'était emparée de tout ce qui dans la seigneurie pouvait avoir quelque valeur : bijoux, papiers précieux, objets de garde-robe.

Après avoir mille fois maudit la voleuse. Warwara s'était tournée du côté du mur et fermait les yeux. Lorsque son médecin vint lui faire sa visite ordinaire, elle le supplia d'avoir pitié d'elle, de traîner Hermine en justice. Le médecin, croyant aux divagations de la fièvre, promit tout ce qu'elle voulut, quitte à ne rien faire. Vivante ou morte, cette malheureuse femme était abandonnée aux mains de sa servante, qui restait la véritable maîtresse de Separowze.

Deux jours se passèrent ainsi, jours d'angoisse pour elle. Spectatrice du pillage qu'elle ne pouvait empêcher, Warwara ne sentait pas auprès d'elle, comme l'avait prédit Hermine, une seule personne qui lui fût dévouée. Sous prétexte de la veiller, Piotre et Martschine jouaient aux cartes au milieu de la chambre, en buvant le meilleur vin de la cave et en fumant leur pipe.

— Pourquoi nous en priver, disait Martschine, puisqu'elle doit mourir ?

La dernière protestation s'était éteinte sur les lèvres refroidies de Warwara. Tout à coup, elle appela faiblement Mika. La petite chienne s'approcha du lit, flaira le drap et se retira vite. En vain sa maîtresse lui donna-t-elle les noms les plus tendres, elle ne reparut plus. Alors ce cœur de pierre se brisa : Warwara sanglota tout haut.

Ainsi se passèrent les derniers jours qu'elle eut encore à vivre, si l'on peut appeler vivre cette lutte effroyable entre l'âme prête à partir et le corps qui se révolte encore. Enfin l'heure sonna qui efface toutes les douleurs, qui apporte la délivrance au plus méchant comme au meilleur, Mika se mit à pousser sous le lit des hurlements lamentables :

— Qu'as-tu, ma pauvre bête?... murmura sa maîtresse. Faim, peut-être...

Mais Hermine, éclatant d'un rire impitoyable :

— Les chiens hurlent, dit-elle, quand il y a des mourants dans la maison.

— Je ne meurs pas, gémit la baronne, non, je ne meurs pas, je ne veux pas mourir! Qu'on aille chercher le prêtre, ajouta-t-elle quelques instants après.

Quand la cuisinière de Separowze entra au presbytère, j'y étais justement en visite ; nous nous hâtâmes de répondre à l'appel de la mourante. Mais il était trop tard. L'agonie avait commencé. Martschine lui ayant dit : — On est allé chercher Sa Révérence M. Kmietowitch, — Warwara répliqua d'une voix que personne ne reconnut : — Qui est celui-là? — comme si elle eût entendu son nom pour la première fois.

Hermine s'approcha du lit :

— Elle meurt! dit-elle tout bas, c'est fini.

Et avec une férocité inouïe :

— Me direz-vous enfin, reprit-elle, où est le testament?

Sur ce visage de morte passa un sourire malicieux, effrayant.

— Le testament est... il est en bonnes mains... — répondit-elle avec fermeté. Tu n'auras rien... non, rien... pas une vieille pantoufle...

Puis, tâtant la couverture des deux mains :

— Où est mon argent?... soupira-t-elle, on m'a pris mon argent...

Lorsque j'entrai avec le prêtre, elle venait de mourir. La seigneurie semblait avoir été mise au pillage, et tout le désordre qui suit une orgie régnait dans la chambre mortuaire. Warwara n'avait pas cette beauté paisible et solennelle que j'ai vue à la plupart des morts; ses traits étaient absolument défigurés : personne n'avait songé à lui fermer les yeux. Le prêtre se mit en prières; les serviteurs s'agenouillèrent à son exemple. Au dernier *Amen*, Zénobius parut sur le seuil avec le grand médecin de Lemberg. Tandis que celui-ci s'approchait du lit, puis haussait les épaules, le jeune parent pauvre de la baronne prononça un fervent *Pater noster;* il se pencha vers sa tante et lui ferma pieusement les yeux. Le soleil couchant projetait un dernier rayon d'or sur la main ouverte de la morte. Les ducats dont elle avait été si avare n'eussent pas brillé davantage.

. . . .

Je reconduisis M. Kmietowitch au presbytère. Nous marchions côte à côte en silence, quand un cortége funèbre nous rejoignit. Nous nous rangeâmes pour le laisser passer.

— Qui donc enterre-t-on? demandai-je.

— Un paysan de Separowze, me répondit M. Kmietowitch; dans la contrée, il était connu pour le pire des ivrognes. Écoutez comme sa veuve le pleure.

En tête du cortége marchait un homme portant la croix; puis les chantres suivaient avec le diacre; six garçons robustes portaient le cercueil couvert de grosse toile blanche, et derrière le cercueil, venait la veuve, les cheveux épars, les vêtements déchirés. Le long cortége d'amis et de voisins, armés de fusils et de pistolets pour la plupart, faisait penser à des cosaques prêts au combat plutôt qu'à des paysans n deuil. Les bruyantes lamentations des pleureuses se mêlaient au murmure des prières et aux sons déchirants du *trembit* [1]. Quand tout eut fait silence, la veuve recommença ses sanglots et ses gémissements; en même temps, elle se tordait les mains, s'arrachait les cheveux.

— Ah! mon cher Zéphyrin, disait-elle, pourquoi m'abandonner? Comment vivrai-je sans toi, pauvre femme que je suis? Qui donc me battra maintenant, mon Zéphyrin? Qui donc m'accablera d'injures, puisque tu n'es plus, mon trésor? Dis! qui donc boira toute l'eau-de-vie du cabaret, qui donc s'endettera auprès des juifs, comme tu savais si bien le faire?...

Rien de plus étrange que cette lamentation ironique de la veuve qui, délivrée de son tyran, devait néanmoins se soumettre à l'usage. Toute l'*humour* populaire de la Petite-Russie éclatait dans cette improvisation.

— C'est le jugement du défunt qui commence! fit observer Kmietowitch.

— Comment, pensai-je, jugera-t-on Warwara? Mais non, Warwara n'a rien à craindre; elle a veillé toute sa vie à ce que personne ne pût se trouver là pour gémir derrière son cercueil.

Je me trompais; les splendides obsèques de la baronne furent conduites par Zénobius, qui pleurait comme un enfant.

1. Cor des Karpathes.

XIV

Aussitôt après les funérailles, survint le notaire Batschkock pour l'ouverture du testament. M. Kmietowitch et moi nous présentâmes chacun le pli qui nous avait été confié : c'était le même testament écrit en double.

A peine Batschkock en eut-il pris connaissance, qu'il poussa une longue exclamation :

— C'est fou ! absolument fou ! Jamais créature raisonnable n'a choisi un tel héritier. Il y a de quoi rire !

Cet héritier invraisemblable n'était autre que Mika. Toute la fortune des Bromirski était léguée à la petite chienne hargneuse, mais l'administration des biens restait confiée à Zénobius; il toucherait les revenus tant que vivrait l'intéressant quadrupède, à la condition de le soigner fidèlement. Mika, morte à son tour, tout devait retourner aux Carmélites de Lemberg, qui étaient chargées de prier pour l'âme de la défunte baronne.

Zénobius, en apprenant les bizarres dispositions testamentaires qui le concernaient, demeura d'abord atterré; il n'avait pas compté sur une obole.

— Laissez-moi m'asseoir, dit-il; je n'ai plus de jambes.

Mais, l'instant d'après, le jeune fou, bondissant jusqu'au plafond, saisissait Mika par les pattes et se mettait à danser avec elle. Les domestiques vinrent saluer leur nouveau maître, et aussitôt, comme il arrive pour tous les changements de gouvernement, les délateurs et les courtisans surgirent : Martschine lui chuchota un mot dans l'oreille droite, Piotre un autre mot dans l'oreille gauche, et Zénobius donna tout haut l'ordre d'ouvrir devant lui les malles d'Hermine. Sans se laisser intimider par les menaces, ni toucher par les pleurs de cette mégère, il reprit d'une main ferme tout l'argent, tous les objets précieux qu'elle s'était appropriés, saisit de l'autre main une cravache et la chassa ainsi de la seigneurie.

XV

L'argent est pour les hommes une pierre de touche. Zénobius riche ne ressembla guère à Zénobius pauvre; il perdit sa gaieté, ses joyeux enfantillages, son insouciance du lendemain. Bref, il ne resta rien de lui que l'amour voué une fois pour toutes à la blonde Cléopha. Contre cet amour, l'argent lui-même ne put rien. Au fait, comment Zénobius ne serait-il pas devenu triste et chagrin? Son opulence, son bonheur même, puisque la misère lui eût ôté le courage d'aspirer à la main de celle qu'il adorait, tout enfin dépendait de la vie d'un méchant roquet, vieux, obèse et maladif.

— Non, dit-il dans son honnêteté scrupuleuse, je ne ferai pas de Cléopha aujourd'hui une dame et demain une mendiante!

Il résolut d'amasser à force d'économies un petit capital qui lui permît de prendre charge de famille; pour cela, il fallait prolonger de trois années au moins la vie de Mika. Cela semblait impossible, vu les fréquentes indispositions de cette créature gâtée.

Zénobius entreprit d'arriver à ses fins en se privant de tout.

Plusieurs domestiques furent congédiés; il fit des réformes de toutes sortes, et la seigneurie prit une mine plus désolée encore que du temps de la baronne. L'esprit de cette dernière semblait toujours flotter dans les murs qui avaient abrité son avarice. Toutes les recherches du bien-être et du luxe étaient réservées pour la seule Mika, toujours couchée sur ses coussins comme une petite-maîtresse et plus grondeuse, plus irascible que jamais. Les soins assidus de Zénobius étaient reçus par elle sans l'ombre de reconnaissance; en vain se levait-il dès l'aube pour la brosser lui-même, en vain la baignait-il chaque semaine avec des précautions infinies, la séchant ensuite dans du linge chauffé, l'emmaillottant comme un poupon de sa pelisse de zibeline pour la porter dans le lit d'édredon où elle consentait à dormir. A table, Mika recevait du bout des dents les meilleurs morceaux. Si elle les refusait, Zénobius suppliait, cherchait à l'amuser, appelait une foule de chiens imaginaires, Diane, Azor, Jupin, jusqu'à ce que Mika, poussée par la jalousie, eût surmonté sa répugnance et mangé son potage. Il lui tenait compagnie dans le carrosse où elle trônait, tout comme une noble dame, disait Piotre; mais rarement elle se décidait à sortir, et il fallut que son gardien, puisqu'il ne pouvait se résoudre à l'abandonner aux soins douteux des domestiques, prît des habitudes sédentaires. Plus de visites au presbytère. A peine lui permettait-elle de lire ou de fumer à sa guise! Combien de fois le pauvre Zénobius fut-il réveillé en sursaut, la nuit, par le cauchemar qui lui montrait Mika courant quelque danger! Il n'avait plus de repos avant de s'être assuré que la bête endormie respirait bien. Le médecin de la maison ne suffisait pas à cette princesse; on consultait pour elle à Kolomea, même à Lemberg; mais rien ne pouvait vaincre un embonpoint alarmant qui la rendait de jour en jour plus lourde et plus haletante.

— Plaignez-moi, me dit Zénobius un jour que j'étais allé le voir; plaignez-moi; je me sacrifie à ce maudit animal, et il ne me donne en échange que du souci, tant de souci que je voudrais le battre jusqu'à l'assommer; mais que deviendraient mes revenus si je suivais mon envie?

J'entrai avec lui dans le salon où Mika reposait accablée sur ses fourrures. Elle ne se leva pas pour courir à la rencontre de Zénobius, elle ne poussa pas un aboiement joyeux, elle ne remua même pas la queue, comme l'eût fait tout autre chien à la vue de son maître. L'homme était ici l'esclave de la bête, et on eût dit que la bête s'en rendait compte, car elle appela Zénobius d'un grognement sourd, et Zénobius obéit à ce chien qu'il détestait, parce que le chien était riche.

— Vous voyez, me dit-il avec amertume, je reçois des ordres.

Mika parut comprendre qu'il se plaignait, car, se levant avec une fureur soudaine, elle se mit à japper en montrant ses dents aiguës, qui mordirent Zénobius de la belle façon lorsqu'il essaya de l'apaiser.

Enfin le pauvre diable tomba dans une mélancolie profonde ; il évitait ses amis, maigrissait à vue d'œil.

— Comment, disait M. Kmietowitch, un homme peut-il être poussé par la cupidité jusqu'à devenir le valet d'une bête?

Il y avait trois mois que la baronne était morte. Un soir, je faisais au presbytère une partie d'échecs avec la belle Cléopha, lorsque Zénobius, tout de noir vêtu, traversa les champs à grands pas, semblable à un corbeau sur la neige, et se précipita dans la chambre où nous étions réunis, la famille du prêtre et moi. Il avait l'air désespéré ; ses cheveux tombaient par mèches éparses sur son pâle visage, il tenait un pistolet ; sans prononcer un mot, il embrassa les genoux de Cléopha.

— Est-ce que Mika est morte? demandai-je.

Ce fut, je l'avoue, ma première pensée.

— Que m'importe qu'elle meure ! s'écria-t-il avec emportement. J'en ai assez de cet ignoble esclavage !...

— Dieu soit loué ! interrompit le prêtre.

— Dites que vous aurez pitié de moi, Cléopha ; promettez de devenir ma femme, et je renonce à toutes mes richesses. Je casse la tête de Mika, — et il brandit son pistolet... — Cléopha, le veux-tu?.. J'aime mieux, pour ma part, m'atteler moi-même à la charrue que de renoncer plus longtemps à ma dignité d'homme.

La belle fille ne répondit pas tout d'abord ; ses yeux étaient baissés sur l'échiquier. Tout à coup, sa main un peu grande, mais bien faite et blanche comme l'ivoire, sortit de la fourrure dont était bordée sa kasabaïka, et poussant un pion avec tranquillité :

— Échec et mat! prononça-t-elle.

Notre partie était terminée. Alors elle se tourna vers Zénobius, toujours à ses pieds :

— Je serai votre femme, lui dit-elle, mais ne tuez pas le chien, car il serait aussi absurde de repousser l'argent que de s'en faire l'esclave.

Ainsi Mika trouva grâce devant la blonde Cléopha, qui, un mois plus tard, entrait en maîtresse à la seigneurie, le petit chien du presbytère sur ses talons. Ce chien vif, espiègle, toujours frétillant, bondissant, avait vraiment le diable au corps; je n'en vis jamais de plus drôle ni de plus aimable. Il fit ce que toute l'énergie et toute la sagesse de Cléopha n'auraient pas su accomplir peut-être. Il relégua les médecins dans l'ombre, il sauva la vie de Mika. Celle-ci accueillit d'abord ses avances d'un air boudeur; mais, à la fin de la première journée, les deux chiens s'ébattaient comme de vieux camarades à travers les jardins. L'exercice rendit à Mika l'appétit que doit avoir un chien bien portant et même la taille svelte qu'il ne semblait pas qu'elle pût jamais recouvrer. Elle devint mère de famille et acquit tout naturellement les qualités que ce titre comporte. Je suppose qu'elle vit encore.

BASILE HYMEN

Nous étions tous deux fatigués, moi et mon chien; il me suivait lentement, la langue pendante, la queue rentrée entre les jambes. Voici donc une forêt! Qui pourrait résister à sa fraîcheur délicieuse? J'appuie mon fusil contre le tronc d'un chêne, et je m'étends à l'ombre, sur l'herbe épaisse. Mon chien se laisse tomber auprès de moi; il n'en peut plus! L'après-midi a été si chaude, si accablante! Depuis le matin, nous battons les champs, les bois, les buissons, toute la contrée, sans autre butin que deux bécasses, et nous sommes égarés!... Enfin, il y a là cependant devant nous un petit village, — un village dans les environs duquel je n'ai jamais chassé. Quel effort il faudra encore pour l'atteindre!.. Le soleil brûle toute la campagne; les gros nuages noirs semblent prêts à se laisser tomber comme autant de poids énormes qui écraseront les épis mûrs, déjà courbés vers la terre; au delà des moissons ruisselantes d'or, la grande prairie est sèche comme si elle avait passé l'année dans un herbier; les chevaux paissent couchés; de loin en loin, à de rares intervalles, tinte faiblement une clochette. La fumée elle-même ne s'élève qu'avec lenteur au-dessus des cheminées du village. Elle ne monte pas; elle s'arrête, comme pour s'y reposer sur les toits de chaume noircis. Sous une haie vive dort un jeune garçon vêtu de toile, pieds nus, le visage contre terre, et dans le ruisseau qui coule lentement près du village se baignent de petits paysans. Ils barbotent, jettent des cris, éclatent de rire; c'est le seul bruit qui rompe ce morne silence. Derrière moi, la forêt sommeille immobile; seules, les feuilles d'argent d'un tremble élancé chuchotent entre elles : on dirait des cœurs palpitants qui frémissent et s'entre-choquent. Aucun oiseau ne se fait entendre; mais les mouches bourdonnent en revanche, et les papillons, voguant sur les ondes de l'air embrasé, se poursuivent avec mille jeux folâtres. Au-dessus de moi planent des cigognes; à peine paraissent-elles grosses comme des hirondelles. Quelle bonne odeur de foin frais coupé! Mais, de plus en plus, les nuages s'amoncellent, et le ciel s'assombrit.

— Je crois, dis-je à mon chien, que nous aurons de l'orage.

Il me comprit. Les animaux nous entendent souvent mieux que les hommes. Se levant, il battit la terre du superbe panache de sa queue. Je jetai mon fusil sur mon épaule et me dirigeai vers le village. Il était trop tard : déjà avait soufflé ce coup de vent impétueux qui amène la pluie. Des pyramides de poussière soulevées entre le ciel et la terre semblèrent étayer la voûte sombre; les ondes jaunes du blé se brisèrent contre la forêt comme une mer agitée, le tonnerre gronda, on eût dit qu'un drap noir descendait du firmament pour s'étendre sur le monde et le cacher. Puis un éclair déchira ces ténèbres comme si les portes du ciel étaient forcées soudain; par la crevasse béante jaillit l'éternelle lumière qui éblouit nos yeux. Depuis quelques secondes, de larges gouttes d'eau brillaient sur les feuilles. Tantôt la campagne semblait illuminée par des feux de Bengale, tantôt elle s'effaçait dans la nuit. Un éclair, un roulement prolongé se succédaient avec précipitation; le vent hurlait comme une meute de loups, et maintenant tombaient des torrents de pluie, fouettant les arbres chargés de fruits et les épis brisés. Je courais... Le ciel s'éclaircit peu à peu et changea de couleur : rouge tout à l'heure, il devint jaune clair, pour passer de là au violet foncé. La pluie faisait songer à un rideau gris illuminé par derrière; sous mes pieds se formaient des ruisselets rapides; dans l'air flottait une odeur étrange, comme si le soleil eût été une grande torche de résine secouant sa fumée autour d'elle. Les saules, au bord de l'eau écumante, gémissaient comme si l'ouragan eût éveillé leurs âmes. Au milieu d'un petillement pareil à celui de la fusillade pendant le combat, je me jetai, sans en demander la permission, dans la première maison venue, si brusquement que je renversai presque un homme debout sur le pas de la porte. Nous nous secouâmes à l'envi mon chien et moi; je posai mon fusil dans un coin et m'approchai de l'âtre, où flambait un bon feu.

De l'autre côté de la cheminée étaient assis sur un banc trois paysans qui pouvaient représenter les trois degrés de la vie. L'un, à moustaches et à cheveux blancs, ses chausses de toile retenues par une ceinture brune, la tête et les pieds nus, était évidemment le propriétaire du lieu. A côté de lui se trouvait un vigoureux gaillard de quarante ans, hâlé, une pipe à la bouche, vêtu d'ailleurs comme le vieillard, mais avec des bottes et un chapeau de paille qu'il avait dû tresser lui-même; c'était sans doute un voisin. Le troisième était un beau jeune homme habillé de drap brun et portant sur sa tête bouclée un bonnet de peau d'agneau noir, à la manière persane; celui-là était sans doute quelque hôte étranger. Auprès d'eux, mais leur tournant le dos, trônait sur un coffre de bois peint, avec la majesté d'une tzarine, une jolie femme de trente ans environ, au petit nez impertinent dans un frais visage, aux lèvres rouges moqueuses et aux yeux gris d'un calme étrange sous leurs épais sourcils noirs. Elle portait de hautes bottes, une jupe bleue et rouge, une chemise brodée, des grains de corail au cou, une pelisse blanche en peau d'agneau et un mouchoir de tête bigarré. Une autre femme plus âgée, à la physionomie avenante et douce, faisait la cuisine sur un feu qu'activait certaine grande fille maigre, l'air affamé. Deux jeunes gars s'appuyaient contre le mur; 'un gaminde huit ans enfin, sommairement couvert dune chemise, s'occupait, assis sur le sol de glaise battue, à tailler un sifflet de sureau qu'il essayait de temps à autre pour en tirer le cri d'un cochon de lait.

L'homme que j'avais failli renverser devant la porte et qui maintenant examinait tranquillement mon fusil, en connaisseur, était après tout la seule figure vraiment remarquable de ce cercle. Figurez-vous un oiseau, une âme d'oiseau dans un corps humain. Le profil acéré, les yeux ronds, clairs, pénétrants et caves, des bras qui s'agitaient comme des ailes, la démarche d'une alouette courant et sautillant sur la terre labourée, une voix aussi claire que celle du chanteur emplumé qui pépie dans l'aubépine.

Ces braves gens me saluèrent, chacun à sa manière, les hommes en se levant et en se découvrant la tête, la jeune femme en montrant deux rangées de dents éblouissantes, l'homme à figure d'oiseau en me baisant l'épaule. Nous autres, Petits-Russiens, nous sommes un peuple de bavards; aussi ne manquai-je pas d'entamer l'entretien par les questions de rigueur sur l'état de la récolte. Puis, je demandai au vieux paysan combien il avait d'enfants. Le vieux appuya le menton sur sa main, poussa un soupir, se mit à compter sur ses doigts et dit enfin, en désignant le petit garçon qui taillait un sifflet :

— Voilà le dernier.

— Quel âge a-t-il?

Le bonhomme se livra aux mêmes manœuvres, mais cette fois sans trouver de réponse.

— Et l'aîné?...

— L'aîné? Eh bien! Waschko, quel âge as-tu? Dis-le, ne te gêne pas.

Waschko sourit sans plus parler qu'une carpe.

— Avez-vous beaucoup de bétail? avez-vous des chevaux? poursuivis-je.

Le visage du paysan s'illumina. Se levant à demi, puis se rasseyant, il répondit avec volubilité :

— Je remercie monsieur le bienfaiteur ; feu mon père avait deux chevaux et une vache ; quelques poules aussi couraient par-ci par-là ; mais, depuis que la servitude est abolie, nous avons, Dieu merci, quatre chevaux ronds comme des porcs et deux bœufs de Hongrie, vous savez ces bœufs à grandes belles cornes, et cinq vaches ; l'une d'elles vient de Suisse ; elle est blanche à taches noires, elle aura quatre ans à l'Ascension.

Ce récit homérique fut interrompu par l'entrée d'un homme âgé dont l'habillement se rapprochait de celui des gens de la ville. Ce nouveau venu ôta son chapeau, qui ruisselait comme une gouttière, et approcha ses mains de la flamme du foyer.

— Vous voici donc de retour? lui dit notre hôte avec un plaisir évident.

— Bien mouillé, sans doute? ajouta la vieille femme d'un air de sollicitude.

— Mais non, très-peu, répondit l'étranger, — et son accent trahit aussitôt pour moi l'homme bien élevé ; — lorsqu'a commencé cet affreux orage, j'étais justement chez le juge ; là, j'ai appris que Russine était dans votre maison, et j'accours.

La belle femme en pelisse blanche sourit avec fierté.

Il était curieux de voir l'accueil que l'on faisait de tous côtés au visiteur, celui-ci le débarrassant de son chapeau, cet autre de son manteau, un troisième chargeant de tabac sa pipe d'écume de mer ; le petit garçon se leva pour lui montrer son sifflet ;

les animaux de la maison eux-mêmes lui faisaient fête, se disputant ses caresses.

— C'est Dieu qui vous envoie, dit celle qu'il avait appelée Russine en quittant sa place sur le coffre pour s'approcher de lui. A qui ferons-nous maintenant un joli procès?

— Ne deviendrez-vous donc jamais raisonnable, Russine? Dans quel but se créer de pareils embarras?

— J'ai besoin d'agitation autour de moi; la tranquillité me tue.

— Prenez donc un mari.

Russine sourit encore et regarda le jeune homme au bonnet de fourrure.

— Je vous l'ai déjà dit, et aujourd'hui je viens vous renouveler la même proposition. Au lieu de faire à Martschin Wisloka un procès qui vous ruinera tous les deux, tendez-lui la main, devenez sa femme.

Les yeux baissés, elle tiraillait sa chemise brodée :

— Qu'il m'en prie lui-même!

L'étranger s'assit sur le banc auprès du jeune paysan et lui parla tout bas, puis il se leva, fit un signe à la jeune femme et passa dans la chambre voisine. Elle le suivit, non sans lever d'abord coquettement son petit nez vers son bel adversaire, qui, pour sa part, la couvait des yeux.

— Une jolie femme! fis-je observer.

— Une riche veuve! ajouta notre hôte.

— Mais qui ne craint pas la chicane, insinua le paysan de moyen âge. Des procès, toujours des procès avec elle. C'est effrayant! celui qui la prendra pourra, je gage, chanter la chanson :

Je n'irai pas à la maison,
Je n'irai pas à la maison.
Mieux vaut cent fois le cabaret.
A la maison me bat ma femme!

Tout le monde se mit à rire, mais sans bruit, comme on rit dans la bonne compagnie.

— Et lui, repris-je, qui est-il?

— Un procureur, répondit le jeune paysan, un procureur clandestin, non autorisé, s'entend.

— Il est ce que tu dis, expliqua le vieux, il l'est et il ne l'est pas. Les procureurs clandestins sont toujours des fripons, et celui-ci est un honnête homme. Il a été même propriétaire; c'est un noble, c'est un savant, et il nous aide, nous autres paysans, contre les seigneurs.

— Quel est son nom?

— Basile Hymen.

— Les gens de ce métier s'enrichissent, dit la vieille paysanne; seul Basile Hymen ne prend l'argent de personne, bien qu'il soit pauvre. Tout au plus accepte-t-il un gîte pour la nuit, ou s'assoit-il à notre table, ou consent-il à ce qu'on lui prête une paire de bottes.

— Oh! s'écria le bizarre individu à tête d'oiseau, c'est un brave homme!

Notre hôte sourit.

— Il convient que celui-ci fasse son éloge, me dit-il; Basile Hymen l'a sauvé lorsqu'on l'accusait d'un vol.

— Je ne suis pas un voleur! cria l'autre en se précipitant sur lui, comme s'il eût voulu le cribler de coups de bec.

— Tu es un voleur des champs, Gabris, répliqua tranquillement le vieillard.

— Non, non, un voleur dérobe en cachette; moi, je ne me cache pas.

— C'est encore vrai, affirma le bonhomme d'un air fin; il prend tout au grand jour, à la clarté du soleil.

— Et qu'est-ce que je prends?

— Tout ce que le bon Dieu fait croître.

Chacun se mit à rire, et Gabris comme les autres.

— Mais, dit-il, réfléchissez donc! Est-ce Dieu qui a tracé la limite des champs? Il fait mûrir les fruits pour tout le monde. Qui donc est le voleur? N'est-ce pas celui qui accapare ce qui appartient à tous et qui lègue sa proie après lui à ses héritiers? Oh! c'est bien différent si l'on a soi-même créé quelque chose en dehors du bon Dieu. Il va sans dire que celui qui abat les arbres, qui les taille et qui se bâtit une maison, est bien le maître de cette maison, et que celui qui tanne la peau d'un veau et s'en fabrique des bottes est bien le maître de ces bottes. Personne ne lui disputera cela, pas plus que l'argent qu'il gagne.

— Bon! pensai-je, nous avons affaire ici à l'un de ces philosophes selon la nature, qui donnent aux Polonais le droit d'appeler nos paysans des communistes. Vous ne prenez donc que les fruits de la terre? demandai-je tout haut.

— Comme vous dites, mon doux petit seigneur;

personne n'a jamais eu besoin de fermer ses coffres devant moi; je n'ai jamais pris d'argent.

— Mais, d'après votre propre raisonnement, le champ qu'un homme cultive lui appartient tout comme son argent.

— Non.

— Ne le cultive-t-il pas de ses mains?

— Il n'a qu'à laisser la terre à elle-même, décida Gabris avec un sourire rusé : elle produit sans que l'homme s'en mêle. Est-ce qu'on ne nous parle pas d'un temps où personne ne possédait de champs, ni seulement d'abri? La commune seule était propriétaire, pour ainsi dire.

— Ce temps-là est passé.

— Malheureusement! Les Polonais, les seigneurs, ont arrangé les choses à leur façon, mais ce n'est pas pour le mieux. Notre Basile Hymen pourrait là-dessus vous en raconter long; ils ont pris jusqu'à sa chemise, et on peut s'étonner qu'ils ne lui aient pas enlevé en outre la peau du corps pour la tendre sur un tambour comme font les Tartares.

— Ce Basile Hymen est donc bien malheureux?

— Pas précisément, parce qu'il n'a jamais perdu la tête; mais tout a été si mal pour lui, qu'on ne peut presque s'empêcher de rire quand on pense au guignon dont il a été la victime ni plus ni moins que le paysan du vieux conte.

— De quel conte?

— Gabris vous le contera, monsieur le bienfaiteur, dit le vieux paysan ; il a la langue bien pendue, et que ferions-nous, sinon l'écouter, puisqu'il pleut encore à verse?

Gabris, le voleur des champs, s'assit sur la pierre de l'âtre, balança ses genoux de droite à gauche et commença :

« Il y avait une fois un paysan qui possédait une belle maison, des terres, tout ce que peut désirer un homme de campagne, et, les bonnes années se succédant, il mit beaucoup d'argent de côté; mais un incendie vint détruire sa maison de fond en comble. Il s'en soucia peu; ses terres lui restaient et aussi son magot; il avait caché celui-ci, pour plus de sûreté, dans un saule au bord de l'eau. Survient une inondation qui ravage ses champs, noie ses bêtes et emporte le saule qui renfermait l'argent; au pauvre diable il ne reste rien que la vie sauve; il en est réduit à se faire messager. Une fois, la nuit l'ayant surpris en route, il reçoit l'hospitalité chez un propriétaire, homme de cœur, juste et généreux. A table, il raconte ses malheurs en détail; aussitôt le maître de la maison regarde sa femme. Le saule arraché par l'inondation avait flotté jusque chez eux, et, en le coupant pour faire des bûches, on avait trouvé le magot. S'étant consultés sur les moyens de lui rendre son bien, sans avouer pour cela qu'ils se le fussent un instant approprié, les deux époux creusèrent un grand pain, y glissèrent tout l'argent que le hasard leur avait apporté, puis, remettant ce pain au messager, ils lui dirent :

» — Prenez, ami, c'est pour votre route !

» L'homme remercia, prit le pain et s'en alla. Chemin faisant, il rencontra un marchand de cochons qui l'avait connu autrefois :

» — N'avez-vous pas, lui demanda le marchand, un petit cochon à me vendre?

» — Je n'ai pas de cochon ; tout ce que je possède est brûlé ou noyé; mais là, dans mon sac, j'ai un pain que je vous vendrai volontiers, car je n'ai pas faim, et il est trop lourd pour que je le porte plus longtemps.

» Le marchand paya comme s'il se fût agi d'un pain ordinaire et débarrassa de son fardeau notre pauvre dupe.

» Il arriva que le propriétaire qui avait donné le pain passa par certaine auberge où s'était arrêté le marchand de cochons. Au moment même où ce dernier disait à l'aubergiste en posant sur la table le contenu de son sac : « Ne me donnez pas de pain; je viens d'en acheter un sur la route à un messager », il reconnut son pain bourré d'or. Le marchand sortit l'espace d'une minute, et le propriétaire en profita pour remplacer ce pain par un autre.

» Après bien des courses et bien des fatigues, l'enguignonné revint chez les mêmes gens riches et généreux, qui, cette fois encore, le reçurent avec bonté. Lorsqu'il partit de nouveau, l'argent, roulé dans un fichu, était, à son insu, au fond de sa *torba* [1]; mais, par malheur, en passant le long du jardin, il aperçut un pommier chargé de pommes superbes :

» — Si j'en prenais une? se dit-il.

» Et, suspendant sa *torba* à une branche, il grimpe dans l'arbre. Au moment même, son hôte apparaît à l'improviste et le surprend. Tout effrayé,

1. La torba est une panetière, un sac.

il se sauve, et si vite qu'il laisse sa *torba* accrochée à la branche. Le propriétaire se met à rire; s'avisant que l'autre doit franchir une passerelle jetée sur le ruisseau voisin, il le devance, et, résolu à l'aider malgré lui, pose la *torba* au milieu de la planche; mais il a compté sans le guignon du pauvre messager. Celui-ci, avant d'atteindre la passerelle, s'était dit :

» — Bah! je ne suis pas encore trop à plaindre, puisque j'ai des yeux qui me permettent de gagner mon pain. Comment ferais-je pour passer là si j'étais aveugle. Essayons.

» Sur ce, il ferme les yeux et s'avance lentement, son bâton en avant. Il touche le petit pont, enjambe l'argent et continue sa route.

» — Ma foi! dit l'homme riche, qui avait suivi tous ses mouvements, je renonce à aider ce malheureux. Dieu seul peut le tirer d'affaire, si c'est sa volonté. »

— Eh bien! dit Gabris en terminant, Basile Hymen est comme le messager enguignonné.

Les paysans continuèrent à parler de Basile jusqu'à ce que ce dernier revînt, accompagné de l'intraitable veuve. Il avait l'air gai maintenant et fit signe au jeune paysan, qui, fort troublé, se tira la moustache et vint chuchoter je ne sais quoi à l'oreille de Russine. La veuve s'était de nouveau assise sur le coffre; elle répondit au galant par une tape, et je remarquai que sa main brune était bien faite. Enfin Basile prit l'amant trop timide par le bras et le poussa auprès de sa future épouse.

Tandis qu'il manœuvrait ainsi, je le considérais

avec attention. Il avait bien soixante-dix ans, mais c'était un de ces septuagénaires comme on en rencontre chez nous, frais, vigoureux, alerte. Ses cheveux n'avaient blanchi qu'aux tempes; son accoutrement était étrange, non pas misérable, mais en désordre ; rien de ce qu'il avait sur lui n'allait bien ; aucune pièce n'était assortie à l'autre; on aurait pu le prendre pour un comédien ambulant ou un jongleur avec ses bottes rouges qui faisaient valoir son pied petit et cambré, sa culotte collante comme on en porte pour monter à cheval, et sa veste de peluche violette; le long cafetan de laine verte était incontestablement d'origine hébraïque. De moyenne taille, Basile Hymen me parut pourtant robuste et bien bâti ; ses traits nobles, rehaussés par un teint rose comme celui d'une jeune fille, ses yeux bruns, assez petits, mais perçants, exprimaient la douceur, l'intelligence, la finesse et la bonté. Ses moustaches pendantes restaient noires. En somme, c'était toujours un bel homme.

— Eh bien ! l'affaire est arrangée, dit-il aux paysans avec un sourire satisfait.

Il s'assit sur le banc auprès d'eux et reprit :

— Une fois de plus, les biens de ce monde ont failli diviser deux personnes faites pour s'entendre : la propriété n'est qu'une source de chagrins, de querelles !

— Croyez-vous donc les pauvres plus heureux que les riches? lui demandai-je.

Il me répondit d'un air affable :

— Si vous entendez par pauvres ceux qui souffrent de leur pauvreté, non, sans doute, monsieur le bienfaiteur ; mais les gens vraiment heureux sont ceux qui, n'ayant pas de biens, ne souhaitent point d'en avoir.

— Existe-t-il de ces gens-là?

— Regardez-moi. Je ne possède rien, pas une obole, et je gage qu'il n'y a pas d'homme plus heureux que Basile Hymen dans toute la Gallicie, peut-être dans toute l'Europe.

— Je vous serai reconnaissant de nous expliquer...

— Volontiers.

Prenant un charbon enflammé, il l'appliqua sur sa pipe et se mit à fumer majestueusement comme un pacha :

— Je voyage à la façon du Juif errant, ce qui me permet de voir, d'entendre bien des choses. Par exemple, je me repose chez un seigneur; une heure après, je suis dans le cabaret d'un Juif; le soir, je couche sous le toit d'un Arménien; demain, se sera peut-être à la belle étoile, en compagnie de vagabonds. Vous comprenez qu'ainsi j'ai toute facilité pour plonger dans le cœur humain; mon emploi même m'y aide; les âmes se mettent nues devant moi comme elles ne le feraient ni devant le confesseur ni devant le médecin, car la propriété est plus précieuse que la santé, plus précieuse que le salut, et c'est moi qui aide à la défendre. Dès qu'il s'agit de sa propriété, croyez-moi, l'homme devient un tigre. Tenez, la preuve... J'ai logé, il y a quelques jours, chez un petit employé du chemin de fer. Il se mourait, le malheureux, d'une maladie de poitrine. Au premier coup d'œil, je me rends compte des choses : une femme dans la maison, une femme qui n'est pas légitimement la sienne, et deux marmots qui seront à la mendicité dès que le père leur manquera. Une triste situation, n'est-ce pas? La femme pleure, se tord les mains, implore tous les saints du calendrier. Les enfants jettent les hauts cris. Rien n'y fait, l'homme meurt. Aussitôt cette femme, qui l'avait aimé assez pour devenir sa maîtresse, se lève, sèche ses larmes, et son premier soin, avant de fermer les yeux du défunt, est de s'approprier tout ce que la maison renferme de quelque peu précieux. Elle ne perdait pas un instant, hélas! C'était bien naturel, et, justement à cause de cela, horrible. Nommons ce sentiment comme vous voudrez, puisque les hommes prétendent, manie bien vaine, donner un nom à tout : nommons-le instinct de la conservation ou autrement, je vous dis ce que j'ai vu; chacun n'a souci que de soi-même, et de ce souci égoïste naît la propriété.

Nous assurons notre avenir aux dépens d'autrui; nous luttons pour notre propre existence, et dans ce combat le plus faible succombe. Entre les arbres de la forêt, il en est de même. Les forts font la loi aux faibles; nul ne songe à ménager le prochain; chacun songe fort bien, en revanche, à se préserver soi-même, et c'est pour satisfaire ce besoin de sécurité personnelle que les hommes ont conclu entre eux une sorte de traité d'où émanent l'État, les lois, la morale. Depuis que cette convention est faite, les voleurs, les brigands sont punis, mais le premier qui s'est taillé un bien particulier dans le bien commun n'était-il pas un voleur? Ce sont donc des petits-fils de criminels qui font un crime aux victimes de leurs ancêtres de reprendre la moindre parcelle de ce qu'on leur a dérobé. Le monde est absurde. Veuillez y réfléchir. Vous serez de mon avis.

— Voilà un sermon, ma foi! exclama Gabris, enthousiasmé. On n'en entend pas de pareils à l'église! Continue, Basile Hymen, continue, mon chéri!

— Enfin, reprit le procureur clandestin retirant sa pipe de sa bouche et me regardant de son œil doux, si nous creusions la question plus profondément, nous verrions que quiconque possède la moindre chose tremble de la perdre, que le couteau de celui qui n'a rien est incessamment sur sa gorge, que l'avidité d'acquérir davantage le tourmente jour et nuit, gâtant jusqu'aux rêves de son sommeil. C'est pour cela que je soutiens qu'il vaut mieux être pauvre et n'attacher son cœur à aucun objet périssable. Rien en ce monde n'appartient réellement à l'homme; il est plutôt l'esclave de ce qu'il possède, que ce soit de l'argent, une femme ou une patrie. Ne vous méprenez pas, je vous prie, sur le sens de mes paroles. Mieux vaut n'avoir ni femme ni enfants, parce que l'amour de la famille n'est que l'égoïsme doublé, décuplé selon les circonstances. On veut léguer ses richesses de même qu'on lègue son esprit, sa taille, sa figure à ses descendants, comme s'il n'y avait pas assez de ce que le présent nous apporte, sans tous ces soins de l'avenir!

Et n'allez pas me dire que la patrie n'est pas une sorte de colossal individu avec un égoïsme proportionné à sa taille gigantesque! C'est donc un triple combat que livre chacun de nous : pour soi-même contre tous, pour sa famille contre tous ceux qui n'en sont pas, pour sa patrie contre tous les autres peuples. Il n'y a là rien que de naturel, sans doute; mais l'homme aspire à franchir les limites que la nature lui a tracées. Aussi, après s'être soumis à cette première loi : le combat contre tous, arrive-t-il avec le temps à en reconnaître une seconde : le combat contre soi-même; il se convainc que la paix vaut mieux que la guerre; mais quiconque est assez sage pour préférer la paix à la guerre doit renoncer à l'argent, à la femme, à la patrie. Celui qui n'a ni famille ni clocher est seul vraiment libre. La terre n'offre-t-elle pas un asile à tous indistinctement? Aimez donc les hommes au lieu de les combattre, aimez les animaux, les plantes, tout ce qui vit, et vous trouverez la paix, et dans la paix le bonheur que vous avez vainement cherché dans le combat. Il y a là-dessus chez nous un beau conte populaire dont le sens est profond :

« Le grand tzar allait mourir. De près, de loin arrivaient des médecins dont la science fut inutile. Enfin un Grec de Byzance s'avise de dire :

» — Le tzar guérira, s'il endosse la chemise d'un homme heureux.

» On se met à chercher l'homme heureux dans les palais, dans les églises, dans les seigneuries; on le trouve enfin... C'est un pâtre... Il paît les chevaux de son maître dans une verte prairie, mais celui-là n'a pas de chemise, et le grand tzar mourra. »

Le vieux paysan sourit en silence, tandis que

Gabris chantait à tue-tête et que le procureur ouvrait la porte pour regarder dehors.

— La pluie n'a pas cessé! dit-il en revenant s'asseoir; le village est un vrai lac, et le ciel reste couleur d'encre.

— C'est un temps pour raconter, insinua notre hôte, et vous savez de si belles histoires, Basile Hymen!

— Laquelle voulez-vous entendre?

— Parlez-nous de la belle princesse Lubomirska, s'écria la veuve, celle qui, lorsqu'elle n'était pas contente de ses amants, les faisait noyer comme de jeunes chiens.

— Ou de Bogdan Hmelnisky [1], le voleur de champs! s'écria Gabris.

— Racontez-nous plutôt votre propre vie, interrompit le vieillard. On entend dire tant de choses, sans savoir au juste ce qui est vrai!

— C'est une longue histoire! prononça lentement Basile Hymen.

— Qu'importe? Nous avons le temps.

— Je suis sûr, dis-je au procureur clandestin, que votre vie est bien intéressante.

— Si l'on désire tant la connaître, répliqua-t-il, je ne demande pas mieux...

Basile Hymen chargea de nouveau sa pipe, l'alluma et regarda autour de lui.

Chacun prit place, le plus près possible du narra-

1. L'un de ces héros dont les hauts faits sont consignés dans les chants populaires de la Petite-Russie. Le staroste de Tchechrin lui avait pris ses biens et sa femme. Il porta la guerre en Pologne à la tête des Cosaques.

teur. Il rejeta sa belle tête en arrière, leva les yeux au plafond et d'une voix pleine, mélodieusement timbrée :

« C'était, dit-il, en 1831... des temps troublés ! On avait vu, la nuit, des signes flamboyants apparaître au ciel. La révolution, la guerre et le choléra régnaient à la fois en Pologne. Quand tout le monde souffre ainsi autour de vous, on est presque honteux d'être épargné par le sort ; l'heure vint où, à mon tour, je fus frappé. Je n'avais plus d'argent comptant, tout ce que je possédais était grevé d'hypothèques ou engagé, personne ne m'aurait prêté un sou ; je manquais du nécessaire ; le pire, c'est que je n'étais pas seul... J'avais une jeune femme, et quelle femme ! J'allais avoir un premier enfant. Nul n'avait pitié de nous, — si fait : je me connaissais un ami pourtant, le vieux *faktor* [1] de mon père, Salomon Zanderer, un juif qui avait le cœur d'un gentilhomme. Alors que je désespérais de tout, Zanderer me soutenait encore, il avait confiance ; m'ayant sauvé maintes fois, il croyait pouvoir me sauver de nouveau, mais en vain courait-il de çà de là, cherchant à emprunter. Un soir, il vint me trouver, soupira et se tut. Je compris que tout était perdu, car Zanderer aimait à parler ; tant que pendait un fil dans l'air, il s'imaginait pouvoir en faire une corde, et il n'épargnait pas les mots pour me le persuader. Maintenant il baissait la tête, accablé ; je fis de même. Seule, ma femme Luba éclata de rire. Ah ! son rire était si heureux, si enfantin,

1. Factotum.

il partait si joliment du fond de son bon cœur; c'était une merveille que ce rire, et il produisait des merveilles. Il eût chassé l'inquiétude, la colère, la crainte, le découragement, la douleur, mais ce n'était qu'une trêve; l'affreuse réalité nous ressaisissait ensuite.

» Déjà nous nous étions défaits de nos meubles précieux; le jour vint où tout ce qui restait dans la maison devait être vendu. Une commission du tribunal de Kolomea pénétra chez nous, la cour se remplit de lévites noires, vertes, bleues, grises et violettes, et moi, debout à une fenêtre de ma pauvre seigneurie, je ne réussissais plus à retenir mes larmes. Luba cependant était à côté de moi :

» — Sois un homme, dit-elle en me baisant sur les yeux.

» Et soudain elle se mit à rire comme si nous avions été au théâtre de Lemberg, dans une loge, assistant à quelque comédie.

Basile Hymen fut interrompu ici par une voix qui entonnait non loin de nous un chant mélancolique : « O toi, ma chère étoile, — à l'obscure voûte du ciel — tu luisais si limpide, — lorsque je contemplai pour la première fois la vie! — Aujourd'hui, tu es depuis longtemps éteinte, — mes efforts sont vains, — il faut que sans toi je parcoure — le vaste monde. »

Il écouta, sourit tristement, puis fit un geste de la main, comme pour repousser des fantômes, et continua :

« Non-seulement tout fut vendu, mais il me fallut encore conduire partout les membres de la commission et la foule des acheteurs; il me fallut revoir chacun des objets auxquels restaient attachés de si tendres souvenirs. Tous, à cette heure, me semblaient vivants; ils m'imploraient, m'accusaient, ils me rappelaient le temps de mon enfance. Il y avait certain pommier, par exemple; je le connaissais trop bien, je n'osais lever les yeux vers lui, je voulais passer outre sans m'arrêter sous ses branches; mais soudain je vis distinctement mon père au pied de l'arbre, mon père avec sa haute taille, son visage affable, un Petit-Russe par excellence, aimant Dieu et sa famille, et n'ayant peur de rien. Nous n'avions ni trop ni trop peu : une belle maison, un jardin, des champs, des bois, des prés, un étang, un moulin, bref tout ce qui compose une bonne petite terre; mon père s'en occupait sans relâche : du printemps à l'automne, on le voyait vaquer à tout, surveiller tout, en fumant sa grande pipe; l'hiver seulement, il se reposait en robe de chambre au coin du feu, à lire des romans ou à jouer aux cartes avec les voisins. Une fois, pendant le dîner, il me vit jeter les pépins d'une pomme : — Ne dédaigne pas, me dit-il, ce qui est petit et ce qui peut devenir grand à la longue. — Il me fit semer les pépins, et, le jour où l'arbrisseau vint à poindre :

» — Souviens-toi, dit encore mon père, que nous l'avons planté ensemble. Si Dieu le veut, il te donnera de l'ombre et des fruits.

» Hélas! cette ombre et ces fruits allaient être livrés au plus offrant avec le reste.

» Dans le salon, la commission était assise devant une longue table recouverte d'un drap vert et autour de laquelle se pressaient les juifs. On avait apporté de toutes les chambres et même du grenier les objets les plus étonnés de se trouver réunis, toutes les vieilleries même ébréchées, disloquées, qui s'étaient longtemps dérobées aux regards. Sur telle chaise à dossier élevé, qui gémit lamentablement lorsqu'un gros fripier de Lemberg s'y assit, ma bonne mère avait passé sa vie à faire ces éternelles reprises qui étaient son occupation ordinaire; en même temps elle nous racontait des histoires; sur cette chaise elle m'avait pour la première fois parlé de Dieu, elle m'avait appris à prier. C'est une sainte relique, et un maudit juif l'emporte en échange de quelques méchantes piécettes.

» Et ce lot de jouets cassés, quelle éloquence n'a-t-il pas! Le cheval à bascule ne possède plus que deux pieds et une oreille, mais je le reconnais bien, je sais que je l'ai reçu dans la nuit de Noël et que mon père me l'a fait monter le lendemain matin. Avec quelle allégresse je me balançais, lorsqu'un juif en cafetan de soie garni de fourrure ouvrit timidement la porte pour nous souhaiter d'heureux jours de fête. Il me prit dans ses bras, et, de mes deux petites mains, je saisis en riant sa longue barbe noire. Je n'ai pas oublié ce moment. Le digne Salomon Zanderer ne l'a jamais oublié non plus. Ce sourire m'ouvrit soudain son cœur, et dès lors il m'y fit une place auprès de ses enfants, ce qui veut dire beaucoup, car, pour un juif, ses enfants sont tout. Bien souvent, depuis, il m'a bercé sur ses genoux en me racontant les belles paraboles du Talmud, où le prophète Élie jouait toujours un grand rôle, de même que dans les récits de ma mère, il était toujours question d'Ivanock, le paysan rusé, intrépide et patient de notre Petite-Russie. A propos de récits, je me rappelle certaine fable que m'a racontée ma bonne et dont j'ai eu tort peut-être de dédaigner l'enseignement. Il s'agit de la cigale et de la fourmi.

» — Quoi! disais-je à ma bonne, cette vilaine fourmi n'a-t-elle vraiment rien donné à la cigale?

» — Non, rien.

» — Pas un tout petit grain?

» — Non.

» Je me mis à pleurer. Eh bien! maintenant je suis aussi une pauvre cigale qui a chanté tout l'été, pour ne rencontrer ensuite chez les fourmis que des refus et de sages conseils.

» Certain petit ménage en fer-blanc, que le crieur offre pour dix kreutzers, évoque à mes yeux la figure d'une fourmi prévoyante entre toutes, et le souvenir n'est rien moins qu'agréable. On parle beaucoup des doux liens de la famille. Je sais par expérience que les frères et les sœurs sont souvent des animaux d'espèces différentes et ennemies, réunis dans la même cage, qui se montrent les dents, et que seul le fouet du dompteur tient en respect. Des êtres qui se haïraient franchement en d'autres circonstances échangent des baisers de Judas parce que le hasard de la naissance les a rapprochés ; entre eux le combat est muet, il n'en est pas moins acharné. Ainsi ma sœur aînée Viéra était mon ennemie; la jalousie dut s'éveiller chez elle le jour où je vins au monde; elle ne pardonna jamais à l'intrus qui prenait quelquefois sa place dans les bras de sa mère, sur les genoux de son père. Depuis, rien de ce qu'elle possédait en propre ne fut à son gré; elle voulut toujours de préférence ce que j'avais à la main; elle eût jeté sa poupée pour m'arracher un fétu de paille. Lorsqu'elle eut été punie de ces violences à mon égard, elle essaya de la persuasion; c'était en me caressant, en me flattant qu'elle me soumettait à ses volontés ni plus ni moins qu'un esclave.

— Faisons la dînette, Basilko, veux-tu?

Je ne demandais pas mieux, naturellement.

— Apporte du bois, fends-le, fais le feu.

Je coupai les brins de fagot et ma main en même temps; je fis du feu et me brûlai les doigts.

» — Va chercher les provisions.

» Elle me mit ensuite un tablier blanc, me déguisa en cuisinier, puis s'assit comme une dame devant les friandises que maman nous avait données pour nos jeux et dit :

» — Sers-moi, tu mangeras plus tard.

» Elle me fit sur mon service de grands compliments, et ne me laissa pas une croûte. Telle était, telle est restée Viéra.

» La vente continue. Mon Dieu! une pile de livres poudreux!

» — Quarante kreutzers pour le tout! dit le crieur.

» Point de surenchère. Les voilà partis, ces vieux bouquins! Mon premier livre de lecture, le petit catéchisme que m'expliquait un bon prêtre dont je vois encore la tabatière et les lunettes raccommodées avec de la ficelle. Un juif curieux feuillette un grand album déchiré, un livre de gravures, et mon cœur bat à se rompre devant cette profanation. J'ai entrevu pour la première fois une espiègle figure de petite fille, brune comme une bohémienne, mais si jolie!... Et la petite bohémienne est assise auprès de moi, sur un escabeau près du poêle; je lui montre les images sérieusement, ainsi que doit le faire un grave écolier de dix ans, et elle se presse contre moi; tel un petit oiseau se presse contre un autre dans le fond du nid. Elle est bien petite, — trois ans tout au plus, — et déjà elle se moque de son ami Basile. Sa voix a le son d'une clochette d'argent. — C'est Luba, la fille d'un gentilhomme du voisinage, elle, ma femme, qui aujourd'hui se tient là debout contre la porte, regardant vendre notre bien.

» Oh! l'affreuse journée! Mais j'en ai passé de pires!...

» Quand on a grandi dans une maison, reprit lentement Basile Hymen, dans une maison où ont vieilli eux-mêmes les parents, les amis, où chaque meuble vermoulu fait partie en quelque sorte de la chronique de famille, quand toujours les mêmes visages de vieux serviteurs, les mêmes bêtes, les mêmes arbres, le même ciel vous ont entouré, on croit que tout cela ne pourra jamais changer. Il semble qu'un charme protecteur soit jeté sur cette demeure, qu'après mille ans tout doive y être encore à la même place. Comme j'aimais ma vieille maison! Dieu sait combien tendrement je l'aimais! »

Il réfléchit une minute et ressaisit le fil de son discours :

« La vente continuait. Quelqu'un apporta une longue cage plate recouverte en toile, et la vue de cette cage me fit frissonner : elle me représenta la mort... C'était jadis le gîte d'une caille qui chaque matin nous pépiait un bonjour joyeux; mais un matin elle resta muette, et nous la trouvâmes gisante, déjà raidie sur le sable qui formait le sol de sa prison. Pour la première fois, je voyais mourir. Une grande terreur me saisit, et ce n'était pas sans raison; mon père mourut au printemps suivant. Des brocanteurs se disputent le crucifix qu'il tint entre ses mains pâles jusqu'au dernier soupir. Avec quelle tendresse désolée ma mère lui ferma les paupières !.. Mais pourquoi penser à cela? Le crucifix est vendu comme un escabeau, comme un écran; il s'en va dans des mains étrangères.

» — Un bâton, un jonc d'Espagne, un sabre cassé, une poche de cuir, ensemble vingt kreutzers! hurle le crieur.

» Et les juifs de se presser en criant :

» — Vingt et un, vingt-trois, vingt-quatre, quarante kreutzers!

» Malgré moi, je souris. Toutes mes folies d'étudiant ressuscitent à mes yeux. Mon père est mort, nous laissant des affaires fort embrouillées; ma mère continue à repriser les bas du matin au soir sans pouvoir s'astreindre cependant aux économies nécessaires; tout irait mal si Salomon Zanderer ne continuait d'administrer notre petite fortune. C'est encore lui qui m'emmène étudier à Lemberg. Dans ce temps-là, le plus grand plaisir des différents colléges était de se livrer des batailles, et nous ne faisions la paix que pour rosser tous ensemble les pauvres Juifs; je dis *nous*, mais la vérité est que je me tenais à l'écart de ce dernier exploit. Ce ne fut jamais mon goût de jeter des pierres aux Juifs; aussi mes camarades me considéraient-ils comme un poltron; certain petit comte polonais surtout ne ménagea pas les malices et les mauvais traitements au fils de chien russe, comme il finit par m'appeler; mon calme et ma patience furent longtemps à ses yeux autant de preuves de lâcheté; mais un jour je me réveillai, le jour qu'il insulta mon père, et le Polonais sentit sur sa gorge le genou du Russe, je vous l'affirme.

» Je passais les vacances à la maison, chez ma mère, et jamais je ne manquais de voir Luba, qui croissait et s'épanouissait comme une fleur sauvage de la steppe. Vint l'heure solennelle où j'achetai mon bâton de philosophe. C'était le privilége des étudiants en philosophie de porter un bâton. J'en avais fini avec les classes; ma liberté, mon importance me montèrent soudain à la tête comme du vin nouveau. Nous en étions tous là; l'indulgence des professeurs ramena vite la plupart d'entre nous à la raison. Seuls, quelques meneurs persistèrent dans leur révolte : les Polonais, par exemple, formèrent une société secrète qui tenait des discours dignes de Brutus, qui conspirait contre le gouvernement allemand et entonnait la *Marseillaise*, *la Pologne n'est pas encore perdue*, et d'autres chants incendiaires. Une bande toute différente et non moins folle à sa manière était celle qu'avaient formée les fils de fonctionnaires allemands, auxquels se joignirent plusieurs Petits-Russes; ceux-là se considéraient modestement comme des génies, et je faisais partie de leur groupe. Nous nous étions imposé un règlement, nous avions des réunions, nous chantions le *Gaudeamus* et autres hymnes chers aux buveurs de bière; nous dissertions sur la philosophie et les belles-lettres; nous nous transportions à la dernière galerie du théâtre pour applaudir *Wallenstein* ou le *Roi Lear.* Nous autres Petits-Russes, nous avions entrepris en outre d'élever aux nues notre langue et notre littérature; nous écrivions un journal bourré de poëmes, de tragédies, de romans, d'articles de critique. Je m'imaginais pour ma part devenir au moins le Shakespeare de la Petite-Russie : ô rêves de jeunesse! Le résultat de tout ceci fut que nous passâmes fort mal nos examens. Au lieu de diplôme, je rapportai au logis une liasse de poëmes et les onze premiers actes d'autant de tragédies; j'avais de longs cheveux, des lunettes, et j'étais malheureux. A cette époque, il était de mode de se sentir malheureux. Les premiers chants du *Pèlerinage de Childe Harold* venaient de paraître, et Byron était l'idole de nos vingt ans. Salomon Zanderer fut le premier à s'étonner du changement qui s'était produit en moi.

» Lors de son dernier voyage à Lemberg, je l'avais entraîné de force dans une bruyante réunion d'étudiants où l'on avait ri et chanté au point de l'étourdir. Quelle fut sa surprise de voir ce gamin joyeux et enthousiaste transformé en apôtre de la douleur humaine! Ma mère secouait la tête en silence. Luba survint. Elle n'avait que dix ans, mais je ne lui imposais guère, je ne l'émerveillais pas du tout. Elle commença par fourrer toutes mes tragédies dans le poêle, cassa mes lunettes d'un coup de talon et finit par me couper les cheveux tout de travers. J'essayais de me fâcher, mais la chérie riait de si bon cœur! Je me résignai à rire avec elle, et, je le déclare, c'est cette petite folle qui m'a rendu le bon sens. Si elle eût été plus grande, je n'aurais de ma vie aimé une autre femme; mais comment faire? Il y a un temps où le cœur a soif d'amour, où l'on n'aime pas une femme parce qu'elle est belle ou parce qu'elle est aimable, où l'on aime en elle tout simplement l'amour. Il m'arriva donc ce qui arrive à tous au même âge.

» Je rencontrai chez des voisins une veuve coquette, et je perdis la tête. Ma vie se passait à ses pieds. Elle s'appelait Eudoxie de Klodno; elle n'était ni jolie ni spirituelle; mais elle savait s'habiller, ou plutôt ne pas s'habiller; on la trouvait toujours en négligé; je crois qu'elle allait même au bal ou à l'église dans ce désordre piquant, qui était son unique mérite. J'en conclus qu'elle devait être une Vénus, et j'ajoutai libéralement à ce nom, sans le moindre motif, ceux d'Aspasie et d'Héloïse. Nous nous promenions au clair de la lune, je lui donnais des sérénades, je fis sur ses charmes une ode latine qu'elle ne comprit pas heureusement. Ai-je besoin d'ajouter que je la vénérais comme on vénère les saints? Jamais amant plus platonique ne fut plus grossièrement dupé.

» Elle s'entendait à jouer avec cette flamme sainte comme les enfants aiment jouer avec le feu. Assez longtemps, cela lui parut drôle, puis, tandis que je me faisais encore scrupule de baiser son bras blanc, elle s'avisa de me trouver tout à coup ennuyeux : mon respect lui était à charge, elle bâillait devant mes poétiques transports. Je dois dire que la pauvre femme m'avertit de son mieux que j'eusse à changer de manières; elle ne m'épargna pas les agaceries; mais je m'obstinais à ne rien comprendre, et pour chaque encouragement, pour chaque caresse qu'elle m'accordait, je faisais une nouvelle ode latine.

» Mon meilleur ami était à cette époque un brillant Polonais du nom de Solfki. Je ne manquai pas de présenter cette moitié de mon cœur à madame de Klodno. Après être allé chez elle une fois avec moi, il y retourna seul, et bientôt je remarquai que les deux êtres qui m'étaient si chers chuchotaient ensemble en me regardant; ils riaient de moi. Quand je commençais mes divagations ordinaires, Eudoxie s'asseyait à sa toilette pour arranger ses cheveux, et Solfki se mettait à siffler un air badin. J'étais au désespoir; mes odes devinrent des élégies. Tout en sentant que j'étais de trop, j'aurais continué néanmoins à porter ma triste figure chez Eudoxie et à troubler innocemment ses tête-à-tête avec Solfki, si mon brave Salomon ne m'eût averti.

» — Êtes-vous aveugle? me dit-il. La dame veut vous prendre dans ses filets comme un sot poisson, parce que vous avez un héritage en réserve, tandis qu'elle a déjà gaspillé le sien. Elle n'a pas manqué d'amants tandis que vivait son mari, et maintenant Solfki a remplacé les autres.

» Je ne sais à quelles extrémités m'aurait conduit une si cruelle désillusion, si ma mère n'était morte sur ces entrefaites. Mon chagrin d'amour fut effacé par une douleur plus grande. Je pensai que je n'y survivrais pas; mais il n'est point de déchirement auquel l'homme ne puisse survivre. J'étais devenu le maître, — le maître à dix-huit ans! Par bonheur, il n'y avait que de vieux serviteurs à la seigneurie; tous m'avaient vu naître et continuaient à me traiter en enfant. Parfois même, ils abusaient de leur empire sur moi. Si je commandais d'atteler, la cuisinière accourait, tenant sa cuillère à pot comme un sceptre :

» — Est-il possible que monsieur veuille sortir par un temps pareil? Non, non, monsieur prendrait froid. Mieux vaut qu'il reste à la maison.

» — En tout cas, déclarait le valet de chambre, monsieur ne sortira pas avec ces habits-là. Il lui faut absolument un manteau à capuchon.

» — C'est exposer beaucoup les chevaux et le carrosse, reprenait le cocher; n'importe, j'attellerai, mais à une condition : Monsieur ne s'en ira pas ainsi vêtu pour faire le fanfaron. S'il ne s'habille pas autrement, que Dieu me punisse si j'attelle!

» Et je partais empaqueté comme un poupon que l'on porte au baptême. Ma sœur se serait chargée à elle toute seule de me régenter. Je ne sais ce que je serais devenu sans le secours de Salomon Zanderer, mon génie tutélaire. Il eût été fâcheux, d'ailleurs, que j'eusse trop d'indépendance; vous allez en juger.

» Une après-midi accourut chez moi le cosaque de madame de Klodno, chargé d'une lettre. Il s'agissait d'un rendez-vous... d'un rendez-vous imploré en termes si tendres que je ne songeai pas, je l'avoue, à faire la moindre résistance. Je m'enfuis, afin que personne n'eût le temps de me retenir. Il faisait nuit quand j'atteignis la seigneurie voisine, dont toutes les fenêtres étaient dans une obscurité profonde. Attachant mon cheval à la clôture, je montai précipitamment l'escalier : une porte était ouverte, celle de sa chambre... Elle était seule, étendue sur un divan, à peine enveloppée d'un nuage de mousseline, et, dans le crépuscule voluptueux qui l'entourait, elle me parut plus belle encore que par le passé. A ma vue, elle jeta un cri, se leva précipitamment, m'entoura de ses bras et m'étouffa de baisers. Je ne pouvais prononcer un mot et me laissai attirer sur le divan auprès d'elle. Au moment même, une lumière qui n'était pas celle de la lune tomba sur le visage altéré d'Eudoxie. Sa mère était debout au milieu de la chambre, un flambeau à la main :

» — Que vois-je? s'écria-t-elle; une pareille scène dans cette honnête maison!..

» — Seule je suis coupable! sanglota Eudoxie se jetant à ses pieds: je l'ai entraîné, je l'ai séduit...

» Tout cela me paraissait incompréhensible. Il fallut, pour m'ouvrir les yeux, que la mère se mît à parler de l'honneur de la famille, de réparation, de la bénédiction du prêtre qui pouvait tout purifier. Je m'élançai hors de la chambre, sautai en selle et partis au galop.

» Le lendemain, Solfki, solennellement vêtu de noir, le sabre au flanc, le sourcil froncé, parut chez moi.

» — Voici, commença-t-il, une belle conduite! Perdre une femme estimable et de noble origine, la déshonorer!... fi! Je viens de la part des deux dames de Klodno. Tu n'as qu'une chose à faire, épouser Eudoxie.

» — L'épouser? Et pourquoi? demandai-je tout confus.

» — Parce qu'en ne l'épousant pas tu ferais quelque chose de pis que de délaisser une femme au désespoir : tu abandonnerais ton enfant!...

» Tant d'impudence fit bouillir tout mon sang dans mes veines.

» — Tu espères me faire accroire cela, balbutiai-je, quand c'est toi...

» — La prends-tu? interrompit Solfki.

» — Garde-la! répondis-je.

» — Alors, s'écria-t-il avec une feinte indignation, alors tu es un drôle!

» Il tira son épée.

» — Nous nous battrons, entends-tu, nous nous battrons!

» A la fin, je perdis patience.

» — Non, lui dis-je, nous ne nous battrons pas, mais je te rosserai de la belle manière.

» En parlant, je lui avais arraché son grand sabre, que je cassai comme une latte, puis, décrochant mon bâton de philosophe, j'administrai une correction suffisante à mon ami Solfki.

» Tous ces tableaux grotesques sont évoqués par l'apparition dans les mains du crieur de mes livres d'école, de mon bâton et du sabre cassé de l'amant heureux d'Eudoxie.

» Et maintenant ce sont mes tableaux qui passent aux griffes de ces avides brocanteurs. Un juif maigre, dont les boucles frontales brillent comme des saucisses sortant de la poêle, regarde l'un d'eux dédaigneusement et le jette sous la table. Je ressens une envie violente de le renverser lui-même d'un coup de poing, mais ma femme m'arrête et, relevant la petite toile méprisée, me la montre avec un sourire. C'est une mauvaise gouache tout effacée représentant une seigneurie. Au premier plan se détache un grand poirier; dans cette seigneurie est née Luba; elle était assise sur ce poirier, quand je lui donnai tout mon cœur. Il y avait six ans que je ne l'avais vue, grâce à la sotte histoire de madame de Klodno d'abord, et puis Luba était à son tour allée à Lemberg pour y achever son éducation. Je rendais visite à ses parents de temps à autre. Trois jeunes filles embellissaient la maison de leur présence, l'une blanche et blonde comme un ange du ciel, l'autre châtaine avec des cheveux de soie ondoyants et des yeux bleus doux et profonds, puis ma Luba, qui mérite un portrait à part.

» J'arrive à cheval, — c'était au mois d'octobre 1824. Tandis que j'attache ma jument dans la cour, une petite poire me tombe sur le nez. A peine ai-je eu le temps de regarder en l'air, que j'en reçois une seconde, et du grand poirier qui se dresse devant la seigneurie toute une pluie de poires tombe sur moi, tandis que retentissent des éclats de rire... Quels éclats de rire! Luba seule peut rire ainsi. En effet, elle est dans l'arbre comme un oiseau, tout au sommet. Je distingue sa robe d'étoffe claire, et je crie :

» — Luba! Es-tu vraiment là? Descends vite, descends donc!...

» — Je viens! répond-elle en se balançant de branche en branche, jusqu'à la plus basse, qui forme une large fourche, où elle s'assied comme dans un fauteuil. Elle me tourne le dos; seul son petit pied est visible au bord de sa jupe chiffonnée. Tout à coup, elle se retourne et me regarde. Nous nous taisons, étonnés.

» — Que tu es belle! lui dis-je.

» — Et toi... vous êtes devenu un homme... J'espère qu'au moins vous ne faites plus de vers?

» Je croyais toujours rêver. Entre un garçon de dix-huit ans et un jeune homme de vingt-quatre la différence n'est pas grande; mais elle... ces six années l'avaient transformée; la petite fille de onze ans était devenue femme. Je m'oubliai à l'admirer et ne revins à moi que pour découvrir que j'étais amoureux fou. Qui ne l'eût été en présence d'une aussi parfaite créature? — Son seul rire eût suffi à troubler la tête, le cœur, les sens d'un homme plus sage que moi. Et pourtant un peintre ne l'eût pas peut-être choisie pour modèle. Luba était petite, mais si bien faite! Je m'en aperçus au moment où, glissant de l'arbre dans mes bras, elle se laissa poser doucement à terre. Son teint brun, coloré sur les joues d'un rouge vif, son petit nez droit, mutin et résolu, ses lèvres vermeilles et un peu fortes lui composaient une de ces physionomies franches et gaies qui inspirent avant tout la confiance.

» Nous entrâmes ensemble dans la maison; sa mère me servit du café, des gâteaux, des confitures; je ne goûtai à rien, je ne faisais que contempler Luba, jusqu'à ce qu'enfin, sautant de sa chaise, elle vint me prendre le menton pour relever ma tête et plonger son regard espiègle droit dans mes yeux :

» — Qu'avez-vous? dit-elle; encore ce maudit Byron?

» — Comment vous le dire? Je ne le sais pas moi-même, répondis-je en soupirant.

» — Eh bien! je vous le dirai, moi!

» Et toute son humeur folâtre se réveillant :

» — Vous êtes amoureux, maître Basile, voilà ce que vous êtes.

» — Moi?

» — Oui, vous, et depuis peu.

» — Amoureux de qui?

» — De Luba!

» Elle éclata de rire.

» — Mais Luba ne veut pas de vous. Elle déteste les philosophes.

» Ainsi la guerre était déclarée entre nous dès le premier instant.

» Je l'aimais, la métaphysique n'y pouvait rien, je l'aimais, et, jeune comme je l'étais, je me sentis soudain devenir un homme, capable de la protéger, de la défendre au besoin, de supporter même avec une grandeur d'âme toute débonnaire les railleries qu'elle ne m'épargnait pas.

» Luba avait plus d'un trait de ressemblance avec son animal favori, un écureuil du nom de Miki, qu'elle avait déniché elle-même et qui, depuis, était devenu dans la maison une sorte de génie familier. Il sautait de mon épaule sur la tête de Luba, où il se préparait une couchette commode dans son opulente chevelure; il dormait au fond d'une des grandes bottes du père de sa maîtresse ; on le trouvait toujours prêt à manger dans la main du premier venu et à se laisser gratter la tête ; mais, jaloux de sa liberté autant que Luba, il semblait impossible de réussir à l'attraper. Luba, comme lui, grignotait sans cesse un bonbon, ou, à défaut de bonbon, quelque croûte entre ses dents blanches, et c'était plaisir de la voir grignoter ; Luba, comme lui, imaginait mille tours qui de la part d'une autre eussent été importuns, qui, venant d'elle, étaient comiques et charmants.

» Elle se promène avec moi le soir en bateau sur l'étang ; avec quelle vigueur gracieuse rament ses mains mignonnes ! Puis, tandis que je la dévore des yeux, la barque chavire ; je tombe dans l'eau ; Luba, qui a saisi les branches d'un saule, s'assied sur l'arbre penché au-dessus de la surface de l'étang, et se balance ainsi, sous les rayons de la lune, ni plus ni moins qu'une roussalka [1]. Je regagne tout mouillé le rivage ; le père de Luba me fait changer de vêtements et déclare que, après avoir pris du thé bien chaud, je passerai la nuit sous son toit. Voici Luba enchantée. Elle court préparer ma chambre, et le trousseau de clefs s'entre-choque à sa ceinture, et sa kazabaïka craque à chacun de ses mouvements.

Même quand Luba se tait, sa présence est révélée par des frissons d'étoffe, des cliquetis, des froufrous, de petits bruissements qui lui sont particuliers ; on dirait toujours que son corps agile et

1. L'ondine russe.

bondissant veut forcer les entraves qui l'étreignent. Sa robe, son collier, sa pantoufle, tout ce qui fait partie de sa pétulante personne, babille incessamment. Elle pose la samovar sur la table, me prépare du thé qu'elle goûte dans ma tasse, la traîtresse! — puis je vais me coucher; mais soudain mille piqûres m'avertissent que des orties ont été semées dans mon lit! A peine me suis-je débarrassé des orties qu'un essaim de hannetons bourdonne à travers ma chambre, et le lendemain Luba me demande d'un air hypocrite si j'ai bien dormi. Nous passons la journée à nous disputer sur ce sujet : — La lune est-elle habitée comme la terre, oui ou non? — Rentré chez moi, je suis éveillé à minuit par un Cosaque qui m'apporte une lettre de Luba. Je l'ouvre avec un mélange d'inquiétude et de transports; qu'est-ce que j'y lis?

» Je prétends et je décide que la lune est habitée. »

» Les folies de Luba m'impatientaient, m'irritaient, et je l'aimais de plus en plus; la jalousie contribuait bien un peu à me faire perdre la tête. Deux riches gentilshommes, Pan Krymski et Pan Sinakiewitch, fréquentaient assidûment la seigneurie; tout en faisant la cour à Luba, ils me regardaient d'un air assez dédaigneux. Je n'étais, auprès d'eux, qu'un pauvre diable.

» Un jour, j'entendis la mère de Luba exhorter cette dernière à se prononcer en faveur de Krymski. C'était au mois de juin. Quelque temps après, nous nous trouvâmes, la jeune fille et moi, assis, par une soirée brûlante, sur la lisière des bois voisins. J'avais cueilli pour ma bien-aimée des bluets et des coquelicots dont elle parait ses cheveux noirs. La nuit tombée, nous vîmes luire dans tous les buissons quelque chose de brillant comme des diamants dispersés, et mille étincelles voltigèrent dans l'air.

» — Ah! les belles lucioles! s'écria Luba.

» Ses yeux étincelaient comme les lucioles elles-mêmes. Elle prit un ver luisant, le posa sur sa main pour l'examiner, puis dans ses cheveux. J'en ajoutai un second, d'autres encore, jusqu'à ce que sa petite tête fût entourée d'une flamboyante auréole.

» — Suis-je belle, maintenant? me demanda-t-elle.

» — Sans doute, lui répondis-je, les diamants vous iront mieux encore.

» — Quels diamants?

» — Ceux de Pan Krymski, le jour de vos fiançailles...

» Elle ne me laissa pas achever; un éclat de rire railleur et affectueux à la fois me coupa la parole :

» — Non... être si aveugle!... répétait-elle.

» Et, en sautant, elle attrapa une branche dont elle se servit pour me frapper lestement au visage...

» Mais où donc suis-je? J'oublie la vente qui s'achève autour de moi. Luba vient de me pousser le coude. Les Juifs sont en train de se disputer une vieille kazabaïka que je reconnais : un nouveau tableau de la lanterne magique passe sous mes yeux.

» C'est l'automne. Je suis debout devant Luba, et je lui tiens un écheveau de fil. Tout à coup elle frissonne :

» — Comment, dit-elle, il fait déjà froid!

» Sa kasabaïka est sur un meuble; je cours galamment la chercher; mais Miki, endormi comme un sultan dans une des manches fourrées, s'élance dehors aussitôt et me mord avec rage de ses petites dents qui piquent comme deux rangées d'aiguilles. Je fais un bond, je secoue mon doigt ensanglanté, Luba rit. Me voici furieux :

» — Ne riez pas; si vous continuez de rire, je ne sais ce qui arrivera!...

» — Et pourquoi ne rirais-je pas? répond-elle, en se glissant comme un serpent frileux dans la chaude fourrure. Il faut bien que je rie, vous êtes si drôle!

» — Drôle? vous trouvez cela parce que vous me haïssez!

» — Moi, je vous hais?

» — Riez donc! vous avez toute raison de rire, en effet, puisque vous savez que je vous aime comme un fou.

» — Eh bien! je vous aime de même, réplique Luba, riant de plus belle.

» Et je reprends en colère :

» — C'est cela, tournez-moi en ridicule! Tenez, je suis capable de vous tuer.

» — Et moi je suis capable de t'embrasser! dit-elle en sautant à mon cou.

» Je veux me dégager, je balbutie :

» — Luba, tu es méchante de plaisanter ainsi avec un malheureux qui t'aime, qui t'aime... Ah! tu ne te doutes pas...

» — Si fait, je m'en doute, interrompt Luba, mais cela ne m'empêche pas de rire de ta colère. Moi aussi je t'aime depuis... depuis toujours, je crois, — je ne saurais dire dans quel temps je ne t'ai pas aimé...

» Elle riait encore, le visage caché dans ma poitrine :

» — Mais embrasse-moi donc ! Ne comprends-tu pas que je t'appartiens ?

» — Luba... Tu veux...

» Mes lèvres sont sur les siennes. Ce fut un doux moment. Son souvenir rend cette cruelle journée plus pénible encore à supporter.

» Les Juifs sont toujours là !...

» — Regarde donc ! dit ma femme.

» Et elle rit à se tordre. Un de mes créanciers est parmi les acheteurs ; il a empoigné un étui de velours rouge et l'ouvre avidement ; ses longs doigts osseux croient déjà saisir les diamants... le voici pétrifié. — Brave homme, les diamants sont depuis longtemps en gage, et nous avons laissé passer l'échéance.

» L'étui est vide. Je l'avais donné à Luba lors de nos fiançailles. Nous ne devions nous marier qu'un an après. Aussi nos fiançailles furent-elles solennelles ; c'est une coutume du vieux temps. J'arrivai le soir avec mes témoins. La famille, réunie dans le salon, m'attendait. Luba parut la dernière ; elle avait quelque peine à garder son sérieux, mais elle se contraignit et fit bonne contenance. Nous échangeâmes nos anneaux, après quoi je lui baisai la main. Le prêtre nous donna sa bénédiction. Nous nous prosternâmes aux pieds des parents, à qui je jurai de rendre leur fille heureuse, et à leur tour ils nous bénirent. Puis le père but à notre santé ; le gobelet de famille, rempli de vin de Hongrie, passa de main en main. Enfin, je présentai à Luba les diamants dans leur étui, et elle me mit au doigt une bague.

Celle-ci est allée de son côté, hélas! aux Juifs maudits!

» Le mariage de ma sœur coïncida avec nos fiançailles; elle était si pressée! Notre bonheur paraissait l'inquiéter; elle voulait s'éloigner avant qu'une maîtresse entrât dans la maison. Viéra prit donc le premier mari qui se présenta, un petit employé du gouvernement de notre cercle, et elle emporta tout ce qu'elle put. Tant mieux! Autant de moins pour les Juifs!

» Quelles belles noces on nous fit! Tout le monde fut invité. Il vint tant de convives, que nous dûmes faire construire en planches une grande salle à côté de la seigneurie de mon beau-père. De grand matin arrivèrent traîneaux sur traîneaux; le vestibule fut encombré de fourrures. Luba portait une robe de soie blanche, une couronne de myrte, un voile de dentelle; sa mère lui attacha au côté un petit bouquet de romarin dans lequel était caché un peu de pain et de sel, moyen sûr, selon la croyance populaire, de ne jamais manquer du nécessaire. De nouveau, nous nous agenouillâmes devant les parents. Pendant que le cortége se rendait à l'église, des coups de feu retentissaient de toutes parts. Luba éclata de rire en me jurant obéissance. La table formait un grand L, l'initiale de la mariée; au milieu, une pyramide en sucre, haute de quatre pieds, représentait le temple de l'hymen. Qui aurait pu compter les toasts portés aux nouveaux époux, à la maîtresse de la maison, au maître, aux dames en général, à la patrie? Et chaque fois les bouteilles étaient cassées avec fracas. Au dessert, les jeunes gens disparurent sous la table, non pas vaincus par l'ivresse, mais dans le dessein chevaleresque de boire dans le soulier de la mariée. Luba s'aperçut trop tard de leurs prétentions et replia vite ses jambes sous elle, mais elle ne réussit à sauver ainsi que ses jarretières, qui autrement lui eussent été enlevées, de même que le petit soulier blanc que conquit mon ami Urbanovitch. Pendant qu'il le remplissait de champagne pour le vider ensuite à la santé de Luba, tout le monde applaudissait. Luba était fort rouge. Le soulier fit le tour de la table; chacun des hommes but dedans, et chacun aussi porta un toast à Luba, parfois en vers, le vieux général Krasiki en beau latin.

» Après un silence, mon beau-père à son tour apporta le gobelet de famille, en vieil argent repoussé, qui représentait un léopard sautant, y versa deux bouteilles de tokay et fit circuler solennellement ce précieux breuvage.

» Le bal dura jusqu'au matin; il commença par une grande polonaise, qu'un danseur émérite conduisit par toutes les chambres de la maison, en montant et descendant les divers escaliers; puis ce furent des mazourkes, des cosaques, des kolomikas. A la fin, on plaça un siége au milieu du salon. Luba y prit place, et ses amies, lui ôtant la couronne de myrte et détachant ses cheveux, chantèrent la plainte nuptiale : « Hélas! Luba, c'est donc fini! Il faut nous séparer... »

» Tout le monde était ému, et Luba cachait son visage dans son mouchoir avec des tressaillements qui nous firent croire qu'elle sanglotait; mais, lorsque sa mère l'eut coiffée du bonnet, elle bondit gaiement en l'air, et elle dansa encore avec tous, même avec mon vieux Salomon Zanderer, qui se défendait en désespéré, faisant par toute la salle des sauts de bouc inconcevables.

» Les femmes prirent Luba au milieu d'elles et l'emmenèrent. Elle n'affecta pas la mine vulgaire d'un agneau qu'on traîne au sacrifice; non, je l'entendais encore rire de loin; c'était comme le gazouillement d'une alouette qui monte vers le ciel.

» Lorsque j'entrai dans sa chambre, elle était seule, pelotonnée sur un divan turc très-bas et roulée dans sa kazabaïka de velours cramoisi. La fourrure noire dont celle-ci était doublée s'attachait à ce corps svelte, et je voyais sa poitrine émue se soulever. Sous son bonnet de jeune matrone, elle me parut si imposante, que je n'osai avancer d'un pas; plus ma confusion augmentait, plus elle riait de moi. Je fermai les rideaux, j'éteignis les bougies, sauf une seule, pour les rallumer toutes l'instant d'après; j'attisai le feu, je regardai la pendule.

» — Qu'as-tu donc? me dit-elle. M'aimes-tu? Es-tu content?

» — Tu es trop belle, lui dis-je, trop grande, trop noble, trop parfaite pour moi...

» Comment cette reine qui me faisait peur redevint ma bonne, ma franche, ma gentille petite Luba, je ne le dirai à personne. Quand je l'enlevai dans mes bras, j'aurais aimé la porter ainsi à travers la neige et la tempête jusque dans ma maison.

» Le lendemain, elle y entra triomphante. Elle ne riait plus; un fier sourire tout féminin et vraiment irrésistible avait remplacé les accès d'exubérante gaieté de la petite folle. Des larmes coulèrent à l'heure des adieux, des mouchoirs furent longuement agités, tandis que nous nous envolions au milieu du clair tintement des clochettes. Quatre grands traîneaux suivaient le nôtre, portant le trousseau de Luba.

» Sur les confins de ma terre, les paysans nous attendaient avec du pain et du sel. Le juge nous aborda en criant :

» — Longues années au seigneur et à son épouse !

» — Qu'ils vivent cent ans! répliqua la foule.

» Devant la maison se tenaient mes vieux serviteurs. J'enlevai Luba hors du traîneau et aussitôt tous se jetèrent à genoux pour baiser qui sa pelisse, qui l'ourlet de sa robe. Je vis qu'elle leur plaisait. Le cocher fut chargé, par droit d'ancienneté, d'apporter à Luba les clés sur un coussin. La vieille maison solitaire avait de nouveau une maîtresse, et quelle maîtresse!... »

II

Basile Hymen se leva, fit quelques pas dans la chambre, chargea sa pipe de ce tabac jaune de Zigeth, cher à nos montagnards, l'alluma avec précaution, puis, après en avoir tiré plusieurs bouffées vigoureuses qui firent monter au plafond un nuage bleuâtre, il reprit son ancienne place et nous regarda l'un après l'autre. Le tonnerre grondait toujours :

— Où en étais-je? demanda-t-il.

— A la vente de vos biens, dit notre hôte.

— Au moment, interrompis-je, où votre femme s'établissait en maîtresse dans sa nouvelle demeure.

» — Ah! oui! murmura-t-il. On dit qu'il n'y a pas de gens pleinement satisfaits. Je ne sais si c'est une vérité, mais j'étais content le jour où Luba entra dans ma maison; peut-être l'homme exige-t-il trop. A l'un ne suffit pas le gouvernement du monde — voyez Napoléon; — celui-là veut au moins dominer dans son village, celui-ci aspire à de fabuleuses richesses. Moi je me contentais du lot humain tel que la nature l'a tracé; c'est le meilleur, en somme. J'avais une femme, une vraie femme, non pas une poupée, non pas une dame, non pas une bigote, une coquette, une savante, non, vous m'entendez bien, une femme, bonne et simple, et sincère. Elle n'avait pas honte de m'aimer; elle n'était pas trop fière pour montrer cet amour. Nous étions des gens fort occupés, l'un et l'autre : j'administrais ma terre, elle avait soin de l'intérieur où tout marchait comme sur des roulettes, grâce à son activité, à l'affection qu'elle savait inspirer et qui produisait l'obéissance. Elle s'intéressait à toutes mes affaires, assistait à tous mes marchés. Pleine d'égards pour Salomon Zanderer, elle ne manquait jamais, aussitôt qu'il paraissait, de lui offrir le café, ce qu'il considérait comme un grand honneur, et de le taquiner gaiement pour faire jaillir l'étincelle de cette sagacité juive aiguisée par le Talmud.

» Par exemple, elle lui disait : — Comment se fait-il que Dieu ait défendu le vol par la voix de Moïse, quand il l'a commis lui-même en dérobant au pauvre Adam une de ses côtes pour en tirer la femme?

» Et Salomon de répondre, avec son imperturbable sourire :

» — Appelle-t-on voleur quiconque prend un métal ignoble pour le remplacer par de l'or?

» Jamais l'un de nous deux ne quittait la maison sans l'autre. Un jour je devais aller à la ville et la voiture était déjà prête :

» — Faut-il vraiment que j'aille seul? dis-je à Luba. C'est bien ennuyeux. Ne me feras-tu pas la grâce...

» — Non, non, interrompit ma femme, il m'est impossible de m'absenter aujourd'hui; nous avons la grande lessive.

» — La lessive! c'est différent.

» Je me lève, je prends congé d'elle, mais je ne vais que jusqu'à la porte :

» — Est-ce donc si pressé, Luba, d'aller à la ville ?

» — Tu dois le savoir.

» — Alors, à bientôt!

» — A bientôt!

» Je suis déjà en voiture, Luba me fait signe de la fenêtre.

» — Non, décidément, dételez, dis-je au cocher.

» Jamais nous ne passions le temps aussi agréablement qu'en tête-à-tête. Il me suffisait pour ma part de contempler Luba; elle avait le secret d'être toujours charmante et cela d'une manière nouvelle, soit qu'elle s'assît, soit qu'elle marchât, soit qu'elle réfléchît étendue sur le divan, soit qu'elle écrivît devant sa petite table. Je ne concevais pas que d'autres eussent besoin de spectacles, de promenades, de concerts, de soirées, de courses en traîneau, de chasses, de voyages. Chaque saison variait nos simples plaisirs : l'été, je prenais mon bonnet, elle son chapeau de paille, et nous nous en allions du côté du village. Les chaumières délabrées avec leurs toits de chaume noirci avaient un air de fête, grâce aux arbres fruitiers en fleur ou chargés de cerises et de pommes vermeilles qui semblaient sourire à travers le feuillage comme de frais visages d'enfants. Les ondulations lentes du blé, l'éclat du soleil qui effleurait les épis nous émerveillaient toujours; nous écoutions le chant de la caille, nous voyions la perdrix couver ses œufs dans un sillon, nous observions la souris qui sort de son trou un petit museau inquiet, nous suivions le jeu des sauterelles quand elles s'élevaient sous nos pas par centaines pour retomber à terre l'instant d'après :

» — N'ayez donc pas peur! leur disait Luba.

» Elle aimait faire avec moi de longues promenades à cheval. Alors nous laissions nos montures nous emporter bride abattue dans la steppe où rien ne bornait leur course ni notre horizon. Lorsque la terre fumait sous les sabots retentissants et qu'aucun arbre, aucun buisson n'apparaissait dans l'espace illimité, nous éprouvions le sentiment de gens qui chevaucheraient dans le ciel bleu. Si un orage nous surprenait, Luba rejetait en arrière ses tresses trempées de pluie et qu'avait dénouées la tempête, avec des cris de joie qui se mêlaient au fracas des éléments furieux.

» Il fallait la voir conduire notre attelage de quatre petits chevaux noirs sans les toucher du fouet, en les encourageant seulement de sa voix claire : ils allaient si vite que la poussière nous enveloppait comme un brouillard, à travers lequel nous apercevions par intervalles un arbre, des granges, une ferme isolée.

» Dans l'après-midi, lorsque l'atmosphère ensoleillée était transparente comme une muraille de cristal, j'avais l'habitude de pêcher. Je m'asseyais au bord de l'étang, sous un épais bouquet d'aulnes dont les branches formaient un toit au-dessus de ma tête, et Luba se blotissait à mes côtés. Les seuls bruits étaient ceux que faisait le poisson en sautant; à travers les marais marchait lentement une cigogne ; des canards sauvages nageaient au loin parmi les roseaux. Luba préparait les amorces, je jetais la ligne et chaque fois qu'un poisson était pris c'étaient des transports de joie.

» L'hiver, une grande montagne de glace s'élevait derrière la seigneurie; l'accès d'un côté en était facile; on y montait par des degrés pour se laisser glisser ensuite sur l'autre flanc avec la rapidité de l'éclair. Tout était blanc : le ciel, la terre, les maisons, les arbres, même le soleil. Il faisait froid, et pourtant tout respirait la gaieté. Luba s'asseyait dans le traîneau sous ses fourrures, les joues rouges, l'œil brillant; je la conduisais; la glace sous nos pas lançait des étincelles. Les corbeaux nous regardaient gravement du haut d'un peuplier, les moineaux piaillaient sur la clôture.

» C'était le beau temps des courses à cheval. Luba, avec sa longue jupe d'amazone, sa jaquette garnie de martre et sa *kutschma* de la même fourrure sur la tête, fortement fardée par le froid, était l'image même de l'entrain, de la fraîcheur et du courage.

» J'aimais m'attarder en arrière pour la voir se balancer mollement en selle; la gelée poudrait ses cheveux, transformait la fourrure qui suivait le contour de ses hanches en une garniture d'aiguilles irisées, éblouissantes, et faisait de son cheval noir un cheval gris. Et quelle ivresse aussi de voler dans un traîneau à travers le monde qui semble bizarrement taillé dans du marbre blanc, tandis qu'un éclat fantastique se répand sur toute la nature, que les arbres semblent fuir, tant est rapide notre course, et que de loin nous suivent les loups! — Ma femme m'accompagnait sans crainte à la chasse; elle ne connaissait pas le danger; avec un sang-froid tout viril elle tirait la bête que les paysans poussaient vers nous. Je tuais des fouines superbes, des renards, des loups, parfois même un ours.

» Les longues soirées d'hiver, nous les passions au logis, dans la grande chambre meublée d'un divan turc, d'un piano et d'un billard. Ma femme faisait de la musique, je l'écoutais en fumant. Nous lisions les journaux et quelques bons livres, en nous intéressant, comme seuls peuvent le faire deux solitaires, aux aventures de héros chimériques; puis nous procédions à la partie de billard. Luba gagnait chaque fois, car, si elle regardait son jeu, moi je ne regardais qu'elle, comment son buste élégant se penchait pour quelque coup difficile et comment elle restait suspendue sur la pointe de son petit pied. Les sujets de conversations ne nous manquaient pas; rien de ce qui m'arrivait n'était indifférent à Luba, rien de ce qui concernait Luba ne me semblait puéril; nous nous entretenions de mille choses auxquelles ne pensera jamais quiconque mène une existence mondaine, et les questions de ma femme eussent embarrassé maint philosophe. Je me remis donc en secret à l'étude ; j'achetai des livres de science, même de médecine, et nos causeries à l'heure du crépuscule devinrent une source toujours fraîche de réflexions et d'enseignement élevé.

» Il nous arrivait encore de rester assis sans rien dire; ma femme appuyait sa tête sur mon cœur, je la tenais embrassée, nous étions absolument heureux dans le sentiment de la possession mutuelle. Il est vrai que la première année terminée nous eûmes moins de loisirs; les visiteurs firent irruption chez nous, et dès lors il ne nous arriva que rarement de passer une soirée seuls.

» Mais j'insiste là bien inutilement sur les plaisirs évanouis; nous sommes désormais pauvres et abandonnés, la vente par autorité de justice se poursuit.

» A midi, elle fut interrompue : le crieur, les juifs, tous les assistants s'étaient enroués au point d'avoir soif ; ils s'en allèrent en masse au cabaret.

III

» Luba, qui avait un morceau de pain dans sa poche, le partagea gaiement avec moi, et nous nous assîmes sur le seuil de la maison pour prendre aussi notre repas. Au moment même arrivait, bride abattue, un cavalier; quand la poussière, en tombant, me permit de distinguer ses traits, je reconnus mon ami Urbanowitch, le même qui avait bu à nos noces dans le soulier de Luba. Il n'avait pas mis pied à terre qu'une britska vint déposer devant la seigneurie un autre compagnon des jours heureux, Jadezki; puis un troisième encore, Pan Gadomski, se glissa comme un furet dans la maison. On aurait pu croire qu'ils s'étaient donné rendez-vous. L'Évangile le dit : « Là où il y a un cadavre se rassemblent les aigles. »

» Bientôt d'autres amis arrivèrent; ils auraient eu honte d'assister à la vente et avaient, par conséquent, attendu, réunis au cabaret, la fin de cette cruelle exécution; maintenant ils accouraient pour nous consoler et nous donner des conseils; quant à nous aider, nul n'y songeait.

» L'indignation s'empara de moi. Comment, en effet, étais-je tombé dans le malheur? Je n'étais ni un joueur, ni un débauché; je ne me connaissais qu'une passion, celle d'avoir des amis, et qu'une faiblesse, celle d'obliger tout le monde; c'étaient mes amis qui m'avaient dévoré. Ils m'aimaient, sans doute, mais l'amitié peut devenir importune à la longue. Chaque jour ils envahissaient ma demeure, m'empêchant même d'échanger un mot avec ma femme; une fois nous prîmes le parti de nous absenter, mais la maudite engeance resta derrière nous dans la maison; nous les retrouvâmes festoyant et chantant à tue-tête au milieu de leurs libations : « Longue vie à nos hôtes, longue vie à leurs enfants! » Je ne savais pas me débarrasser d'eux; j'avais le cœur trop faible, oui, trop tendre et trop compatissant en toute circonstance. Il me suffisait de lire dans la gazette le récit d'un malheur quelconque pour ne pas dormir de la nuit. Il m'était impossible de renvoyer un pauvre, de refuser quelque chose à un voisin. Si encore je n'avais fait que partager avec les autres! Mais je leur eusse donné jusqu'à ma dernière chemise; j'étais homme à me faire raser pour que le prochain eût une perruque. Luba, malgré sa grande bonté, ne tombait pas dans les mêmes exagérations de sentiment. Je me rappelle qu'après l'incendie d'une ville de l'Ukraine, incendie qui avait laissé des milliers de misérables sans asile, je lui dis dans l'excès de mon émotion :

» — Peux-tu souffrir d'être si chaudement vêtue de fourrures quand tant d'autres ont froid?

» — Je les plains, répondit Luba, mais ma pelisse ne peut suffire à mille personnes, elle est faite pour une seule, et je ne suis pas fâchée d'être celle-là.

» Au fond elle avait raison, et moi j'étais absurde. Si un de mes amis admirait chez moi un fusil, je m'écriais : — Prends-le! — Oui, j'aurais donné les tuiles de la toiture, les semelles de mes bottes; à la fin mes amis ne me demandèrent plus ce qui leur faisait envie ; ils prirent sans façon tous les objets à leur convenance. S'ils avaient soif, ils buvaient de mon vin; je les nourrissais, je les vêtissais, je payais leurs dettes, je leur prêtais tout mon argent, et quand je n'avais plus d'argent je signais des lettres de change ou je me portais caution pour eux.

» Quand j'allai une première fois chez les vampires juifs, ce fut encore à leur intention. Et maintenant ils étaient là groupés autour de moi, cet Urbanowitch, ce Jadeski, ce Gadomski, fumant leurs cigares et m'exhortant avec une bienveillance hautaine.

» — Comment as-tu pu faire de si folles dépenses? me demanda Jadeski en lançant une bouffée de fumée. — Le malheureux! A qui ai-je donné ce précieux tableau hollandais représentant une femme qui pèle des pommes, et tant d'autres choses, jusqu'à ma pipe d'écume de mer?... A peine avait-il souri en murmurant : — Pas mauvaise cette pipe! — Et déjà elle était à lui! M'a-t-il jamais offert en échange une noisette? Non, mais il critiquait tout ce qui m'appartenait : — Ta maison n'a aucun style, commençait-il à dire en arrivant. — A table rien n'était bon; mon vin était toujours frelaté, bien qu'il en vidât pour le moins deux bouteilles; la toilette de Luba n'était jamais de son goût. Si elle portait des couleurs sombres, il lui demandait d'un ton ironique :

» — De qui, madame, êtes-vous en deuil?

» Si elle avait sa kazabaïka rouge :

» — J'espère, disait-il, que le taureau est rentré.

» Quand nous étions seuls, à la chasse, il s'arrêtait soudain, et les deux mains sur mes épaules :

» — Je te plains, mon ami, soupirait-il.

» — Pourquoi donc?

» — Tu es un noble cœur, mais ta femme...

» — Qu'as-tu à dire contre elle?

» — Oh! rien!... l'ensemble de sa personne ne me plaît pas... et puis elle rit toujours.

» Urbanowitch, en revanche, jetait sur Luba les

regards qu'un voleur peut jeter sur le trésor qu'il convoite. J'ignore où passait l'argent de celui-là, mais il empruntait à tout le monde et à moi de préférence.

» Gédéon, un ancien officier très-aimable, ne parlait jamais d'argent; il imita toutefois ma signature si habilement, sur une lettre de change, que je fus forcé de la reconnaître pour le sauver de l'infamie. Je dois dire qu'il se montra reconnaissant : il s'efforça de dissiper ma femme et de me dresser aux belles manières. Nous avions là un mentor très-zélé; mon bonheur conjugal surtout semblait le préoccuper :

» — Cher ami, s'écriait-il, comment diable traites-tu ta femme ?... — Et si je m'étonnais :

» — Tu fais fausse route, reprenait-il, absolument fausse route. Une femme demande à être étudiée; mais toi, tu laisses tout aller sans réfléchir; à la fin tu découvriras des choses... tu ne sais pas, malheureux, quelle charmante femme tu as !...

» Tels étaient mes amis, et tous ensemble se moquaient de moi quand j'avais le dos tourné, colportant sur mon compte de mensongères anecdotes comme n'en ont jamais inventé mes plus grands ennemis, non, pas même ma sœur. En outre ils me rapportaient, avec une sincérité parfaite, tout ce que le monde pouvait dire de désobligeant à mon sujet. Un jour, — encore à la chasse, — Jadezki me dit brusquement :

» — Eh bien ! quand je t'avertissais !... Ta femme... Gédéon lui fait la cour et n'est pas trop rebuté. Auras-tu confiance en moi, maintenant ?

» — Je dirai, répondis-je, que tu calomnies ma femme, et je te défendrai de recommencer!

» — Mais, grand Dieu! ce n'est pas moi qui parle, c'est la rumeur publique qui veut que ce fanfaron plaise à ta femme!

» Vous connaissez maintenant mes amis, ces bons amis auxquels je me sacrifiais, pour qui j'aurais donné le sang de mon cœur! Ah! mon Dieu, pourquoi donc as-tu créé le monde s'il n'était pas possible de le faire meilleur?

» Mon vieux Salomon me donnait des conseils.

» — Cela finira mal, disait-il.

» Luba s'amusa d'abord des indiscrétions de nos hôtes; quand ils jouaient, buvaient et chantaient jour et nuit dans la maison, ne me laissant pas un coin où je pusse me réfugier avec elle, la méchante venait s'étendre sur le divan, à mes côtés, en me regardant avec une malicieuse tendresse entre ses paupières demi-closes, car elle voyait bien que j'étais au supplice.

» Par la suite, elle prit les choses plus sérieusement :

» — Tu es trop bon, me disait-elle; la bonté, en certaines circonstances, peut être un défaut aussi bien que l'avarice et la dureté. Nous nous ruinerons, et ces gens-là ne sauront pas nous rendre ce que nous faisons pour eux.

» Je défendis mes amis ; nous faillîmes nous quereller.

» — Tu ne me crois pas! dit Luba. Eh bien! je te prouverai que chacun d'eux est disposé à te trahir. Désigne celui que je dois démasquer.

» — Tu épargneras bien au moins Gédéon, m'écriai-je pour l'éprouver, car les calomnies de Jadeski m'étaient restées en tête, bien que je n'eusse jamais douté de ma Luba.

» — Je n'en épargnerai aucun, répondit-elle; c'est donc Gédéon qui va servir d'exemple.

» Je respirai plus librement. Jadeski n'était qu'un indigne menteur.

» Quelques jours s'écoulèrent. Un soir que Gadomski, Urbanowitch et plusieurs autres étaient chez moi comme de coutume autour de la table de jeu, Jadeski me dit à l'oreille :

» — Tiens! où a passé Gédéon? Chez ta femme, sans doute. Il n'y manque jamais.

» — Imbécile! lui répondis-je, comment comprendrais-tu ma femme, toi qui n'as jamais su apprécier une madone de Raphaël plus qu'un barbouillage d'enseigne?

» Luba entrait au moment même en riant de tout son cœur :

» — Vite, vite, nous dit-elle; qui veut voir un oiseau rare, un oiseau que j'ai pris?

» Tous se levèrent pour la suivre, cartes en mains. Elle nous conduisit jusque dans sa chambre.

» — Où est-il? demandai-je regardant autour de moi.

» — Ici.

» Elle montrait du doigt une grande armoire.

» — Je vous prie de regarder là-dedans.

» Jadeski nous repoussa tous et regarda, curieux, par un de ces trous grillés qui font pénétrer l'air dans les placards.

» — Mais c'est un homme!...

» — Un homme ! Laisse-nous voir... Qui donc?... demandèrent les autres en se rapprochant.

» — Gare à vous! c'est Gédéon! fit Jadeski stupéfait.

» — Comment es-tu entré là-dedans? demanda Urbanowich.

» Le prisonnier restait muet, dévorant sa moustache.

» — Voyez, dit Luba, comme il est devenu taciturne, lui qui parlait si bien tout à l'heure ! Il jurait que j'étais la plus belle femme du monde, une Vénus; il me peignait sa passion, et puis, las de bavarder, il s'est conduit brutalement comme un vrai Tartare...

» — Et vous l'avez repoussé? s'écria Jadeski de plus en plus surpris.

» — Je me suis moquée de lui, naturellement, et comme quelqu'un passait dans le corridor, j'ai dit : « — C'est mon mari! S'il vous trouve dans ma chambre, vous êtes mort! » Il a été bien content de se jeter dans l'armoire... Mais j'ai fermé l'armoire à clef. Voilà!

» J'ouvris à Gédéon, qui ne paraissait pas pressé de sortir et se cachait derrière les robes de ma femme. Nos amis le tirèrent dehors, et il entra en fureur.

» — C'est une mauvaise plaisanterie. Canailles! vous m'en rendrez raison, vous tous, et toi d'abord, heureux époux d'une si farouche vertu!...

» — Lui d'abord, bien entendu! décida Urbanowitch.

» — Qu'ils se battent sans retard!

» Nos amis nous excitèrent si bien, que le duel

aurait eu lieu séance tenante, sans ma femme qui se posa entre nous et se mit à rire.

» — Vous battre? dit-elle, et pourquoi? Si quelqu'un est offensé ici, c'est moi seule, oui, offensée par les folles espérances de Monsieur. Il est vrai que j'ai pris ma revanche; s'il n'est pas content et qu'il veuille un duel à tout prix, me voici prête.

» Elle saisit une cravache accrochée au mur.

» Gédéon disparut et Luba partit d'un nouvel éclat de rire qui nous gagna tous.

» Chacune de mes amitiés devait être brisée brusquement d'une manière ou d'une autre. Quand j'avais une fois vu clair, je ne me laissais plus duper, je rompais avec une énergie qui devait étonner le monde où j'avais la réputation d'un homme faible sur tous les points. C'était une erreur. J'étais lent à croire au mal, mais il ne me trouvait pas miséricordieux. Naturellement, mes faux amis m'accusaient d'inconstance, et leur animosité à mon égard était d'autant plus furieuse que mon dévouement avait été plus complet. Ils vinrent cependant, comme je l'ai dit, après la vente de nos dernières nippes, fumer autour de moi et me donner des conseils :

» — Si tu t'adressais à ta sœur! me dit Urbanowitch.

» Ce fut la suprême humiliation. Et qui donc m'avait spolié, sinon cette bonne sœur?

» J'avais une tante, vieille fille qui chaque été venait s'établir chez nous, où elle était entourée de soins, dorlotée dans ses maladies avec une tendresse filiale; pour Noël, nous ne manquions jamais de lui envoyer un chariot de provisions. A peine remerciait-elle. Certaines gens sont ainsi. Les bienfait les gênent; ils craignent d'être forcés à la reconnaissance et se prouvent bien vite à eux-mêmes qu'ils ont toujours la liberté de vous faire du mal.

» — Viéra m'a raconté que tu avais un amant, dit cette tante vénérable à ma femme; je ne te le reproche pas, petite; tu as un mari si ennuyeux!

» Or, Viéra ne lui donna pas, dans toute sa vie, un pain d'épice; mais l'hiver elle était toujours chez elle, lui baisant les mains, la caressant, l'appelant chère petite tante, parlant de cette vieille avare, jadis galante, comme d'un noble cœur et d'une prêtresse des mœurs. Aussi, après la mort de notre tante, hérita-t-elle, en échange de toutes ses jolies paroles, de soixante mille florins, tandis que moi, qui avais prodigué les dons, je ne reçus pas un kreutzer.

» Gadomski fut le dernier de mes amis dans lequel j'eus confiance. A chaque nouveau déboire, il me consolait, mais d'une étrange façon :

» — Ah! mon Dieu! disait-il, ne te plains pas des dégoûts que t'apporte la vie. Alexandre a beau conquérir le monde, il ne possède rien... Et un fakir qui jeûne dans le désert ne manque de rien... Qu'est-ce que la vie? Si tout te souriait, tu t'y attacherais trop... Tu la maudis, tant mieux!... Songe que tu en auras bientôt fini avec elle et que tu ne reviendras plus au monde. Que cette perspective te donne du courage.

» C'est assez dire que Gadomski était un philosophe. Nous avions autrefois étudié ensemble; dès lors il s'occupait d'une œuvre colossale qui devait bouleverser le monde et il s'en allait au hasard, sombre et absorbé comme un brigand, son pistolet au poing; mais il manquait au pauvre brigand la poudre et le plomb pour charger ce pistolet, qui ne partait jamais par conséquent. Une fois, Gadomski m'écrivit :

» — Si j'étais délivré au moins une année de tous mes soucis, j'achèverais mon œuvre, bien que les hommes que je méprise ne méritent pas qu'on leur rende un si grand service. »

» Je lui offris l'hospitalité. Il arriva en affectant la mine d'un Socrate; il lui fallût deux jours pour déballer ses livres, un autre pour plier son papier, une quatrième journée pour tailler sa plume; bref, il finit par ne rien écrire. En revanche, il se montra de prime-saut fort insolent avec Luba. Il faisait peu de cas des femmes. Lorsque la mienne se mêla une première fois à notre entretien :

» — La femme, dit-il, doit se taire quand les hommes parlent.

» Il traversa le salon, où elle se trouvait avec d'autres dames, sans ôter son bonnet, et soutint pendant le dîner que les femmes étaient des animaux subalternes.

» Là-dessus Luba se leva d'un bond, et s'adressant à moi :

» — M. Gadomski comprendra qu'un animal de ma sorte ne puisse plus avoir l'honneur de le recevoir, dit-elle en se retirant dans sa chambre.

» Mais mon philosophe était décidé à rester malgré ce congé en règle.

» — Tu m'as attiré chez toi, disait-il en rongeant une cuisse de canard; j'ai été dupe de ma confiance, tu me dois une indemnité.

» Il me fallut avant de le mettre à la porte lui compter cent florins; encore monta-t-il dans ma voiture, qui allait le reconduire jusqu'à Kolomea, en m'appelant poule mouillée

» Mes domestiques n'étaient pas meilleurs que mes amis; les vieux étaient morts, les nouveaux ne valaient pas la corde à laquelle on aurait dû les pendre. Ma bonté, ma douceur à leur égard ne me rapportaient qu'ingratitude.

» Il n'était pas jusqu'à mon chien, un petit chien que je gâtais au point d'impatienter Luba, qui ne répondît à mes bienfaits par des trahisons. Il profitait de toutes les occasions pour m'échapper, préférant le pain bis du premier venu aux bouchées délicates dont je le nourrissais. On vante la fidélité du chien, et on ajoute que de tous les animaux c'est lui qui ressemble le plus à l'homme; or, je vous le demande, s'il ressemble à l'homme, comment le chien peut-il être fidèle?

IV

» En dépit de mes amis et de mes domestiques, je n'aurais pas sombré comme je le fis si des fléaux successifs ne se fussent appesantis sur mes terres. Elles furent ravagées par certain nuage noir, un nuage de sauterelles, plus qu'elles ne l'eussent été par la grêle. La même année, un incendie dévora nos forêts. Avec l'aide des paysans on put le cerner, lui imposer des limites à grands coups de hache; une grosse pluie vint aussi à notre secours, mais la perte néanmoins était considérable. Pendant le rude hiver qui suivit, des loups décimèrent mes troupeaux. Je prenais philosophiquement mon parti; Luba riait de tout et elle effaçait par un baiser chaque pli soucieux de mon front, mais nous commencions à vendre des champs. Un jour que je revenais de Kolomea, où s'était signé le marché, avec six mille florins en poche, je fus attaqué par cinq Haydamaks [1] qui me dévalisèrent.

» — Eh bien! dit Luba, mieux vaut avoir eu affaire à des voleurs qu'à des meurtriers.

» L'intarissable enjouement de ma femme n'était autre que de la grandeur d'âme. Son rire intrépide était mon talisman contre la mauvaise fortune, mais malgré ce rire on nous enleva nos meubles. Je m'étais adressé à tous mes anciens amis, Luba avait imploré ma sœur, et le seul secours qui nous vint fut celui d'un Juif, le *faktor* Salomon. Nous fîmes des réformes, tardives peut-être; je n'ai pas la prétention d'avoir été prudent ni sage. Les procès absorbèrent ce qu'avaient laissé les parasites; les saisies suivirent les procès; j'eus la douleur de voir Salomon se mettre pour moi dans l'embarras. Bref, l'exécution finale survint; je vous y ai fait assister et vous avez vu comment Urbanowitch, Jadeski et les autres vinrent ensuite autour de moi fumer leurs cigares.

» — N'y a-t-il rien à boire ici? dit soudain Urbanowitch, chez qui la soif était une maladie.

» — Si fait! répondit Luba.

1. Brigands.

» Elle courut au puits et lui rapporta un verre d'eau qu'il vida en la regardant tristement.

» — Eh bien! me dit Jadeski de sa voix claire et insolente, qui sonnait désagréablement dans l'adversité, que comptes-tu faire maintenant que tu n'as plus le sou?

» — Le prince Sapieha n'a-t-il pas besoin d'un intendant? hasarda Urbanowitch.

» Le sang me monta au visage.

» — Bah! interrompit Jadeski en feignant de plaisanter, mais sérieux au fond, Basile n'est pas embarrassé; il a une jolie femme. Que ne l'emmène-t-il à Lemberg, à Vienne, ou plutôt tout de suite à Paris?

» C'en était trop. Luba devint pourpre; elle ne rit pas cette fois, des larmes jaillirent de ses yeux :

» — Par le Christ! m'écriai-je.

» Les paroles s'étranglèrent dans mon gosier, mais je saisis Jadeski et le secouai avec violence.

» — Sortez de chez moi, fils de païens, oiseaux de potence!... je n'ai plus rien à vous donner...

» — Le malheureux a perdu l'esprit, s'écria Gadomski.

» — Il y a vente ici et nous sommes les acheteurs, dit Jadeski en se rasseyant.

» — Non, il n'y a plus rien à vendre; sortez, ou je lâche les chiens!

» Luba courut déchaîner les deux chiens-loups qui s'élancèrent en aboyant, ce qui suffit à mettre nos amis en déroute. Sans perdre de temps à regagner leurs chevaux ou leurs voitures, ils se dispersèrent, les chiens, excités par Luba, s'acharnant à leurs talons.

» — Écoute, dis-je brusquement à ma femme, je suis à bout de résignation. On nous a tout pris, mais je ne céderai pas du moins à ces coquins les vieilles pierres de la maison paternelle. On me tuera d'abord.

» Jamais l'idée d'être chassé du lieu de ma naissance ne s'était présentée à moi avec autant de force ; je sanglotais tout haut, je n'ai pas honte de le dire, et ma femme pleurait avec moi. Je continuai, en la serrant avec emportement contre ma poitrine, tandis que mes larmes ruisselaient sur ses cheveux :

» — Tu es brave, Luba, nous nous défendrons !

» — Soit ! dit-elle, me comprenant à demi-mot, et levant vers moi ses yeux étincelants où s'étaient séchés les pleurs, si tu veux, nous ferons sauter la maison plutôt que de la rendre.

» Oh ! c'était une femme !

» Je rassemblai les gens qui nous restaient et leur communiquai le projet insensé qui venait de germer dans mon esprit. Aucun n'osa dire non ouvertement, mais celui-ci se grattait la tête, celui-là faisait la grimace, et, tandis que Luba chargeait les fusils, tous s'esquivèrent l'un après l'autre.

» Lorsque je voulus rassembler nos forces, la maison était vide, il n'y restait que moi, ma femme et mon Juif. Salomon me conjura de ne pas tirer, mais quand je lui dis de préparer les cartouches il se mit à l'œuvre en soupirant et en marmottant des prières. Je barricadai toutes les issues, portes et fenêtres ; Luba m'aidait activement. Nous entassâmes des caisses devant la porte qui conduisait dans la cour, et toutes les tables, toutes les chaises, tous les bancs qui restaient devant l'entrée principale. Nous bourrâmes les fenêtres de coussins de voiture, de paille, de matelas, de lits de plume, n'en réservant que deux à droite et à gauche qui furent arrangées de façon à servir de meurtrières. Nous attachâmes une longue mèche à un tonneau de poudre placé dans la cave. A peine avions-nous achevé nos apprêts de siége que les gens du tribunal et les Juifs apparurent le long de la route comme une file de fourmis. Je sortis sur le balcon, deux pistolets à la ceinture, un fusil à la main.

» — Messieurs, commençai-je, et vous, Juifs, la vente est terminée; il n'y a plus rien à prendre ici. Je défendrai la maison de mon père les armes à la main et je jure de tirer sur quiconque osera y pénétrer.

» En ce moment je remarquai que Jadeski et Urbanowitch étaient au milieu des Juifs.

» — Il est fou, dit le premier.

» — Au nom de l'empereur, laissez-nous entrer, commença le délégué du tribunal.

» — Je m'incline devant l'empereur, répondis-je, mais nul n'entrera vivant.

» — Si vous arrêtez le cours de la justice nous emploierons la force à notre tour et nous enfonceront les portes.

» — Venez donc! dis-je en saluant.

» — Des haches! criait Jadeski, excitant la foule.

» Les plus braves cherchèrent à forcer la porte. Au moment même je tirai en l'air. L'effet de cette manœuvre fut magique; les gens du tribunal et les acheteurs, les chrétiens comme les juifs, s'enfuirent. Quelques-uns roulèrent par terre; certain juif, dans son angoisse, grimpa sur un arbre. Jadeski sauta par-dessus une clôture, resta pendu par un pied et tomba la tête dans les orties. Le premier assaut était repoussé.

» L'ennemi se replia et tint conseil. L'envoyé du tribunal appelait les paysans au secours de la loi, mais ces braves gens ne voulurent pas combattre leur ancien maître. Les gens qui n'étaient venus que pour acheter s'en retournèrent au village; nos créanciers cependant tinrent bon; Jadeski les encourageait.

» — Voyez, disait-il, ce n'est pas sérieux, il ne tire qu'en l'air; comment oserait-il tuer l'un de nous, quand il sait que la potence l'attendrait ensuite?

» Ils s'armèrent donc de fusils, de sabres, de houes et de bâtons en vue d'un assaut, et, séparés en deux troupes, ils attaquèrent simultanément la maison devant et derrière en criant comme des sauvages.

» Cette fois la chose était sérieuse. Je me mis à la meurtrière de droite, Luba à celle de gauche, et ensemble nous fîmes feu. Quatre coups de fusil chargé de gros plomb haché firent dans la foule l'effet du canon. Au moment même quelqu'un sauta dans la chambre où nous nous trouvions. Les assiégeants avaient enfoncé la fenêtre du côté de la cour, et Luba, en se retournant, vit Jadeski, une hache à la main. Vite, elle tira le pistolet de sa ceinture et le braqua sur lui. Il tomba sur le dos avec un grand cri. Un homme qui allait monter prit la fuite Luba avait mis le pied sur Jadeski et brandissait une houe.

» — Laisse-le vivre! lui dis-je.

» Tandis que nous barrions de nouveau la fenêtre, il rampa, en s'aidant des pieds et des mains, dans une autre chambre où il resta étendu sur le flanc.

» Ainsi l'assaut était heureusement repoussé; Luba avait même fait un prisonnier. Je sortis sur le balcon et ne fus pas médiocrement satisfait en voyant que tous ceux qui étaient tombés avaient pu se relever et s'en allaient clopin-clopant en gémissant et fort ensanglantés. Soudain, un coup de feu qui m'était destiné brisa une vitre. Je me retirai précipitamment. On tirait de tous côtés sur la maison. Nous répondîmes à ce feu. Le combat dura une heure, après quoi les agresseurs, se lassant, firent demander des renforts au gouvernement du cercle.

» Jusqu'à l'arrivée de ce secours militaire, le siége continua : des gardes entourèrent ma maison et occupèrent les puits; on espérait me forcer à capituler, faute d'eau et de nourriture. Nous attendîmes la nuit; lorsqu'elle fut bien sombre, je dis à Salomon Zanderer :

» — Je vais t'ouvrir la porte de derrière; gagne un lieu sûr et emmène le blessé, qui autrement pourrait mourir ici.

» — Je ne vous quitte pas, répondit mon Juif.

» — Si je te dis que nous sommes hors de danger, repris-je, tu croiras bien que c'est la vérité. Obéis donc, tu n'as pas le droit de t'exposer davantage; songe que tu as une femme, des enfants. Allons, va-t'en!

» Salomon poussa un long soupir, puis il se prosterna en pleurant devant ma femme et lui baisa les pieds. Il me baisa aussi les mains. J'ouvris la porte. Il traîna Jadeski dehors :

» — Que Dieu vous protége! cria-t-il encore dans la cour d'une voix entrecoupée.

» Alors je barrai de nouveau la sortie. Nous veillâmes jusqu'à minuit, moi au rez-de-chaussée, Luba au premier étage, les chiens-loups avec nous. Rien de suspect ne se fit entendre; on ne distinguait que les cris échangés à de longs intervalles par les postes qui entouraient la maison.

» Une fois je mis la tête à la fenêtre. Çà et là brillaient des feux de bivouac comme dans un camp. Des nuages noirs couvraient le ciel; seule, une étoile luisait vacillante comme une lampe près de s'éteindre. A minuit j'appelai Luba :

» — Allons, prépare-toi, il est temps de nous échapper; je vais mettre le feu à la mèche.

» — Où irons-nous? demanda-t-elle.

» — Là où il n'y a pas d'hommes, dans le désert.

» — Je suis prête à te suivre.

» — Mais, lui dis-je, habille-toi chaudement, l'hiver est proche et nous n'aurons pas d'abri.

» Je commençai par redresser une faux pour en faire l'arme qui fut si redoutable entre les mains de nos paysans dans leur guerre contre la noblesse; puis je remplis deux carnassières de linge, de poudre, de plomb et de tabac; chacun de nous avait deux pistolets et un poignard à la ceinture, plus un fusil en bandoulière. Je démolis la barricade, j'ouvris doucement la porte de derrière et, me glissant inaperçu dans la cour, je mis le feu aux granges et à l'étable; après quoi je gagnai la cave pour allumer la mèche dont un des bouts trempait dans le tonneau de poudre grand ouvert. Luba me regardait faire ; elle n'avait point voulu s'éloigner d'un pas, craignant que l'explosion n'eût lieu trop vite : en ce cas, c'eût été son désir de mourir avec moi. La mèche commençait à brûler lentement. Je saisis ma faux.

» — Dépêchons-nous ! m'écriai-je.

» En hâte nous remontâmes les degrés pour traverser la cour et atteindre ensuite les champs. A trois cents pas de la seigneurie une bande furieuse nous accosta.

» — Le voilà, ce brigand ! prenez-le ! liez-le !

» Je brandis ma faux et la promenai à deux reprises autour de moi ; trois hommes furent fauchés comme des épis mûrs. Luba luttait contre deux forcenés. Au moment même un épouvantable fracas se fit entendre ; le sol trembla sous nos pieds. C'était ma maison qui sautait. Presque en même temps les flammes sortaient des communs ; la paille et le blé enfermés répandirent l'incendie avec une rapidité terrible. Nos adversaires s'étaient jetés éperdus la face contre terre ou fuyaient dans toutes les directions. Nous nous esquivâmes heureusement. Mes deux chiens m'avaient d'abord suivi, mais lorsque l'épouvantable détonation se fit entendre et que l'on put croire que la terre se fendait, je perdis l'un d'eux ; l'autre resta. Nous traversâmes les champs, et, ayant atteint la forêt, nous prîmes un étroit sentier que je connaissais bien. Au bout d'une heure environ, nous étions sur une colline, d'où l'on jouissait d'une vue étendue. A nos pieds s'étendait le monde maudit, comme un sépulcre au fond duquel brûlait ma seigneurie en guise de torche funèbre. Nous nous arrêtâmes tout juste assez pour reprendre haleine. Que nous importait le monde désormais? Notre chemin conduisait au désert.

V

» Ce fut dans la nuit du 9 octobre que nous commençâmes un voyage qui devait durer six jours ou plutôt six nuits. L'automne était d'une splendeur extraordinaire, et à midi le soleil piquait comme en été; nous étions trop lourdement chargés pour pouvoir affronter la chaleur; et puis, nous craignions d'être découverts. Pour ces raisons, nous nous cachions le jour dans la paisible obscurité de la forêt, et reprenions la nuit notre marche à la lueur des étoiles. Le maïs ou les pommes de terre qu'il nous arrivait de rencontrer servaient à notre nourriture, le chien-loup qui nous avait suivis veillait sur notre sommeil.

» Dans la matinée du cinquième jour, après avoir traversé la plaine et franchi des collines aux pentes douces, nous aperçûmes les Karpathes qui s'élevaient vers le ciel comme une fumée bleuâtre. La même nuit, nous pénétrâmes dans leur enceinte sacrée. Le chemin était rude, entrecoupé de racines, de buissons, de pierres et de ruisseaux. Vers minuit, nous descendîmes dans une vallée cultivée, à travers un village de Houzoules[1]. En me baissant près d'une fontaine pour boire, je remarquai un objet qui brillait sous la lune : c'était une hache laissée sur une bille de bois. Je la pris et mis à sa place les quarante kreutzers qui restaient dans ma poche.

» Lorsque le soleil se leva lentement, comme avec effort, au-dessus des rochers surmontés de bois superbes, nous étions saufs. La forêt primitive nous avait accueillis; autour de nous s'étendait la solitude sans route frayée, silencieuse comme la mort. Nous nous trouvions sur l'un des points les plus méridionaux de la Gallicie qui s'enfonce à cet endroit entre la Hongrie et la Bukowine. En Hongrie régnaient un autre gouvernement et d'autres lois. Nous pouvions donc, si un nouveau péril venait nous menacer, imiter les haydamaks qui cherchaient refuge en Hongrie lorsqu'on les poursuivait dans leur pays, et qui franchissaient de nouveau les poteaux noirs et jaunes de la frontière aussitôt que les pandours étaient sur leurs traces. A l'abri des chênes séculaires qui ombrageaient un épais tapis de mousse, nous goûtâmes jusqu'à midi un sommeil paisible pour la première fois, car nous avions laissé le danger derrière nous. Au réveil, après avoir déjeuné de noisettes et de myrtilles, nous continuâmes notre marche. Il fallait gravir des escarpements abruptes, des rochers glissants, et passer quelquefois d'un arbre à l'autre, dans les endroits où le terrain était impraticable.

1. Les Houzoules mènent, comme les Cosaques, un genre de vie purement pastoral et guerrier; ils forment une population à part.

» Avant le coucher du soleil, nous avions gagné la cime plate d'une grande montagne boisée. Soudain un édifice immense se dressa devant nous au-dessus des sapins noirs; on eût dit un palais tout en or. Lorsque les rayons trompeurs du soleil commencèrent à s'éteindre, il nous sembla voir des ruines colossales perdues au milieu de la forêt. Aucun oiseau ne chantait, aucun papillon ne voltigeait dans l'air limpide. Les chênes gigantesques formaient des voûtes sombres comme celles d'une cathédrale; ils s'entremêlaient à de sveltes bouleaux vêtus de satin blanc comme des fiancées; une noire muraille de sapins environnait le tout; à nos pieds s'ouvrait un ravin qui séparait deux montagnes. L'une de ces montagnes n'était qu'une noire pyramide de sapins, l'autre portait les ruines qui avaient attiré notre attention; toute la profondeur semblait remplie de framboisiers, de genévriers, de noisetiers, de gentianes et de véroniques; on entendait le murmure d'une source; le chien descendit, nous le suivîmes. Sous une pente rocheuse jaillissaient des eaux magnifiques.

» Après nous être désaltérés, nous montâmes sur la hauteur où se dessinait le curieux monument que nous avions pris pour un château. Ce n'était pas un château élevé par la main des hommes, mais un de ces rochers comme il n'est pas rare d'en rencontrer dans les Karpathes, et dont les cavernes, les passages, les degrés, d'une grandeur toute architecturale, sont l'œuvre de l'eau dévastatrice qui a jadis creusé ces masses calcaires. On prétend qu'elles ont servi de temples aux païens, que plus tard les ascètes chrétiens y abritèrent leurs vertus; ce qui est certain, c'est qu'au temps des invasions de Mongols et de Tartares, de même qu'au temps des guerres contre les Turcs, elles ont caché bien des fugitifs et que de nos jours les brigands en ont fait maintes fois leurs forteresses.

» Des contes fabuleux concernant ces antres ont cours parmi le peuple. Celui-ci fut longtemps la prison d'une princesse retenue en otage; dans celui-là, des nymphes, vêtues de leurs cheveux noirs comme d'un manteau de zibeline, entraînent les jeunes gens et les font mourir sous leurs caresses.

» C'était une de ces formations étranges que le hasard nous présentait. Trois rochers, à l'arrangement desquels on eût pu croire qu'une prévoyance humaine avait présidé, formaient sur le plateau une majestueuse demeure. L'un deux, du côté de l'ouest, était détaché des deux autres qui sortaient, comme il arrive fréquemment pour les arbres, de la même racine; ils se séparaient ensuite, puis étaient reliés près de la cime par une sorte de pont. Le rocher du milieu était muni d'un donjon naturel, tandis que son voisin, s'abaissant doucement vers l'est, formait un escalier de géants. En tournant autour de ce mystérieux monument des forces primitives, nous découvrîmes huit entrées différentes. Luba chercha du bois de sapin et prépara des torches que j'allumai pour descendre dans l'intérieur. Là je trouvai quelques cavernes et une enfilade d'ouvertures qui conduisaient à des galeries encombrées. Des ossements épars de tous côtés indiquaient que les bêtes fauves y avaient fait carnage. Pendant mes explorations, ma femme avait tourné le rocher du côté de l'est, où il formait une sorte d'autel qui avait bien pu servir de pierre à sacrifice. Du côté sud, une nouvelle entrée s'arrondissait en arc comme une porte d'église; à cette place, un fossé large et profond défendait le rocher. Nous pûmes le franchir sur un tronc de chêne énorme qui faisait office de passerelle.

» Tandis que Luba se reposait dans les hautes herbes, j'entrai, tenant une torche d'une main, un pistolet de l'autre. Je me vis dans une grande salle voûtée; une brèche me permit d'atteindre un autre compartiment rempli de décombres. J'allais rebrousser chemin, lorsque de larges degrés qui montaient m'apparurent; en faisant le signe de la croix, je m'y engageai avec précaution. Au premier étage, pour ainsi dire, de ce labyrinthe, il y avait un réduit qui recevait la lumière par deux ouvertures à peine plus grandes que les meurtrières d'un vieux château; tout autour, des bancs de pierres garnissaient les parois. Une porte étroite, deux marches encore, puis le pont de pierre aérien qui, jeté au-dessus du précipice béant, conduisait au rocher du milieu. Sur le second rocher, je trouvai une autre chambre presque semblable à la première, mais mieux aérée. J'atteignis enfin au plus haut sommet, au donjon de ce palais qui dominait la contrée sur une vaste étendue. Mon œil, ébloui d'abord par le soleil, erra bientôt, enivré, par-dessus les forêts bruissantes, jusqu'aux montagnes voisines avec leurs murailles de granit verdâtre où scintillaient mille cristaux de quartz dans la lueur rose du soir. Au loin, vers l'ouest, un tapis diapré semblait jeté au milieu de la forêt; c'était sans doute la prairie florissante d'une polonina[1], où paissaient les vaches. Des corbeaux fendaient l'air comme d'étranges papillons noirs.

» Plus loin se développait la ligne sublime des Karpathes, sombres et nues au sommet, ceintes à la base d'une zone de forêts bleues et de quelques ravins étincelants de neige. Le soleil se déroba, le soir commençait à tomber sur ces hauteurs et le froid augmentait déjà pour moi d'une manière sensible, tandis que des rayons dorés ruisselaient encore dans les vallées, dessinant distinctement les moindres détails, même par delà les promontoires boisés, dans la plaine sans bornes comme le ciel, un village, dont les fermes et les granges avaient l'air de maisons de cartes; la rivière qui le traversait brillait comme un serpent qui se chauffe au soleil. Lorsque je redescendis, Luba, enveloppée dans sa pelisse, me regardait en souriant; la pauvrette avait froid.

» — Dieu soit loué! dit-elle, te voici revenu. Allons-nous encore marcher? Je suis si lasse!

» — Ma chérie, lui répondis-je, remercions Dieu, en effet, qui a construit aux pauvres fugitifs une arche tout près de son ciel; tu peux te reposer, nous resterons ici.

» Ma femme me sauta au cou; nous étions encore heureux en ce moment.

» — Ici, continuai-je, nous serons en sûreté, il y a au moins un siècle que le pied de l'homme n'a foulé ce sol.

1. Pacage.

» — Comment le sais-tu? demanda Luba.

» — Parce qu'aucun sentier ne se laisse deviner et surtout parce qu'il ne croît de plantain nulle part; le plantain pousse sous les pas de l'homme, il disparaît là où l'homme ne se fait plus voir.

» J'allumai du feu dans la chambre de l'étage supérieur, et la fumée sortit à souhait par une ouverture du plafond, puis je fis un lit de feuilles et de mousse; je remplis d'eau nos bouteilles de campagne, et, ayant conduit ma femme dans sa nouvelle demeure, je bourrai la fenêtre de mousse, je barricadai toutes les issues avec des pierres apportées d'en bas à grand'peine, après quoi je partis en quête de notre souper. La nuit tomba sans que la forêt m'eût offert aucun gibier; il fallut nous contenter de poires sauvages que Luba fit cuire dans la cendre. Ayant mangé tant bien que mal, nous nous étendîmes sur le lit que j'avais fabriqué, sous nos épaisses fourrures; j'avais posé mon fusil près de ma tête, les pistolets à mes côtés, à nos pieds dormait le chien-loup. Pour la première fois depuis notre fuite, nous sentions au-dessus de nous un autre toit que celui du ciel. Longtemps j'entendis bruire la forêt, longtemps j'aperçus par la crevasse du plafond les étoiles paisibles.

VI

» Le lendemain je m'éveillai de bonne heure, pris ma carnassière, jetai encore un regard sur Luba qui dormait vermeille, les bras croisés sous la nuque et les lèvres entr'ouvertes, ce qui montrait ses dents blanches : puis, sifflant tout bas mon chien, je partis pour la chasse. Mais pendant la nuit Dieu avait bâti autour de nous un second palais dont les murs gris s'élevaient jusqu'au ciel; devant moi tourbillonnait une épaisse fumée semblable à celle d'un incendie de forêt. Maître renard rentrait de quelque équipée nocturne; je ne fis qu'entrevoir ses oreilles, puis il se glissa dans le fossé qui entourait notre refuge. Bientôt cependant le brouillard rougissant tomba peu à peu; un vent vif s'était levé; des voiles se détachaient de chaque rocher, de chaque sapin; sous le réseau de la gelée blanche brillaient les buissons et les fleurs. Je traversai le ravin qui séparait notre montagne de la forêt et n'eus pas de peine à atteindre une clairière formée par la tempête. On eût dit un abatage régulier, sauf que les troncs étaient à demi pourris et couverts de champignons vénéneux entremêlés d'une flore éblouissante. De tels endroits sont aimés des chevreuils, qui viennent y paître après le lever et le coucher du soleil. Je me posai donc en embuscade derrière un hêtre.

» Un pic aux couleurs cramoisie, blanche et noire voltigeait de tronc en tronc, frappant chacun d'eux de son bec pointu; d'ailleurs, le silence était complet. Mes prévisions ne m'avaient pas trompé : un beau chevreuil entra lentement dans la clairière; lorsqu'il fut à vingt pas de moi je tirai, et il tomba dans l'herbe; avec un cri aigu, le pic s'envola. Chemin faisant, sous les grands hêtres, je cueillis des champignons blancs dont je remplis mon carnier, et tout ce riche butin fut déposé aux pieds de Luba encore endormie. A mon approche, elle ne fit pas un mouvement; elle ouvrit les yeux et sourit :

» — Nous voici, dit-elle, pourvus pour une semaine entière.

» Ayant vaqué d'abord à l'essentiel, j'aménageai notre maison. J'y construisis, avec des quartiers de roc, un âtre ouvert comme ceux de nos paysans, juste au-dessous de la crevasse du plafond; un genévrier étayé de deux pierres nous servit de tournebroche; je fortifiai contre les invasions des bêtes fauves ceux des compartiments du rocher qui devaient nous servir de garde-manger; il n'y avait du reste qu'une seule issue à défendre, les autres ayant été obstruées déjà par des écroulements. Luba voulait m'aider à transporter les pierres d'en bas.

» — Que fais-tu? m'écriai-je; pense à la chère petite vie dont tu es dépositaire!

» De grosses larmes coulèrent sur ses joues brunes.

» — Non, dit-elle, je ne puis te voir travailler comme un esclave, te mettre en sueur et t'épuiser pour moi...

» — Pour toi, répétai-je, et c'est justement ce qui me rend la tâche facile! Tu ne sais pas combien il est doux de te servir!

» Dans le cours de mes travaux je découvris de vrais trésors : des vases de terre, des flèches, des anneaux de cuirasse, des monnaies, mille débris; je trouvai aussi, en brisant le rocher calcaire, de belles pierres à fusil. Peu à peu le bois destiné à l'hiver s'entassa dans le souterrain au dessous de nous; Luba, sans trop se fatiguer, détachait l'amadou qui pendait au tronc des hêtres et des bouleaux, ramassait des champignons, des myrtilles, des baies de toute sorte. Le soir, je taillais de petits ouvrages en bois, des fourchettes, des cuillers; je fis un peigne pour Luba; elle riait en le passant dans ses épais cheveux noirs :

» — Et un miroir? dit-elle; je n'ai pas de miroir!

» — Tu as la source en bas, et si tu ne veux pas descendre, ne suis-je point là? Tu peux me croire quand je te dis que tu es belle.

» Elle sauta sur mes genoux.

» Un loir, qui avait son gîte dans une fente du rocher, à l'entrée de notre demeure, devint bientôt familier; nous fîmes aussi la connaissance d'un second hôte du même rocher, une belette, qui à midi sortait des framboisiers de notre jardin, pour s'approcher de nous, puis s'échapper bien vite, comme si elle eût voulu nous engager à jouer avec elle.

» Dans les broussailles qui remplissaient le fossé, un renard avait creusé sa tanière, et, de l'autre côté du pont, Luba salua, ravie, l'existence d'un nid d'écureuils qui lui rappelèrent son vieux Miki. Tous nos voisins n'étaient pas aussi inoffensifs. L'hiver approchant, un grand loup se prit dans un des piéges nombreux que je tendais autour de chez nous pour épargner la poudre.

» Le 3 novembre tomba la première neige. Je sus le jour parce que j'avais fait un calendrier très-simple en marquant chaque journée à mesure qu'elle s'écoulait sur la paroi du rocher; mais nous ne craignions rien de l'hiver; dans notre garde-manger s'entassaient des sangliers, des chamois, des cerfs, des lièvres, fumés au genièvre, et même un ours, qui, avant de se décider à tomber sous le fusil de Luba, m'avait assez cordialement embrassé pour me meurtrir. Nous avions du poisson, d'excellentes truites, car désormais j'étais au courant de toutes les ressources de la forêt. Les peaux de mes victimes remplaçaient dans notre antre les tapis, les couvertures, les rideaux absents; nous dormions dans un nid de duvet : nos vêtements étaient ceux de deux Esquimaux, mais personne n'était là pour les trouver ridicules. Emprisonnés par les neiges, nous n'avions rien de mieux à faire que de ressembler aux ours et aux loups parmi lesquels nous devions vivre.

» La saison des glaces se présenta, majestueuse et sublime comme la mort qui, dans une bataille, fauche à la fois des milliers de combattants. La nature s'endormit d'un long sommeil. Une nuit, nous entendîmes soudain dans l'air un bruit étrange, des voix mystérieuses accompagnant une sorte de claquement comparable à celui d'un fouet. En pareil cas, nos paysans croient que les sorcières vont à Kiev, et l'Allemand jure que c'est la chasse macabre qui passe. Luba eut peur et, cachant son visage dans ma poitrine, demanda tout bas :

» — Qu'est-ce?

» C'étaient les canards sauvages qui venaient du nord, et dont les fortes ailes, les cris stridents causaient tout ce vacarme dans les hautes régions où l'œil ne les distinguait plus. Notre voisin l'écureuil, qui, lui aussi, avait fait ses provisions de glands, de pommes de pin et de noix de hêtre, ne sortait désormais qu'à de rares intervalles; le loir manifestait une extrême inquiétude.

» Un matin, le linceul de neige, qui ne dégèle pas jusqu'au printemps, enveloppe tout le pays de sa morne blancheur. Pendant trois jours nous sommes prisonniers; il faut travailler terriblement pour réussir à nous creuser une issue et un sentier! C'est le temps où l'ours renonce aux courses errantes, où le hérisson s'engourdit dans sa caverne; le froid augmente; mais, avec la première grande gelée, notre forêt reprend une animation joyeuse : le bec-croisé, ce petit perroquet du Nord, se montre par bandes, sifflant et déployant son éclatant plumage. Jusqu'à Noël on a plus chaud sur la montagne que dans les vallées, et on jouit de toute la beauté du paysage d'hiver; d'ailleurs, le crépuscule même de notre caverne avait son charme. La lueur du foyer se jouait sur les tentures de peaux de bête, et Luba, assise au coin de l'âtre, les pieds sur le grand chien-loup qui ronflait de tout son cœur, me regardait d'un air de tendresse, de contentement si sincère! Jamais nous n'avions été plus unis, disons le mot, plus heureux.

» La monotonie des longues nuits fut, dès le mois de décembre, troublée par le hurlement d'abord lointain, puis plus rapproché, féroce, épouvantable, d'une meute de loups. La sérénade ne nous charma qu'à demi, d'autant que les bêtes sanguinaires, flairant notre présence, se mirent à miner de leur mieux l'entrée de notre demeure. Mon chien devint inquiet et poussa des cris étranges. Nous avions allumé des torches, ce qui ailleurs suffit à disperser les loups, mais dans le cas présent tout fut inutile; ils continuaient de hurler, de gratter, indifférents au bruit et à la lumière. Déjà une paire d'yeux avides brillaient entre les troncs d'arbres et les pierres entassés. Je décrochai donc nos fusils et dis à Luba

» — Je tire ; toi, charge.

» Puis, pratiquant une sorte de meurtrière dans la barricade, je regardai dehors. La lune projetait sur toute la campagne une lumière presque aussi claire que celle du jour. Je pouvais compter les loups. Je tirai sur l'un d'eux.

» Les rochers répercutèrent l'écho, et le loup roula dans le fossé. Je continuai de tirer, atteignant presque toujours nos farouches agresseurs qui s'excitaient par des hurlements de plus en plus furieux. Tout à coup Luba eut l'idée de lancer un tison parmi eux. Ils s'écartèrent, et l'une des bêtes s'enfuit dans la forêt. C'était justement la louve que suivait toute cette meute endiablée, car aussitôt les autres s'élancèrent derrière elle, courant comme des chiens, avec un petit aboiement court très-particulier. Nous restâmes encore longtemps derrière la barricade, prêts au combat ; puis je sortis avec précaution ; mon chien m'avait précédé, mais soudain j'entendis un cri terrible, et la pauvre bête revint les yeux brillants comme du phosphore, le museau inondé de sang. Un des loups blessés l'avait mordu sans doute. Après le renard, le chien est ce que le loup hait le plus, justement peut-être à cause de sa proche parenté avec lui, comme, par exemple, le Russe et le Polonais se haïssent entre eux plus que ne le feraient des nations tout à fait étrangères. Les loups avaient laissé, à notre porte, sept magnifiques fourrures ; le danger étant passé, il n'y avait pas à se plaindre.

» Cependant les jours diminuaient de plus en plus. Les becs-croisés s'apprêtaient à couver au milieu des glaces; sur un sapin près de notre gîte, ces oiseaux bizarres avaient bâti leur joli nid en forme de coupe. Dans une caverne moussue proche de notre maison, une autre citoyenne du désert jouit presque en même temps que dame bec-croisé des plaisirs de la maternité; c'était une jeune ourse dont les deux petits, vraiment comiques, roulaient comme deux manchons. Tout occupée du soin de sa progéniture, la mère ne pensait pas à m'attaquer lorsque je passais devant sa tanière et se contentait de me regarder d'un bon petit œil en coulisse.

» La fête de Noël approchait, nous observâmes le jeûne selon notre habitude. Lorsque commença la sainte nuit, nous étions près du feu dans nos habits les plus propres; j'avais construit une petite crèche pour ne rien changer aux coutumes familières de ce beau jour; nous chantâmes les kalendi [1] et Luba eut son cadeau de Noël, un berceau que j'avais taillé de mes mains. Alors elle me fit voir, à son tour, la pauvre petite layette qu'elle avait cousue, en utilisant son propre linge, pour l'enfant que nous attendions. Lorsque je pensai que minuit approchait, nous sortîmes au grand air. La neige couronnait solennellement les hautes cimes d'une chaste auréole argentée; elle revêtait les arbres de brillantes stalactites; sur la blanche plaine apparaissaient çà et là de petites lumières, et un vague bruit de cloches montait jusqu'à nous, annonçant la bonne nouvelle de la naissance du Seigneur aux hommes qui, entourés de leurs enfants, célébraient en bas, là où brillaient les

1. Noëls.

umières, là où tintaient les cloches, la fête de Noël.

» Les larmes nous suffoquèrent, et nous nous agenouillâmes pour prier avec nos frères. En rentrant, Luba me servit un simple repas, qui fut aussi gai que tout autre réveillon.

» Notre enfant vint au monde à deux mois de là, pauvre comme le petit Jésus. Luba avait jusqu'au dernier moment vaqué à ses occupations ordinaires; le 20 février, tout en préparant le dîner, elle me dit, un peu pâle, mais toujours souriante :

» — Descends vite chercher du bois.

» Quand je revins, après avoir fendu quelques bûches, l'enfant était né. Luba m'avoua qu'elle se sentait faible, mais elle rayonnait de bonheur et rit d'un air fier en me montrant mon fils; je me mis à rire aussi, et le chien, remuant la queue, semblait prendre part à notre joie. Luba baigna son fils elle-même. Elle ne garda pas plus le lit que ne le font nos paysannes. Comme il n'y avait pas de prêtre chez nous, je baptisai mon petit Paul au nom du Père, du Fils et du Saint-Esprit.

» Un enfant apporte tout avec lui dans le monde. Que peut-on désirer encore quand il commence à respirer, à crier, à ouvrir les yeux? Nous n'avions ni chagrins, ni agitations d'aucune sorte; un calme saint était descendu sur nos têtes; nous ne vivions que pour l'enfant, dans l'oubli absolu de nous-mêmes. Je voudrais vous peindre Luba écartant sa pelisse de fourrure pour donner à l'enfant le sein qu'il pressait de ses mignonnes mains maladroites comme les pattes molles d'un petit ours, et le sourire de cette jeune mère, regardant tantôt moi et tantôt le cher ange. Je restais là tranquille devant eux comme à l'église, et mon cœur était presque aussi recueilli. Ce berceau était maintenant notre monde, et celui qui nous entourait, celui qu'on est convenu de trouver grand, nous semblait bien petit en comparaison.

» Paul ne pleurait que rarement; il demeurait tranquille dans sa couchette, qui se balançait sous lui comme un bateau sur l'onde, ses grands yeux fixés au plafond. Nous lui parlions sans cesse comme s'il eût pu tout comprendre, et il comprit bientôt en effet que nous l'aimions plus que nous-mêmes, car il sourit en nous regardant, mais aussitôt il referma les yeux comme s'il avait eu honte, le grave personnage, de ce sourire! Et quand il prononça son premier mot, il nous sembla qu'un miracle s'était accompli. Un enfant n'est-il pas, en effet, un miracle, et n'opère-t-il pas des miracles en nous? Il nous apprend le renoncement, la bonté; il dévoile à nos yeux ce grand secret, que la mort n'a point de pouvoir sur nous, car nous renaissons en lui.

» Cependant les jours allongeaient visiblement; la nuit, les chats sauvages modulaient leur duo infernal qui ressemble à une satire contre l'amour; les cigognes revinrent, les grues s'envolèrent vers le nord; encore un peu de temps, et nous vîmes paraître la première hirondelle. Les neiges s'écroulèrent avec fracas, mais ce bruit, après celui des rafales de l'hiver, avait quelque chose de joyeux comme celui du canon saluant l'arrivée d'un souverain. Et en vérité le souverain arrive couronné de rayons, un sceptre de fleurs à la main; les grandes noces printanières, universelles, commencent; un souffle d'allégresse passe à travers les forêts; la plaine lointaine apparaît baignée dans une vapeur d'or; le coucou se fait entendre, une délicieuse agitation s'empare de toutes les créatures, le monde est plein de fraîcheur, de force et de beauté, comme il put l'être au lendemain du déluge. Notre voisin, le loir, s'est éveillé; à peine prend-il le temps d'étirer ses membres, et déjà il pense à faire sa cour; les mouches dansent dans un rayon de soleil; les rossignols sanglotent sous la feuillée naissante; les fleurs produisent l'effet d'une nouvelle neige : les arbres, les prés, tout en est couvert; il n'est pas jusqu'au rocher qui ne brille jaune ou blanchâtre. A l'heure chaude de midi, Luba s'étend avec l'enfant devant la porte de notre château sur une fourrure d'ours; hirondelles, belettes, écureuils, tous les animaux ont comme nous une famille, et ces mères fourrées, emplumées, luttent de soins et de tendresse envers leur progéniture, tandis que les mâles, sans exception, affectent une fierté comique. Quand Luba s'en va puiser de l'eau, ramasser du bois ou tendre des lacets, le berceau de Paul reste suspendu à un arbre voisin, et le vent balance notre enfant pour l'endormir : en s'éveillant, il s'amuse avec les feuilles, ses yeux s'habituent aux jeux du soleil et de l'ombre; la forêt lui tient des discours, mystérieux pour nous, mais auxquels ses vagissements semblent répondre, la forêt lui chante cette antique berceuse qu'elle chanta aux premiers humains.

» Voici l'été avec ses ardeurs que tempèrent pour nous les brises qui courent sur les cimes. Des orages fondent souvent à l'entour, grondant au fond des ravins et transformant chaque gorge en un lac turbulent; mais qui dira la splendeur des illuminations du soir, quand tous les sommets s'embrasent au couchant, tandis que les oiseaux et les cigales éclatent en concerts enivrés?

» Paul grandissait à vue d'œil; une semaine pour lui était ce qu'est pour d'autres une année; il étendait la main, résolu à saisir les papillons, ou même la lune; ses ambitions n'avaient point de bornes; les fleurs que nous lui donnions, il les portait à sa bouche; il embrassait le chien-loup avec des cris de joie; chaque mot le faisait rire, d'un rire inextinguible qui promettait de ressembler à celui de Luba.

» La nuit de la Saint-Jean vit flamboyer des feux sur toutes les montagnes. C'est l'époque des noces de l'ours. Alors il se nourrit de miel, de glands et de framboises, montrant une extrême douceur; l'amour le civilise et l'améliore. Un matin je trouvai sa trace dans notre voisinage; quelques jours après je l'aperçus lui-même occupé à gober des racines comme un pieux ermite. Je le regardai, il fit de même. Un soir enfin, nous avions allumé un feu devant notre porte pour cuire des champignons sous la cendre. L'ours sort lentement de la forêt, s'approche et s'arrête devant le fossé. Je mets deux doigts dans ma bouche et pousse un cri aigu. Il n'en tient pas compte, s'assoit, lève sa grosse tête, dresse ses petites oreilles et renifle; après quoi il grogne cordialement, nous tourne le dos et décampe.

» Luba le rencontra le lendemain dans la forêt, où elle remplissait de framboises un panier qu'elle avait tressé elle-même. L'ours la poursuivit, mais avec gentillesse, comme un galant jeune homme poursuit une jolie femme. Probablement le drôle était attiré par l'odeur des framboises. Luba le laisse venir tout près, l'appelle et lui donne sur le museau un coup de corbeille qui le met en fuite.

» L'idée me vient de verser une bonne lampée d'eau-de-vie de genièvre dans un plat rempli de miel que je place devant notre porte. L'ours reparaît le soir, s'approche du feu, lève le nez, découvre le plat et se met à le lécher. Lorsqu'il eut fini il se dressa, joyeux, sur son train de derrière; en même temps il chancelait d'une manière suspecte; il était ivre sans doute. J'éclatai de rire, Luba aussi, et alors l'ours, qui déjà s'éloignait, se retourna brusquement. Nous l'avions offensé. Avec un grognement irrité, il essaya de traverser le pont qui conduisait à notre gîte, mais il roula dans le fossé; déjà notre porte était barricadée; nous nous moquions de lui.

» L'automne fit mûrir les pommes sauvages et chassa les hirondelles; l'hiver revint. Cette fois il n'offrait rien de triste, car nous avions notre enfant vigoureux, gai, babillant comme une jeune alouette. L'univers tout entier aurait pu s'écrouler et disparaître; peu nous importait, pourvu que le rocher sur lequel nous avions fondé notre vie de famille restât debout. Paul n'avait pas un an quand Luba le posa dans un coin, s'accroupit devant lui et l'appela par de douces paroles jusqu'à ce qu'il osât essayer un pas, puis deux, et enfin s'avancer vers moi en chancelant, semblable à un ourson, dans son habit de fourrure, et tout aussi espiègle.

» Et le printemps revint à son tour, l'heure bénie où tout ce qui respire est encore à l'état de joyeuse enfance.

» Les feuilles ne s'étaient pas encore teintées de rouge et de jaune, que Paul courait déjà comme une belette et faisait de chaque branche une balançoire.

» Un jour d'octobre, des bergers qui descendaient avec leurs troupeaux vers la polonina s'étant égarés dans le brouillard, passèrent tout près de nos rochers. Mon cœur se serra d'angoisse, mais je n'en laissai rien paraître. J'allai hardiment leur tendre la main et leur demander du tabac. Ma longue barbe, mon habillement étrange, le fusil et la hache que je portais les trompant, ils me prirent pour un haydamak[1]. Chacun d'eux me donna ce qu'il avait avec joie, car le haydamak était à cette époque le héros favori de notre peuple. Voyant monter la fumée de notre cheminée, ils voulurent savoir si je demeurais là depuis longtemps.

» — Depuis deux années, répondis-je.

» — Tout seul?

» Je les emmenai voir ma femme et mon enfant; je leur donnai de l'eau-de-vie et des peaux de bêtes. Ils partirent avec force bénédictions et je les remis dans leur chemin.

VII

» Une année encore s'écoula. Le grand plaisir de

1. Brigand.

Paul était de m'entendre raconter des histoires. Je lui parlais de la multitude d'hommes de toute sorte qui remplit le monde, et de guerres, et d'inondations, et de Tartares, et de Turcs, et des légendes de chez nous; je lui parlais aussi de Dieu. Quand nous nous promenions ensemble et que le soleil, sortant des grands nuages blancs, inondait tout de ses rayons, Paul me demandait :

» — Qu'est-ce qu'il y a donc là-haut?

» Et je lui répondais :

» — Il y a le bon Dieu.

» Quand l'orage déchirait les ténèbres et que Paul me répétait :

» — Qu'est-ce qu'il y a?

» Je répondais toujours :

» — C'est le bon Dieu.

» Paul voyait le bon Dieu partout, dans le glorieux éclat du jour, et sous la tente nocturne semée d'étoiles. Un jour il me dit :

» — De quoi donc a-t-il l'air, le bon Dieu?

» Je dus lui dire pour le contenter qu'il avait un long manteau blanc, des cheveux blancs et une belle grande barbe.

» Aux premiers jours de l'été, Paul, qui jouait dehors, rentra précipitamment dans la caverne où je fendais du bois, en criant tout ému :

» — Papa! papa! le bon Dieu est venu!

» Je laissai tomber ma hache.

» — Où est-il? demandai-je à mon tour; à quoi ressemble-t-il?

» — Il a un grand manteau, répliqua Paul avec assurance, et des cheveux blancs et une grande barbe blanche, et il m'a pris dans ses bras pour m'embrasser, et il a pleuré.

» Je sortis, et sur le seuil je rencontrai en effet, drapé dans son caftan, mon vieil ami Salomon Zanderer, le Juif.

» Les bergers que j'avais accueillis s'étaient empressés de raconter aux veillées d'hiver la légende de l'homme sauvage qui avait passé deux années dans une caverne de montagne avec sa femme et son enfant. Le bruit de notre étrange existence se répandit et arriva enfin chez mon fidèle *faktor*, qui devina bien vite qu'il s'agissait de nous et qui se mit en route pour nous chercher. Salomon s'était jeté à mes pieds; je l'embrassai avec tendresse. Tous les deux nous pleurions. Alors accourut Luba. Le jour et la nuit se passèrent en causeries interminables.

» Salomon nous persuada de redescendre dans la plaine. Personne, prétendait-il, ne songeait à me poursuivre. En notre absence la révolution et le choléra avaient bouleversé, ravagé la Gallicie, qui fut, en 1831, le théâtre de désordres si nombreux que personne ne songeait à les punir. On aurait eu trop à faire. Mon aventure avait été effacée par la tourmente.

» Nous retournâmes donc à Kolomea conduits par notre digne *faktor*, qui me prêta les premiers fonds nécessaires pour le métier d'entremetteur, — entremetteur entre les seigneurs et les Juifs; je me chargeais de la vente du bétail et des chevaux, des terres et du blé... Mais faut-il vraiment que je vous dise la fin? Le seul souvenir de certaines épreuves fait horreur... En parler est presque impossible. Voyez-vous, le temps ne nous apprend pas seulement à souffrir; il nous enseigne aussi à souffrir en silence... »

Nous n'osâmes insister, mais Basile Hymen vit bien, à l'expression de nos visages, que nous étions curieux de savoir le reste. Il reprit donc avec un soupir :

« — D'abord, tout alla bien, je pus rendre à mon Juif ce que je lui devais, mais j'étais trop honnête... on n'aime pas pour entremetteur en affaires un trop honnête homme, il n'y a pas moyen de gagner assez par son intermédiaire.

» Un jour il m'arriva de passer dans le voisinage de mon ancienne seigneurie. Je m'en approchai furtivement, à la faveur des ténèbres, comme un voleur. Une maison neuve s'élevait à la place de celle que j'avais fait sauter, tout était changé, je ne retrouvai que le vieux pommier et je l'embrassai comme un ami. Ah ! quelle amertume de voir régner des étrangers là où ont vécu et sont morts nos ancêtres, là où nous avions nous-mêmes rêvé de vieillir en paix ! Le nouveau propriétaire était Allemand; il avait été mandataire [1] d'un comte polonais; il avait volé son maître, maltraité ses paysans et thésaurisé en se privant de tout, ce qui lui avait permis à la fin d'être propriétaire à son tour.

» Moi j'étais enguignonné. Le proverbe dit vrai : L'adversité tient ferme par les pieds et les mains celui qu'elle a une fois saisi.

1. Intendant.

» Ne pouvant rien faire comme entremetteur, j'essayai moi-même du trafic des chevaux ; on me payait mal et j'avais à payer exactement ; je fus dupé par les uns, harcelé par les autres jusqu'à la saisie, jusqu'à la prison... Oui, j'allai une fois en prison pour dettes. Chez nous on avait faim et la parole ne peut rendre ce qui se passait en moi lorsque mon enfant, un rayon de gaîté dans ses yeux bleus, accourait à ma rencontre, criant :

» — Papa, n'est-ce pas, tu apportes du pain ?

» Tout gentilhomme que je fusse, je ne craignis pas de faire les plus vils métiers : il s'agissait de nourrir les miens; cela ennoblissait tout... Mais aucune de mes entreprises n'aboutit. Lorsque je me décidai à porter les morts, faute de mieux, les épidémies firent trêve dans le pays, personne ne voulut plus mourir ; il en était ainsi pour tout.

» Luba devint pâle et se flétrit : le chagrin, la honte lui brisaient le cœur; de sa part, du reste, jamais une plainte. Quand j'entrais, elle volait dans mes bras comme autrefois, en plaisantant et en riant, — oui, du même bon rire. J'oubliais alors tous mes soucis et je me reprenais à espérer.

» Un soir j'apportai tout juste assez de pain pour Paul. Luba et moi nous avions faim, mais nous n'y songions ni l'un ni l'autre, trop heureux de voir le cher petit monter gravement sur son escabeau pour prendre ce chétif repas. Tout à coup, Paul se leva, et s'approchant de moi :

» — Papa, dit-il, je veux que tu manges aussi !

» Et ses petits doigts détachaient quelques miettes qu'il me glissa de force dans la bouche :

» — Toi aussi, maman!

» Luba dut mordre à son pain.

» — Qu'il est bon! me dit tout bas ma femme, il te ressemble.

» — Mon Dieu! que dis-tu là? répondis-je, il a ton cœur et ton rire; il a tout de toi, tout.

» Et Paul, qui nous écoutait, éclata de rire, et Luba se joignit à lui, tandis que de grosses larmes descendaient sur mes joues.

» Je rêvai bien de retourner dans notre désert, mais la saison était trop avancée; la neige avait édifié ses blancs remparts; il fallait attendre le printemps pour l'exécution de ce projet. Et quand le printemps vint...

» Hélas! l'homme est sur terre comme une bulle sur l'onde. Figurez-vous un misérable réduit où tout manque, où l'eau gèle dans la cruche, où une femme se meurt, sans médecin, sans remèdes. Minuit allait sonner, lorsque Luba se dressa tout à coup, rejeta en arrière ses cheveux dénoués, me regarda de ses beaux yeux noirs qui brillaient d'une flamme surnaturelle et prononça tout bas :

» — Paul!...

» — Il dort, répondis-je.

» Elle réfléchit une seconde, puis reprit timidement :

» — J'aurais voulu l'embrasser encore une fois, je ne me sens pas bien.

» Je lui apportai l'enfant; elle le baisa, le contempla, le baisa de nouveau, puis je le remis, dormant toujours, sur son petit grabat.

» — Pourquoi fait-il si clair? demanda Luba, les

paupières largement ouvertes. Cet éclat m'aveugle.

» Je me jetai à genoux devant son lit, pleurant, priant, en proie à une terreur indicible.

» — Basile, cher, me dit-elle en se penchant vers moi et m'entourant de ses bras qui brûlaient de fièvre, n'aie donc pas peur; tu vois bien, je suis contente, je me sens heureuse, si heureuse... mais ne pleure doncpas.

» Et elle se remit à rire faiblement, d'un rire si doux et si tendre que je n'en avais pas entendu de pareil depuis le jour de nos noces. C'était l'alouette qui s'élève dans le ciel Avec ce rire sur les lèvres elle mourut.

VIII

» Si mon Juif, presque à bout de ressources lui-même, n'y avait pourvu, je n'aurais pu faire enterrer ma femme. Salomon garda l'enfant chez lui jusqu'à ce que fût achevée la triste cérémonie. Lorsque Paul revint, il me demanda d'abord :

» — Où est maman?

» Et la même question se renouvela chaque soir à l'heure où je le couchais.

» — Elle est partie, disais-je.

» — Pour aller où?

» — Auprès du bon Dieu.

» — Mais elle reviendra, n'est-ce pas? reprenait Paul avec confiance, et alors elle m'emmènera. Ce doit être beau dans le ciel! On y mange et on s'y chauffe tant qu'on veut. Tous les arbres sont au bon Dieu, dis?

» Mes meubles furent saisis une dernière fois. Quand je dis mes meubles, il s'agissait d'une paire de bottes éculées, d'une veste en loques et de deux assiettes. Ma misère commençait à devenir bouffonne. Je me fis fendeur de bois. Paul m'accompagnait et entassait les bûches. Nous couchions sur la paille. Paul n'avait en fait de chaussures que de vieux chiffons. Je trouvais encore moyen de lui fabriquer des joujoux. Pendant les longues soirées je lui construisis en paille une maison miniature avec tous les meubles. Il fut ravi :

» — Et maintenant, dit-il, nous y mettrons maman.

» Pour le contenter, je fis une petite poupée. Il la baisa tendrement et l'assit sur une chaise. Dans ce temps-là, il était déjà malade. Quand je m'en allais travailler, le pauvret restait seul jusqu'au soir; je le retrouvais tout brûlant, miné par la fièvre; n'importe, il se mettait aussitôt à bavarder et à jouer avec moi.

» Une fois que je rentrai un peu plus tard que de coutume, il dormait. S'éveillant à mon approche, il me regarda d'un air de vague étonnement, puis il sourit :

» — Quelqu'un est déjà venu, dit-il.

» — Qui donc?

» — Eh bien? maman...

» Mon cœur battit à se rompre.

» Pendant la nuit je m'éveillai en sursaut. La clarté de la lune tombait tout entière sur le visage pâle et pincé du petit Paul; il gisait les yeux grands ouverts, râlant déjà.

» — Papa, es-tu fâché? commença-t-il tout bas.

» — Pourquoi serais-je fâché?

» — Parce que je m'en vais, répondit Paul en cachant sa pauvre petite tête dans ma poitrine, comme faisait toujours Luba.

» — Et où vas-tu, mon chéri?

» — Je vais auprès de maman, répliqua Paul; tu devrais venir aussi.

» Il m'embrassa et s'endormit pour toujours.

» Tout m'avait donc abandonné. J'étais vaincu. Que m'importait désormais l'existence? Un soir, j'allai chez Salomon :

» — Adieu, lui dis-je, je retourne dans la montagne. Les ours et les loups sont plus cléments que les hommes.

» — Que Dieu vous protége, dit le vieillard, mais cette fois nous ne nous reverrons plus.

» Je ne l'ai pas revu, en effet. Lui aussi, mon fidèle, il est mort.

» Je partis donc du côté des Karpathes, mais les choses tournèrent autrement que je ne croyais. Sur ma route se trouva un paysan qu'avait maltraité son maître. Il me confia ses peines. Je fis un mémoire pour le tribunal du cercle; en échange, mon client m'offrit gîte et nourriture. La plainte fut écoutée; justice fut rendue; aussitôt dix autres paysans vinrent me demander conseil, puis cent autres. Je pouvais encore être utile. Alors commença ma vie présente; je marchai sans relâche droit devant moi et devins ce que je suis : Basile Hymen, le procureur clandestin, l'errant, sans foyer, sans biens d'aucune sorte, sans patrie... »

Il se tut, et dans le lointain retentit de nouveau la chanson :

— O toi, ma chère étoile, — suspendue à la tente obscure du ciel, — tu luisais si pure, — lorsque, pour la première fois, je contemplai la vie. — Dès longtemps tu t'es éteinte, — tous mes efforts sont vains. — Il faut que sans toi je parcoure le vaste monde.

Basile Hymen inclina tristement la tête.

— Et maintenant, je suis heureux en effet, prononça-t-il après une pause, avec son étrange sourire.

— Heureux?.. Dites-vous vrai? m'écriai-je.

— Eh! vous voyez, j'engraisse, je suis devenu flegmatique, répondit-il, — une fine ironie se jouant autour de ses lèvres, — rien ne peut troubler mon humeur. A défaut d'autres biens, je jouis d'une paix profonde; nul ne peut m'ôter cela. Déjà les propriétaires se sont succédé dans ma vieille seigneurie. Le fils de l'Allemand a voulu jouer au gentilhomme; il s'est ruiné en trois ans. Que reste-t-il de l'avarice, des rapines du père?

Le mieux, voyez-vous, est de n'avoir ni argent, ni emploi régulier. Tout le monde m'accueille avec un empressement sincère, car je rends service à tout le monde. Je m'entends en droit judiciaire, en économie rurale, quelque peu même en médecine; je ne raconte pas mal; je réchauffe les cœurs en chantant nos vieilles chansons. Plaisirs et privations, j'accepte tout avec la même tranquillité. Hier, une comtesse m'invite; je suis assis en face d'elle dans un bon fauteuil de velours, devant des mets délicats; elle m'emmène en voiture jusqu'à la capitale du cercle où nous avons affaire. Demain, je dîne chez le diacre d'un peu de lard, et je fais avec lui quatre milles à pied. Que m'importe! Peut-être direz-vous que ce sont là des phrases?

Devant Dieu qui m'entend, je pourrais être riche aujourd'hui si je voulais. Un vieux parent qui me reste a dans la Bukowine une jolie terre dont je suis le seul héritier légitime. Il m'a maintes fois appelé auprès de lui pour surveiller l'administration de ses propriétés, en attendant qu'elles m'appartiennent. A quoi bon? Luba ni Paul ne sont plus. Quelle idée d'aller prendre la charge de mille soucis : crainte de l'incendie, crainte de la grêle, crainte des maraudeurs, crainte des maladies sur le bétail, des inondations, que sais-je?... Tel que je suis, je ne crains rien.

L'orage avait cessé; le rideau de pluie devenait de plus en plus transparent; le soleil couchant brillait derrière comme une grosse lampe. Les paysans s'entretenaient tout bas. Je m'approchai de Basile Hymen, debout sur le seuil de la maison.

— Vous craignez la propriété? lui dis-je en souriant; pourtant vous possédez des habits.

— Non, répondit-il, cet habit appartient au tailleur du village, ces bottes sont à la belle Russine. Il en est de même de tout ce qui est sur moi.

— Ainsi, vraiment, vous n'avez rien en propre, rien?...

— Si fait, dit Basile en promenant autour de lui un regard furtif, comme s'il eût craint qu'on ne lui dérobât un trésor.

Il tira de son sein une petite croix noire et un soulier d'enfant tout déchiré :

— Voici ma propriété, je l'ai conservée jusqu'à

ce jour, et j'espère que Dieu permettra qu'elle me suive dans le tombeau. Ma femme a porté la croix.

Il baisa cette croix et ensuite le petit soulier, puis cacha le tout avec des précautions infinies; on eût dit qu'il s'agissait d'un grand et dangereux secret.

La pluie ne tombait plus; je sortis avec lui. Un arc-en-ciel magnifique vint réjouir la terre, qui fumait comme un autel à sacrifice.

— Hélas! dit Hymen avec un sourire enfantin, que tout serait beau si les hommes savaient être justes, s'ils s'entr'aidaient au lieu de s'entre-détruire, si au lieu du combat il y avait l'amour! Mais nous ne les changerons pas.

Les couleurs de l'arc-en-ciel s'éteignirent; l'occident était de pourpre. — Basile Hymen, nous saluant, continua sa route d'un pas ferme. La nuit tomba; les constellations devinrent visibles, et du lointain nous arrivèrent les sons mélancoliques d'une flûte de berger. Ils flottèrent sur les ondes pures de l'air agité, qui les porta, tendres et douloureux, à travers la plaine.

LE PARADIS

SUR LE DNIESTER

A l'endroit même où les eaux vertes, écumantes, de l'impétueux Dniester se répandent de la plaine gallicienne dans la Bukowine riche en forêts, on rencontre certain coin de terre merveilleusement calme et fertile que notre peuple de la Petite-Russie a surnommé le Paradis. Lorsque j'y pénétrai pour la première fois, le charme de sa situation à l'écart du grand monde tumultueux, les douces lignes arrondies de ses collines, sa culture soignée, l'air tiède qu'on y respire, me firent songer à quelque riant paysage du nord de l'Italie, et je trouvai cette flatteuse désignation suffisamment justifiée; bientôt, cependant, j'appris que ce n'était pas la beauté de la nature, mais bien celle d'une grande âme dépourvue de tout égoïsme, qui avait fait de la vallée en question un Eden aux yeux des hommes. J'eus occasion de voir celui qui marche comme un prophète parmi son peuple et d'entendre son histoire singulière sous tous les rapports; cette histoire, la voici :

I

Par une soirée de mai, tandis que le vent soufflait des lointaines Karpathes sur la cime des forêts avec un bruit de vagues et faisait frissonner la verte surface des blés naissants, un jeune homme de haute taille, élancé, robuste, les joues fortement colorées, son fusil sur l'épaule, son chien à ses côtés, se dirigea parmi les chênes, que secouait l'haleine encore âpre et violente du printemps, vers le château d'Ostrowitz. Bien que tout en sa personne trahît la force et une volonté déterminée, bien qu'il fût sorti depuis longtemps déjà de la timide adolescence, ce beau garçon était visiblement troublé par les ombres menaçantes, les voix étranges, les spectres de toute sorte dont l'entouraient à l'envi la solitude et la nuit. Fils unique, il avait reçu de ses parents une éducation trop douillette, quasi féminine, ne quittant jamais le vieux château, qui formait pour lui un monde à part, sans avoir une gouvernante et plus tard un gouverneur à ses trousses.

Pour la première fois aujourd'hui, ce grand enfant avait fui sa prison ; libre de toute surveillance, il avait gagné les forêts prochaines et s'y était oublié, si bien que le crépuscule l'avait surpris sous leurs voûtes superbes. Il approchait cependant du toit paternel, quand un spectacle tout nouveau pour lui, et qu'il ne s'expliqua pas d'abord, frappa ses regards. Dans une petite clairière flambait un grand feu de broussailles; on le voyait s'élever derrière les bouleaux, et, près de ce feu, une jeune femme, très-pâle, qui semblait consumée de chagrin et de fatigue, était assise, un enfant serré contre son sein. Auprès d'elle, un homme, vêtu à peu près en paysan, soignait un petit cheval dont les pieds de devant étaient entravés; deux enfants plus grands que le premier, blottis l'un contre l'autre sur une souche, regardaient les flammes lécher le bois vert. Sur le petit chariot, on voyait empilés des matelas, des vieux meubles et de la vaisselle.

Le jeune chasseur s'arrêta tout étonné, puis, s'adressant à l'homme, il lui demanda d'où il venait et ce qu'il faisait là.

Le malheureux lui jeta un regard de haine profonde.

— Oh! je prends sur moi le péché de brûler quelques broutilles pour réchauffer ma femme et mes enfants! grommela-t-il.

— Vous ne me comprenez pas, reprit vivement son interlocuteur; ce que je veux savoir, c'est comment vous vous trouvez forcés, vous et les vôtres, de passer une nuit aussi froide à la belle étoile.

— Nous sommes des bannis.

— Bannis? Pourquoi?

— Le seigneur Orlowski de Dobrowlane nous a chassés, parce que nous ne pouvions payer notre fermage. Vous savez que l'an dernier le Dniester a débordé, et puis la grêle... enfin il n'y avait rien à faire. Nous avons dû quitter la ferme et errer depuis...

— Mais vos enfants... ils tomberont malades!

L'homme partit d'un petit éclat de rire sec et vibrant.

— Mieux vaudrait pour nous mourir tout de suite. Nous n'avons pas d'autre toit que le ciel et point d'épargnes. Aussi allons-nous de ce pas en Hongrie tenter la fortune.

Le jeune chasseur était devenu très-rouge ; il entendait tinter cent cloches à ses oreilles, debout, les yeux baissés, aussi confus que s'il eût été lui-même l'auteur de cette misère.

— On m'appelle Zénon, dit-il; je suis le fils du seigneur d'Ostrowitz, qui est propriétaire de sept villages. Nous pouvons vous aider, et d'abord vous trouverez ce soir un gîte et un souper. Venez; mon père est la bonté même.

— Ah! monsieur, vous plaisantez!... balbutia le pauvre homme.

— Je ne plaisante pas. Attelez.

Le fermier expulsé des Orlowski attacha son cheval au petit chariot, si vite qu'il oublia de remercier.

Zénon l'avait aidé obligeamment; ce fut lui qui installa les enfants dans le chariot.

Les deux hommes marchèrent devant; le cheval les suivit; derrière se traînait la femme, son nourrisson dans les bras. Ils sortirent des bois, traversèrent les champs et atteignirent ainsi le château. Zénon fit entrer ses protégés dans un fournil bien chaud, où on leur servit de a soupe et de l'eau-de-vie sur un bon lit de paille.

Montant l'escalier ensuite, il alla changer d'habits en toute hâte et pénétra presque furtivement dans la salle à manger, où son père, Pan Mirolawski, se promenait de long en large, les bras croisés derrière le dos, l'air triste et inquiet. A la vue de Zénon, son visage soucieux changea soudain d'expression et devint rayonnant; il tendit les bras vers le retardataire avec un cri de joie.

— Tiens! dit-il au vieux domestique qui mettait le couvert, voici ton jeune seigneur!

Il courut à son fils, le prit par la tête, l'embrassa et dit :

— Que tu m'as tourmenté! Où étais-tu? Où t'a mené le diable?

Zénon baisa la main de Pan Mirolawski et raconta son escapade. Il ne manqua pas de parler des malheureux qu'il avait recueillis.

— Stéphane! cria le père s'adressant au vieux domestique, descends vite, et donne à ces gens du rôti.

— Ne vaut-il pas mieux, fit observer Stéphane, attendre que madame...

— Du rôti, te dis-je, interrompit Pan Mirolawski, s'efforçant, mais sans succès, de prendre une mine et une voix de maître, — une bouteille de vin de Hongrie, en outre... tu m'entends, drôle!

Stéphane obéit. A peine avait-il quitté la salle que, par l'autre porte, entra une grande femme aux yeux bleus sévères, en kazabaïka de velours noir garnie de précieuses fourrures, qui semblait faite pour ajouter à la splendeur de sa taille opulente, de son teint frais, de sa blonde chevelure. Les contrastes de lumière et d'ombre que présentait cette apparition rappelaient quelque portrait de Rembrandt :

— Qu'est-ce que j'apprends, Zénon ? commença-t-elle d'une voix impérieuse. Comment ? Non content de devenir vagabond toi-même, tu nous amènes des vagabonds au logis?

Le père et le fils se regardèrent sans répondre.

Il y avait dans l'œil et dans la voix de la dame d'Ostrowitz quelque chose qui ne supportait point de contradiction. Si elle disait :

— Il ne pleuvra pas!

C'était comme si elle eût dit :

— Je défends au ciel de pleuvoir!

Et celui qu'elle regardait sévèrement croyait déjà sentir les coups de fouet sur ses épaules.

— Ces gueux partiront sur-le-champ, ajouta-t-elle après une pause.

Là-dessus, elle sonna; mais Zénon avait rassemblé tout son courage.

— Chère mère, supplia-t-il, ne soyez pas si dure envers les pauvres gens! Ils allaient passer la nuit en plein bois, une femme, songez-y, et de petits enfants! Était-ce possible de le souffrir? Je leur ai promis abri et nourriture.

— On ne peut pourtant les chasser, insinua timidement Pan Mirolawski; Zénon, qui a suivi l'élan de son bon cœur, serait compromis aux yeux de toute la maison.

— Soit! qu'ils restent cette nuit, mais pas une heure de plus, décida cette Sémiramis.

— Et qui donc les aidera dans l'avenir? s'écria Zénon. Oh! ma mère, nous sommes riches, et ils sont pauvres! Ne pourrait-on leur donner du travail?

— Non, ils partiront demain. N'insiste pas, reprit

la maîtresse d'Ostrowitz, arrêtant une dernière prière sur les lèvres de Zénon; j'ai dit ma volonté.

Elle s'assit au haut bout de la table sur son fauteuil comme sur un trône; le père et le fils prirent place l'un à sa droite, l'autre à sa gauche, et Stéphane servit le souper.

Personne n'avait envie d'entamer la conversation; madame Mirolawska mangeait lentement, avec toutes sortes de grâces et de manières; Pan Mirolawski avec précipitation, comme s'il eût voulu avaler son dépit; Zénon laissa passer tous les plats sans toucher à rien. Il baissait la tête, et de temps en temps une larme tombait sur son assiette. Tout à coup, il se leva et sortit de la salle. Sa mère le suivit des yeux, surprise plutôt qu'en colère, puis elle passa sa main blanche d'un air embarrassé sur la sombre fourrure qui couvrait sa poitrine.

Zénon cependant n'avait pas regagné sa chambre; il se dirigea vers la bibliothèque, pensant bien que personne ne viendrait l'y chercher. Il n'y avait pas de lampe dans cette vaste pièce; mais le clair de lune dessinait distinctement le châssis de chaque fenêtre sur le carrelage du sol. Zénon prit un livre, l'ouvrit et s'assit pour le feuilleter dans ce rayon de lumière argentée. Au moment même parut Stéphane.

— Mon jeune maître, dit-il, venez; madame l'exige.

— J'ai quelque chose à te demander, dit à son tour Zénon, sans l'avoir entendu. Il faut que tu me répondes en toute sincérité.

— Que dois-je répondre?

Le vieux serviteur cligna des yeux sous le clair de lune qui le frappait en plein visage, accentuant toutes ses rides, et se mit à rire, à rire discrètement et tout bas, comme il convient à un valet de bonne maison.

— Stéphane, reprit Zénon, est-il possible que des misérables tels que ces gens auxquels nous avons donné refuge, et les mauvais maîtres, comme le leur, soient nombreux en ce monde, ou bien est-ce un cas particulier, une exception?

— Bon Dieu! s'écria Stéphane, quel enfant! Le monde regorge de misère, hélas! Vous n'en savez rien naturellement, n'ayant jamais vu de près la pauvreté. Il y a des milliers de gueux bien plus à plaindre que ceux qu'il vous est arrivé de rencontrer aujourd'hui. En somme, quel est le lot de nos paysans?

Et le vieillard se remit à rire sous cape.

— Le paysan, ici, n'est qu'un esclave. Les Turcs ne peuvent opprimer davantage ceux qui portent leur joug. On ménage encore une bête de somme; lui, on ne le ménage pas, et on l'insulte, et on le bat, et on ne se gêne pas pour lui enlever sa femme, si elle en vaut la peine. Mais il est plus sage de ne point parler de ces choses. J'ai toujours entendu dire que l'on perdait ses yeux à lire au clair de la lune; entendez-vous, monsieur?

— Mais chez nous, Stéphane, chez nous, les paysans sont bien traités?

Stéphane hocha la tête.

— Il est vrai que le seigneur est bon; mais madame ne pardonne rien à personne, et le mandataire... Grâce à lui, le fouet et le bâton ne chôment pas de besogne.

Zénon frémit : il ne trouvait pas de paroles pour exprimer son impression. Tandis que le vieux serviteur sortait de la chambre, en lui répétant l'ordre de la maîtresse, et refermait derrière lui la porte, qui cria sur ses gonds, il prit machinalement un second livre et s'efforça de chasser les pensées qui l'assaillaient comme les aigles s'acharnent sur un chevreuil blessé. Fut-ce le hasard? Fut-ce une de ces inspirations secrètes, miraculeuses, qui peuvent décider de toute une vie? Il lut avec un intérêt et un trouble croissants, il lut que Bouddha, prince indien, ému comme lui à l'improviste par la misère humaine, quitta son palais et s'en alla au désert, bien avant le Christ, pour y chercher la solution de la plus douloureuse de toutes les énigmes. Il lisait encore, haletant, le cœur gonflé d'enthousiasme, lorsqu'une forte main s'appuya soudain affectueusement sur son épaule.

— Que fais-tu là? disait son père. Ta mère se fâchera.

En parlant, le digne homme l'embrassait au front comme s'il eût été un petit enfant.

— Mon père, dit Zénon avec un calme solennel, j'ai résolu de partir.

— De partir? Et où iras-tu?

— Jusqu'ici, je n'en sais rien, mais écoutez... J'ai vécu longtemps dans une tour enchantée sans rien savoir de la vie ni des hommes, et voici qu'une grande honte m'a saisi en songeant que j'étais luxueusement nourri et vêtu tandis que mes semblables manquaient de pain. Tout ce qui me paraissait riant et beau est devenu pour moi un abîme plein d'effrayants secrets. Je veux partir, je veux marcher parmi les hommes pour connaître leurs peines et trouver le moyen de les rendre tous également heureux; je veux... Ah! Dieu seul sait ce que je veux... Il me pousse hors de cette opulence qui m'humilie, de cette oisiveté qui me pèse; je veux vivre, travailler, combattre, souffrir avec les hommes... Père, je ne puis vous cacher mes projets, mais nul autre que vous ne doit en être instruit...

— Mon bien-aimé, dit Pan Mirolawski, je te connais. Ayant dit : Je pars, — tu partiras; rien ne pourra t'en empêcher; aussi je me borne à te répondre : Réfléchis, cher enfant; songe à l'angoisse de mon cœur.

— Je ne pars pas pour toujours, répliqua Zénon, et j'écrirai; mais, entendez-vous bien, mes lettres seront pour vous seul!..

— Que Dieu te garde donc! Moi, tout m'abandonne...

— Nous nous reverrons, répéta Zénon; je reviendrai en paix avec moi-même, tandis qu'aujourd'hui je me sens malheureux, si malheureux!..

Le jeune homme cacha son visage entre ses mains et se mit à pleurer amèrement.

— Mon fils! dit Pan Mirolawski, calme-toi; jamais ton père ne dressera devant tes pas des obstacles qui puissent te faire souffrir. Va voir le monde, selon tes souhaits; laisse-moi seulement te munir d'argent et d'armes...

— Non, dit vivement Zénon, je prétends ne me

fier qu'à mes bras et vivre de ce que je gagnerai seul.

— Tu ne veux rien de moi ?

— Si fait, cher père ; vous pouvez m'aider. Procurez-moi des habits de paysan et un bâton. C'est tout ce qu'il me faut.

— Attends !

Pan Mirolawski sortit à pas de loup et revint quelques minutes après avec un paquet de vêtements et un gourdin formidable.

Zénon changea rapidement d'habits. Quand il fut debout dans ses hautes bottes noires, ses larges chausses de drap grossier, sa rude chemise serrée à la taille par une ceinture de cuir noir et son *sierak* gris, le bonnet de peau d'agneau sur la tête, le bâton à la main, Pan Mirolawski ne put s'empêcher de sourire.

— Je voudrais voir les paysannes, dit-il en tordant sa barbe; elles vont toutes courir après toi. Mais attends encore que j'aille voir ce que fait ta mère.

Il revint bientôt rassuré.

— Il n'y a pas de danger; elle est dans sa chambre à lire les nouvelles de Paris. Toutes les étoiles tomberaient à la fois qu'elle n'y prendrait pas garde.

— Je me hâterai donc...

Pan Mirolawski marcha devant; Zénon le suivit. Ils allèrent sur la pointe du pied, par un corridor obscur, jusqu'à certain escalier tournant qui les conduisit à une porte dérobée dont le vieux seigneur avait la clef.

La fraîcheur de la nuit les pénétra. Ils sortirent

dans le jardin, qu'inondaient les blancheurs de la pleine lune. Là encore, Pan Mirolawski ouvrit une petite porte qui donnait sur la campagne.

— Pars-tu vraiment? demanda-t-il d'une voix tremblante.

— Oui, mon père.

— Eh bien! sois heureux, et que le Ciel te protége!

Il soupira et embrassa encore une fois son fils.

Zénon était déjà loin.

— Surtout ne manque pas de m'écrire! lui cria Pan Mirolawski.

D'un pas rapide, le fugitif traversait les champs de blé doucement agités par le vent.

Lorsque, le lendemain matin, il manqua au déjeuner de famille, sa mère fronça le sourcil et battit à coups redoublés, de la petite cuiller d'argent qu'elle tenait, sa tasse de fine porcelaine, jusqu'à ce que celle-ci se brisât.

Voyant qu'il ne rentrait pas le soir, elle se promena inquiète, dans la salle à manger, mais sans demander ce qu'il était devenu. Deux jours, trois jours s'écoulèrent; elle maltraitait toute la maison, s'emportait à chaque instant. Vers le soir du troisième jour, l'impérieuse dame dit brusquement à son mari :

— Où est Zénon? Vous savez sans doute où il est?

— Moi? Comment le saurais-je? répondit le vieux seigneur d'un air de parfaite innocence; que Dieu me punisse si je m'en doute!

Le quatrième jour, madame Mirolawska fit partir

le *faktor* juif Mordicaï Parchen, avec l'ordre exprès de chercher Zénon, mais le vieux Parchen fit comme le corbeau de l'arche : il ne reparut pas.

II

Cependant Zénon avait bravement commencé son voyage. Aussitôt qu'il eut quitté le berceau de ses ancêtres, aussitôt qu'il eut compris que désormais il n'y avait là personne pour le servir, mais personne non plus pour lui donner des ordres, il se sentit libre et heureux. La lune éclairait son chemin, et cette première épreuve de sa force, que n'excitait pas un vain orgueil, mais une soif légitime d'indépendance, l'enthousiasma. Il franchissait d'un bond les ruisseaux, lançait loin de lui des pierres énormes. Arrivé sur la rive du Pruth, il ramassa des broutilles, alluma un bon feu, s'étendit sur l'herbe et dormit jusqu'au jour. Un chien l'éveilla en appliquant son museau froid contre sa joue. Ce chien appartenait au batelier, qui lui fit traverser la rivière en même temps qu'à deux paysannes. Le batelier fut fort étonné lorsqu'il reçut de son passager, au lieu de la pièce de monnaie voulue, un simple : « Dieu vous récompense! »

Sur l'autre rive, deux chemins se réunissaient aux pieds d'une image de la Vierge. Les deux femmes, s'arrêtant, regardèrent Zénon. La plus jeune, grande et forte, avec un joli visage un peu pâle au milieu duquel se recourbait un petit nez aquilin, sourit et poussa du coude la vieille qui l'accompagnait. Celle-ci secoua la tête; ses yeux moqueurs et pénétrants parurent rentrer encore sous leurs sourcils touffus, et ses mains maigres couvertes de rides innombrables s'appuyèrent sur le bâton qu'elle tenait.

— Où allez-vous ? Votre nom, jeune homme ? demanda-t-elle.

— Je me nomme Paschal, répondit l'héritier des Mirolawski.

C'était le premier mensonge de sa vie.

— Cherchez-vous donc du travail ?

— En effet, bonne mère.

— Grand'mère, devez-vous dire. Voici ma petite fille Azaria; moi, on m'appelle Patrowna, et je passe pour être une *widma* (une sorcière). Venez avec nous. Vous ne manquerez pas de travail.

— Chez vous? dit Zénon en regardant d'un air de doute cette vieille femme, qui parlait comme une propriétaire et dont l'accoutrement était d'une mendiante.

— Non, mon enfant, répondit-elle avec un sourire, mais chez mon fils, qui vous recevra dans sa maison, et chez le maître de mon fils, qui payera vos journées assez cher pour que vous puissiez conduire Azaria à la danse et lui acheter un collier de corail.

La vieille Patrowna passa la main sur les tresses de sa petite-fille, tandis que celle-ci décochait à Zénon un regard furtif et langoureux.

— Je vous accompagnerai volontiers, dit le jeune homme.

Et il prit avec les deux femmes le chemin qui conduit à Tcheremchow.

Non loin du village, on rencontra un paysan de petite taille, mais robuste, qui labourait avec l'aide d'un cheval boiteux.

— Mamelyk, mon fils, dit la vieille, je t'amène un travailleur.

Le paysan tourna ses yeux, égarés comme par l'ivresse, vers Zénon Mirolawski.

— Un gaillard! murmura-t-il. — Et il continua sa besogne.

Zénon resta d'abord à Tcheremchow. Il aidait Mamelyk à labourer et à ensemencer son champ; il travaillait sur les terres du seigneur avec les autres villageois quand ceux-ci avaient à s'acquitter du robot. Sa vigueur excitait l'admiration de ses camarades. Il dormait sur un banc, près du poêle, dans la chaumière de Mamelyk, et partageait le modeste ordinaire de la famille.

Sa vie nouvelle ne durait que depuis peu de jours, quand Florina, la femme de Mamelyk, tomba malade. Le seigneur, qui jamais ne passait devant la maison sans y entrer, envoya chercher à la ville un médecin français, M. Lenôtre, qui, après avoir pris du service l'an 1831 dans les rangs de l'armée polonaise, s'était établi en Gallicie.

Pendant que celui-ci examinait la malade, les autres membres de la famille demeuraient assis sur le seuil de leur chaumière, et le jeune paysan qui avait amené le Français donnait à boire à ses maigres chevaux.

— Qu'as-tu donc, Nazaretian? commença le maître du lieu. Pourquoi es-tu si triste un samedi soir, quand demain tu dois danser?

— J'en aurai bientôt fini avec la danse, répondit Nazaretian.

— Est-il vrai que ton maître poursuive ta fiancée? demanda Azaria.

— Pourquoi la poursuivrait-il? Si Olexa lui plaît, il la prendra tout simplement, et il me fera soldat.

— Et tu le souffriras? s'écria Zénon, indigné.

L'autre le regarda tout surpris et haussa les épaules.

Après une pause :

— Comment se nomme ton maître? demanda Zénon.

— C'est le baron Orlowski, le propriétaire de Dobrowlani.

Chacun se tut.

Bientôt la vieille Patrowna reprit :

— Il y a quelque part un trésor enfoui; si je pouvais le déterrer!...

— Sorcière, dit d'un ton railleur l'un des voisins de Mamelyk, tu ferais mieux de dégager ta pelisse qui est entre les mains du juif. Tu grelottes, ma parole! J'avais toujours cru que les sorcières ne sentaient pas le froid, les jetât-on dans l'eau.

— J'ai déjà reporté l'argent l'autre jour, répondit Patrowna, mais il plaît au juif de ne plus se souvenir de notre marché; puisque le seigneur le protége, que peut faire contre lui une pauvre vieille?

— Nous verrons bien! s'écria Zénon avec énergie.

Cette fois, il n'y eut personne qui ne le regardât, stupéfait.

— Père, dit Azaria, s'adressant à Mamelyk, il nous faudrait de la pluie!

— Aussi notre curé doit-il faire une procession pour qu'il en tombe, répliqua gravement le père.

— A quoi bon? interrompit Zénon; Dieu gouverne le monde selon des lois immuables, les lois de la nature.

Et soudain, ce ne fut plus le simple cultivateur qui parla, mais le savant, qui, pour expliquer à ses auditeurs émerveillés l'origine de la pluie, de l'orage et de la grêle, donnait une forme simple et claire aux vérités qu'il enseignait. Pendant que Zénon parlait ainsi, le docteur Lenôtre sortit de la cabane et se mit à écouter avec les autres.

— Bien, jeune homme, très-bien! dit-il en lui tendant la main. Qui donc, ajouta-t-il, a pu vous apprendre toutes ces choses? Plût à Dieu que vous eussiez beaucoup de pareils parmi le peuple!

— Il sait bien lire, dit Azaria, non sans une certaine complaisance.

— Prenez donc tous exemple sur lui, fit le médecin. Tâchez d'apprendre, vous aussi. Vous verrez dans l'histoire que Piast, qui n'était qu'un simple paysan, mérita de devenir roi. J'espère vous revoir, jeune homme.

Ayant adressé ce dernier salut à Zénon, M. Lenôtre remonta en voiture. C'était un homme de bien, animé de ce pur enthousiasme pour les libres institutions et pour l'humanité qui semble être particulier à ceux de sa nation.

— Eh bien! dit Patrowna après qu'ils eurent tous regardé la voiture s'éloigner, puisque vous savez tant de choses, ami Paschal, quand aurons-nous de la pluie?

— Demain, répondit Zénon, car le vent souffle du sud, et je vois au loin monter des brumes.

Comme il plut en effet le lendemain matin, le savoir de Zénon fut reconnu par tous les campagnards, et l'autorité de l'étranger grandit encore dès le dimanche suivant, où il eut l'occasion de faire preuve de force physique, après avoir montré déjà sa clairvoyance.

En se rendant à l'église, il passa, en compagnie de la vieille Patrowna, chez le cabaretier juif qui retenait en gage la pelisse de cette dernière.

— Voici ton argent, lui dit-il, rends le manteau.

— Le manteau? glapit le fripon; quel manteau? Je ne sais ce que vous voulez dire.

— Le rendras-tu sur-le-champ?

— J'ai à servir mes hôtes, répondit le juif en versant de l'eau-de-vie aux paysans qui remplissaient le cabaret, et je n'ai nulle envie de plaisanter.

Déjà Zénon l'avait saisi par sa barbe rousse et secoué de la belle manière. Le juif cria, la table fut renversée, l'eau-de-vie se répandit à flots sur le plancher.

— Dis, veux-tu restituer le bien des pauvres? répétait Zénon.

— Je le veux bien, je le veux bien! gémit le misérable.

Un des palefreniers de la seigneurie, qui buvait dans un coin, se leva insolent et agressif :

— Qui diable es-tu? demanda-t-il à Zénon. Quelque brigand qui s'ennuie d'attendre la potence? Lâche ce juif, drôle!

— Qui je suis? répondit Zénon. Je suis celui que

Dieu envoie pour protéger les petits et pour traiter selon leur mérite les chenapans de ton espèce.

Parlant ainsi, Zénon souleva le palefrenier comme un sac et le jeta par la fenêtre.

Cependant le juif s'était relevé avec peine en se frottant les genoux. Il fit les excuses les plus plates et les plus ridicules, apporta la pelisse de Patrowna et aida même celle-ci à l'endosser.

Cet incident produisit une vraie révolution parmi les juifs de la contrée. Le bruit courut jusqu'en Pologne que le Messie était venu.

Au nord de Tcheremchow était située, de l'autre côté d'une forêt de sapins, certaine chapelle consacrée à une vierge noire, image miraculeuse qui attirait de nombreux pèlerins. Zénon, étant allé y entendre la messe, fut révolté de voir, après l'office, les paysans se presser autour de l'autel pour offrir, en même temps que des mains, des pieds, des maisons, des bestiaux, taillés en bois, en cire ou en mie de pain, beaucoup d'argent, de miel, de lait, d'œufs, de fruits, de volailles et autres denrées que les Pères, préposés au service de la chapelle, ne se faisaient aucun scrupule d'accepter au nom de leur patronne. Une sainte colère s'empara de Zénon à la vue de cette profanation d'un lieu de prière. S'élançant sur les marches de l'autel :

— Croyez-vous, dit-il aux paysans, croyez-vous, pauvres fous, pouvoir séduire le Ciel par des présents? Et vous, imposteurs, ajouta-t-il en s'adressant aux moines, pensez-vous qu'il soit chrétien d'entretenir l'aveuglement de ce peuple stupide et d'en profiter?...

— Que veut-il? arrêtez le sacrilége, arrêtez le possédé! criait-on de toutes parts.

— C'est vous, répondit Zénon, c'est vous seuls qui êtes possédés du diable. Dieu me permettra de purifier son temple.

Renversant les présents, il les foula aux pieds, pêle-mêle, puis il détacha sa ceinture de cuir et, servi par son agilité, par sa force herculéenne, par le zèle qui le transportait, il eut vite dispersé la foule à grands coups de cette lanière vengeresse.

Le soir même, Zénon écrivit à son père une première lettre. La lettre était rédigée en français sur un chiffon de papier que lui procura l'obligeante Azaria; elle fut remise à un boucher juif, qui se rendait à Ostrowitz. La menace d'une volée de coups de bâton en cas d'inexactitude fit au juif le même effet que la promesse d'un pourboire, et la missive de Zénon arriva heureusement à Pan Mirolawski. Elle était ainsi conçue :

« Père chéri, je me trouve bien où je suis, car je travaille comme un paysan, et j'ai déjà eu l'occasion de rosser un juif, un valet et nombre de faux dévots. Je gagne de bonnes journées; le pain bis me paraît plus savoureux que vos pâtés de Strasbourg. Que Dieu vous protége! Je vous baise les mains.

» Votre fils respectueux et affectionné,

» ZÉNON. »

Pan Mirolawski répondit par le même boucher, qui fut exact encore, bien que cette fois il eût reçu un large pourboire :

« Mon unique Zénon, un mot seulement, tant j'ai peur que ta mère ne me surprenne en train de t'écrire. Tu es bien portant, Dieu soit loué ! Continue de vivre à ta guise en faisant le bien, en redressant les torts. Ne nous ménage pas, nous autres seigneurs. Si un danger te menace, dépêche-moi vite un messager à cheval. Je t'embrasse mille fois.

» Ton père, qui se passe si difficilement de ta chère présence. »

Il ne s'écoulait pas une seule journée sans que Zénon s'écartât du village pour aller dans la forêt prochaine se livrer à ses méditations, qui étaient d'un ordre assez étrange. Tout un monde, riche en merveilles, était en train d'éclore dans son âme. Il lui manquait encore la lumière; mais il sentait sa force et comptait bien pénétrer tôt ou tard les brouillards qui lui cachaient le soleil éternel. Un jour qu'il rêvait, étendu sur la mousse, dans sa retraite silencieuse, il découvrit une fourmilière énorme, dont il se mit à contempler les mœurs. D'abord il n'avait vu qu'un tas d'aiguilles de sapin, de feuilles mortes, de brins de bois et de menus cailloux, qui s'élevait à trois pieds environ au-dessus du sol et où couraient diligentes, de çà de là, des bestioles innombrables; mais il ne lui fallut pas beaucoup de temps pour découvrir dans cette construction baroque un arrangement fort sage, dans ce tourbillon confus un projet réfléchi. Il vit une petite ville, une république parfaitement organisée. Le gîte, extérieurement si simple, était à l'intérieur divisé selon les besoins des habitants, qui eux-mêmes formaient des classes diverses où l'égalité semblait régner sous le rapport du logement et de la nourriture, mais où chacun avait ses devoirs, ses travaux particuliers. Cette petite merveille l'attirant de plus en plus, il remarqua que certaines fourmis s'occupaient exclusivement de la garde des plus jeunes membres de leur société, les poussant au soleil, les ramenant bien vite dans les profondeurs abritées quand la pluie commençait à tomber. Il constata que d'autres fourmis veillaient aux portes de la ville et que, la nuit venue, elles fermaient ces portes avec soin; il suivit les ouvriers dans leurs travaux : des milliers de petits personnages aventureux s'en allaient chasser et rapportaient, en unissant leurs efforts, des victimes d'une taille bien supérieure à la leur. Quel habile aménagement de garde-manger! Avec quel soin étaient rangés les vivres et choisis les matériaux de construction! Il lui arriva de surprendre une fourmi de la classe des ouvrières en présence d'un petit brin de bois qui devait représenter pour elle une poutre : elle l'examinait minutieusement de tous côtés; désespérant de réussir seule à l'ébranler, elle s'éloigna en toute hâte. Chemin faisant, elle rencontra deux autres fourmis, et immédiatement les fines créatures se livrèrent à un entretien très-vif, en s'aidant pour cela de leurs longues antennes. Toutes trois de courir en différentes directions; il ne leur fallut pas beaucoup de temps pour rassembler une vingtaine de leurs pareilles autour de la poutre. Zénon admira la constance avec laquelle la bande active et résolue cherchait à transporter sa conquête, en s'y prenant chaque fois d'une façon nouvelle. Enfin les messagers ayant fait leur devoir, une colonne de cent individus environ accomplit l'œuvre difficile avec une célérité surprenante. Cependant deux autres fourmis, se rencontrant, s'arrêtaient et se livraient à un dialogue évidemment oiseux, car il ne produisait rien.

Zénon éclata de rire.

— Si ce ne sont pas deux diplomates, se dit-il, ce sont assurément deux commères.

Et, en effet, la masse des fourmis sensées eut bien vite séparé les deux babillardes, emmenant chacune d'elles au plus vite pour lui assigner une besogne.

Zénon revint souvent à ses fourmis. Un jour, il trouva la république dans un état d'excitation fiévreuse et vit s'engager des batailles, à la suite desquelles le parti vaincu s'en alla chercher des contrées plus paisibles et y fonder une nouvelle république. Zénon, fouillant avec de grandes précautions la ville abandonnée, constata, non sans ravissement, la structure compliquée de ce labyrinthe souterrain, dont les nombreux étages conduisaient à des couloirs, à des chambres, à des magasins de toute sorte.

Une apparition imprévue le surprit au milieu de son extase. Le vieux *faktor* envoyé par madame Mirolawska, Mordicaï Parchen, était devant lui :

— Bon Dieu! que faites-vous là, mon jeune maître? s'écria ce bonhomme, abasourdi.

Zénon leva la tête, et un sourire passa sur sa belle figure.

Mordicaï, bien qu'il fût vieux, n'avait pas précisément une mine respectable. Petit et rond comme une boule de graisse, il avait l'air d'un vilain petit garçon travesti en aïeul : son long cafetan noir et son grand bonnet de zibeline ne réussissaient pas à lui prêter de la dignité ; il n'en était que plus comique.

— Je m'instruis chez les fourmis, répliqua Zénon.

— Et qu'apprenez-vous en leur compagnie ?

— Le travail, l'application, la concorde, l'égalité.

— Pour quoi faire ? A quoi vous serviront de pareilles choses? Un homme de votre rang...

— Je ne serai rien, tant que je n'aurai pas trouvé la vérité pour moi et pour mes frères...

— Quel cœur ! quelle sagesse ! soupira le vieux juif ; un vrai Mirolawski ! Notre Talmud dit bien aussi :

« Qui donc est sage ?

» Celui qui, ayant vaincu l'orgueil de son âme, apprend volontiers auprès de chacun.

» Qui donc est fort ?

» Non pas celui qui a conquis des terres et des villes, mais celui qui s'est dompté lui-même.

» Qui donc est riche ?

» Celui qui se contente de peu. »

Voilà ce que dit notre Talmud. Aussi je vois bien que Dieu a la main sur vous, maître. Permettez-moi de vous suivre.

— Ami, répliqua Zénon en se levant d'un bond, j'ai achevé mon œuvre ici, nous pouvons partir à l'instant.

Mais ils n'avaient pas fait trois pas, que Mordicaï.

s'asseyant, se mit à gémir et à s'arracher les cheveux.

— Hélas ! où ai-je eu la tête? Moi qui avais promis à madame de vous ramener. Malheureux que je suis !

Zénon éclata de rire :

— Calme ta conscience. Je te promets que tu me ramèneras, mais à la condition de voyager d'abord avec moi.

— Que dois-je faire?...

— Si tu réfléchis trop longtemps, je partirai seul.

Et Zénon continua de marcher à grands pas, Mordicaï se traînant derrière lui avec de gros soupirs.

La nuit approchait lorsque Zénon et Mordicaï passèrent devant la petite chapelle qui était un but de pèlerinage. Tous les objets, après avoir projeté des ombres démesurées, s'effacèrent peu à peu, et lorsqu'ils atteignirent le point où les chemins, se divisant, conduisent à gauche vers Saroki, à droite vers Dobrowlani, le vieux juif balbutia soudain en se cachant derrière Zénon :

— Ne voyez-vous rien? Moi, je vois un géant qui nous menace du bras.

— Bah ! fit le jeune homme, je n'ai pas peur de lui.

— Mais moi, j'ai peur.

Zénon marcha droit au géant et dit en riant :

— C'est un poteau, Mordicaï.

— Si c'est un poteau, tant mieux ; mais cela pouvait être aussi bien un brigand.

A cent pas de là, une souris ayant traversé le chemin, Mordicaï s'enfuit dans un champ de blé avec des cris perçants.

— Pour une souris?.. s'écria Zénon.

— Il n'y a pas de honte à fuir devant une souris, répondit le juif tout tremblant, quand elle est grande comme un loup.

Malgré toutes ces fâcheuses rencontres, ils gagnèrent sans accident un petit bois de bouleaux qui formait la limite de la seigneurie de Saroki.

— Que nous veulent ces femmes en linceuls blancs? demanda Mordicaï très-haut pour paraître intrépide.

— Tu prends des bouleaux pour des femmes à présent?

— Des bouleaux! s'écria le *faktor* avec emportement; est-ce que des bouleaux peuvent rire? N'entendez-vous pas rire ces fantômes diaboliques? Non, non, je n'avance plus d'un pas.

Il s'assit sur une pierre et ferma les yeux. Quand il se décida enfin à les rouvrir, il vit à la joyeuse clarté du soleil que c'étaient bien des bouleaux, pourtant. Il vit aussi qu'il avait dormi dans un champ de blé et que Zénon avait disparu.

De grand matin, Zénon atteignit Saroki. Il laissa sur la prairie, en la traversant, les traces argentées de ses pas. A l'horizon brillait un brouillard d'or. Sur toutes les haies gazouillaient les oiseaux, qui venaient de s'éveiller. Tous les rideaux de la seigneurie étaient encore baissés. Le cocher, plus matinal que les autres domestiques, faisait ses ablutions à la fontaine.

Zénon survenait cependant à propos pour empêcher une grave injustice. C'était un vendredi, jour auquel les mendiants avaient coutume d'assiéger la porte de la maîtresse du lieu, une jeune veuve, Pani Witolowska.

Un vieillard à longue barbe, sa besace sur le dos, un bâton à la main, était arrivé dès l'aube. Le chien, ayant aboyé à sa vue, réveilla la dame, qui sortit, de fort mauvaise humeur, d'un lit somptueux, digne de servir à une sultane. En prenant son café, elle s'aperçut que le pot au lait d'argent manquait au plateau et fit chercher partout inutilement cette pièce précieuse. Le domestique qui la servait signala en même temps la disparition de plusieurs couverts, en ajoutant que seul un vieux mendiant, qui rôdait autour de la maison depuis le lever du soleil, pouvait avoir commis le vol. Aussitôt, la dame, qui était prompte justicière, fit arrêter le vieillard. On ne trouva rien dans sa besace, mais il fut décidé qu'il avait eu le temps d'enterrer l'argenterie. Pani Witolowska, sans autre forme de procès, le fit conduire dans la salle du jugement, où elle l'interrogea elle-même, et, comme il persistait à ne pas avouer, elle ordonna d'appliquer la torture. Le mendiant souffrit tranquillement son martyre en invoquant tous les saints. Pani Witolowska, enrouée de vociférations et de rage, criait aux bourreaux : — Rossez cet entêté jusqu'à ce qu'il ait parlé ou rendu l'âme ! — lorsque Zénon entra.

— Vous devez lâcher cet homme, dit-il d'un ton calme, en interpellant les serviteurs qui déjà levaient leurs bâtons. Honorez ses cheveux blancs.

Les heiduques s'arrêtèrent surpris et regardèrent leur maîtresse, dont le visage, déjà blême, devint absolument jaune, tandis que ses lèvres, sèches et tremblantes, découvraient de petites dents féroces.

— J'ai dit, obéissez, prononça-t-elle.

— Il faut juger avant de punir, fit Zénon. Je ne laisserai pas maltraiter ce vieillard.

La petite Polonaise maigrelette se dressa comme un diable qui sort d'une boîte à surprise; ses yeux bleus lancèrent des flammes.

— Qu'oses-tu dire, manant? Peut-être sais-tu à quoi t'en tenir en effet? Es-tu donc toi-même le voleur?

— On ne touchera pas un poil de cette barbe grise, répliqua Zénon en retroussant ses manches.

— Arrêtez-le, cria la jeune femme, et frappez ferme!

Déjà les gens se jetaient sur Zénon, mais au moment même Mordicaï Parchen surgit comme un ange du ciel entre eux et son jeune maître. Un coup de pied l'envoya rouler sous un des bancs, où il continua de crier :

— Ne le battez pas! Vous ne savez qui est cet homme, c'est...

— Te tairas-tu! fit Zénon de sa voix de stentor.

— Est-ce un prince, par hasard? demanda la Polonaise railleuse. En ce cas, assommez le prince!

— Je ne suis pas un prince, s'écria Zénon en secouant, d'un seul mouvement de ses larges épaules, ceux qui le tenaient. Je suis le défenseur des opprimés.

Il saisit l'un des bancs comme il eût fait d'une trique et se mit en devoir de repousser ses agresseurs, qui bientôt roulèrent à ses pieds, celui-ci la tête ensanglantée, celui-là un bras cassé. Il chassa les autres, et aucun ne s'enfuit sans quelque horion.

Pani Witolowska, tremblante dans un coin, se vit au pouvoir de ce forcené. Zénon tira un couteau de sa poche.

— Veux-tu m'assassiner? s'écria-t-elle.

— Moi? Je ne tuerais pas une poule.

Il coupa les liens qui retenaient le vieillard et le remit sur pieds.

— Dieu te récompensera! dit ce malheureux.

— Chut! interrompit Zénon; je ne veux pas de remercîments... Et maintenant, ajouta-t-il, approchez, petite femme; à votre tour d'être jugée.

La maîtresse de Saroki respira, encore un peu craintive, toutefois.

— Qui donc, demanda Zénon, accuse ce mendiant?

— Un de mes gens.

— C'est lui le voleur. Venez.

Pani Witolowska marchant devant eux, Zénon et le juif se rendirent dans la chambre du domestique, où ils trouvèrent le pot et les cuillères. Le voleur fut, bien entendu, fustigé, puis livré au tribunal par ordre de sa douce maîtresse.

— Je te remercie, dit-elle à Zénon; tu m'as épargné un péché.

Il la salua en gentilhomme et s'en alla.

Le soir même, Pani Witolowska envoya un heiduque, qui avait le nez écorché et un bras en écharpe, au cabaret où Zénon et son *faktor* étaient assis parmi les paysans : le heiduque avait ordre de ramener le jeune homme.

Lorsque Zénon entra en souriant dans la chambre de la dame de Saroki, celle-ci, vêtue d'une kazabaïka d'étoffe turque, une rose rouge dans les cheveux, était blottie sur un divan, les jambes croisées à l'orientale, et fumait une cigarette.

— Ton nom? dit-elle en contemplant avec satisfaction ce svelte et vigoureux garçon.

— Paschal.

— Eh bien! Paschal, tu me plais. Reste chez moi, ajouta-t-elle négligemment, et d'abord viens plus près, viens ici, à mes pieds.

— Ma charmante dame, répondit Zénon, c'est la manière des chats de commencer cette sorte de commerce en se mordant et s'égratignant. Moi, j'ai d'autres idées sur l'amour.

Il s'inclina profondément et laissa la pauvre petite femme déconcertée pour la première fois de sa vie peut-être.

Zénon et le vieux Mordicaï se dirigèrent ensuite vers la seigneurie de Dobrowlani, dont le maître donnait depuis longtemps à l'aspirant réformateur des sujets d'indignation. D'abord il se joignit aux travailleurs des champs et se borna tranquillement à observer, tout en faisant sa besogne. La vieille Patrowna, qui comptait parmi les paysans du baron et dont la chaumière était située à l'écart des autres, tout au fond de la forêt, l'avait reçu chez elle. Il vivait ainsi sous le même toit qu'Azaria, laquelle était venue chez sa grand'mère dans l'espoir d'échapper aux humiliations et aux railleries qui la poursuivaient chez elle, car, sans avoir jamais été mariée, Azaria était enceinte. Si elle eût porté dans son sein l'enfant d'un paysan, personne ne lui eût jeté la pierre, mais le peuple des campagnes en Gallicie, au temps du robot, n'était nullement disposé à excuser celle de ses filles qui écoutait un gentilhomme. Les paysans de Dobrowlani surent vite que la petite-fille de Patrowna avait reçu de Pan Joachim Bochenski, le neveu libertin du riche comte Dolkonski, plusieurs rangs de corail et une pelisse neuve en peau d'agneau pour prix de son déshonneur. Des murmures, ils passèrent aux menaces, et leur colère éclata enfin un samedi soir, comme ils revenaient du robot.

Zénon, le couvre-feu sonné, rencontra, dans la rue du village, une centaine d'hommes qui conduisaient au milieu d'eux Azaria éplorée, vêtue seulement d'une chemise, les pieds nus, une couronne de paille sur ses cheveux dénoués. Rouge de honte, le visage caché dans ses mains, la pénitente marchait sous les huées de la foule, tandis que, sourds aux supplications de sa grand'mère, les enfants lui jetaient de la boue et les femmes la poussaient en avant à coups de bâton; les hommes cependant chantaient des couplets satiriques plus injurieux que tout le reste.

III

La voix de Zénon arrêta le cortége.

— Que faites-vous? criait cette voix claire et vibrante, qui domina soudain tout le tumulte; de même éclate une trompette au-dessus des bruits de la bataille.

— Le peuple va juger! crièrent vingt mmes ensemble.

— Juger qui?

La vieille Patrowna se fit place jusqu'à lui et répondit :

— Une pauvre fille séduite. Protége-nous, Paschal!.. Dieu t'envoie...

— A l'eau, la sorcière! hurlèrent quelques enragés.

Et deux jeunes garçons saisirent la malheureuse aïeule. Mordicaï Parchen, qui s'était tenu derrière les larges épaules de Zénon, fut si effrayé qu'il grimpa au faîte de l'arbre le plus proche avec la vitesse d'un écureuil.

— Assez! dit Zénon; on ne noiera personne, et il n'y aura pas de jugement.

— Homme, fit un vieillard, qui es-tu pour t'opposer à la commune?

— Et qui êtes-vous, répliqua Zénon, pour oser juger cette faible créature? Êtes-vous des anges, des saints? Aucun de vous n'a-t-il violé les devoirs sacrés du mariage? Bien des femmes peut-être, parmi celles qui sont ici à insulter leur sœur tombée, ne résisteraient pas à quelques rangs de corail, le cas échéant.

Un homme de grande taille, le bonnet militaire sur la tête, se jeta sur Zénon, mais au moment même un vieillard à barbe blanche vint au secours de celui-ci : c'était le mendiant qu'il avait arraché aux jolies griffes de Pani Witolowska. De son côté, Mordicaï criait à tue-tête du haut de son arbre :

— Au secours! au secours! ne le touchez pas!

Zénon avait abattu son adversaire d'un coup de poing; le bâton à la main, il tenait la foule en respect, couvrant Azaria de son corps. Tout à coup, il arracha la couronne de paille qui cachait les cheveux de la coupable, et la jetant aux pieds des juges :

— Que celui d'entre vous qui se croit le droit de condamner cette femme avance d'un pas, et je le tuerai comme un blasphémateur... Le Christ n'est pas mort pour les bons, mais pour les pécheurs, et quiconque est sorti du sein de la femme est un pécheur. Rentrez en vous-mêmes, humiliez-vous, ne tentez pas Dieu, qui a défendu la haine et prescrit la charité.

Ces paroles retentirent au milieu d'un profond silence, puis plusieurs voix s'élevèrent :

— C'est la vérité...

— Retirez-vous, dit un vieillard, la sagesse est dans la bouche de ce jeune homme. Le Ciel l'a suscité parmi nous.

— Dieu laisse briller son soleil sur le juste et sur l'injuste, criait le juif du haut de son arbre. Ne soyez pas plus sévères que Dieu, plus impitoyables que le soleil.

Une voiture qui passait divisa la foule, et le docteur Lenôtre, ayant reconnu Zénon, fit arrêter. On lui exposa le cas.

— Vous méritez, dit-il aux tourmenteurs d'Azaria, que la peste vous enlève tous. Voyez ce jeune étranger ; il vaut mieux à lui tout seul que cent mille d'entre vous. Quiconque s'attaquera à lui ou à la fille que voici aura affaire à moi.

Le médecin français avait une grande influence sur ces gens, qu'il soignait en leurs maladies. Tandis que sa voiture disparaissait dans un nuage de poussière, la multitude commença lentement à se disperser.

— Si vous voulez juger quelqu'un, jugez donc le séducteur, dit d'un ton ironique aux plus obstinés le juif Mordicaï, qui s'était décidé à redescendre de l'arbre.

— C'est un seigneur, nous n'avons pas de pouvoir sur lui, répondit-on.

— Parce que vous êtes des lâches! s'écria Azaria, oui, des lâches, capables seulement de maltraiter une pauvre fille abandonnée. Tant pis pour vous! Pourquoi ne pas vous révolter contre le maître qui a enlevé à Nazaretian son Olexa et enrôlé le fiancé de force. Pourquoi, dites?...

Personne ne souffla mot, mais Zénon prenant Azaria par la main :

— Viens, dit-il, je te reconduirai chez toi, et tu me diras tout ce qui concerne ce Nazaretian et cette Olexa.

Elle obéit. C'était une triste histoire.

La nuit même, le baron Orlowski, maître de Dobrowlani, fut éveillé par une voix formidable qui criait à ses oreilles :

— Lève-toi, tyran! l'heure du jugement est venue pour toi!

Et il aperçut Zénon au pied de son lit, une faux à la main. Les rouges lueurs de la lampe de nuit vacillaient, semblables à des taches de sang, sur le fer aiguisé. A peine sorti de son sommeil, il crut voir le grand faucheur qui fauche les rois comme de simples épis.

— Les morts sont-ils ressuscités? s'écria-t-il, plein d'épouvante.

— Non, répondit Zénon; mais les vivants réclament leurs droits.

Mordicaï, debout derrière son jeune maître, claquait des dents, à demi fou de peur, car le baron avait saisi les pistolets accrochés à son chevet.

— Pas de bruit, fit Zénon; si tu bouges, tu es mort.

— Que voulez-vous de moi? Ai-je affaire à des haydamaks? Est-ce ma bourse que vous demandez?

Zénon secoua la tête.

— Où est Olexa?

D'un geste un peu tremblant, le baron indiqua une porte, et aussitôt Zénon fit signe au juif, qui sortit en toute hâte.

— Maintenant, dit-il à Orlowski, lève-toi.

Orlowski s'habilla docilement, car Zénon avait mis la main sur ses pistolets; après quoi il embrassa la chambre d'un regard rapide. Aucune autre arme n'y était suspendue. Mordicaï revint avec Olexa, qui avait jeté en toute hâte sur sa robe de nuit une kazabaïka de soie bleue garnie d'hermine. Sous ce vêtement de princesse, la paysanne aux bras blancs, aux tempes délicates finement veinées, au cou arrondi que marquait si joliment un petit signe noir, aux beaux yeux vert de mer comme ceux d'une nymphe des eaux, la petite paysanne, disons-nous, était charmante. Mais, en ce moment, elle ne se souciait pas de charmer; la confusion l'accablait; elle pâlit, rougit, puis, sans savoir ce qu'elle faisait, se réfugia dans un coin, où elle rejeta machinalement ses cheveux blonds sur une de ses épaules pour se mettre ensuite à les tresser.

— Olexa, dit Zénon avec une gravité douce, comment es-tu venue ici?

La pauvrette n'osait répondre; elle regardait le baron, qui regardait le plancher, une main posée à plat sur son crâne chauve :

— Dis la vérité; tu n'as rien à craindre. A-t-il usé de violence?

Olexa fit un signe affirmatif et tourna son visage du côté du mur.

— Comment répondras-tu de cet acte devant Dieu? demanda Zénon, s'adressant au ravisseur. Voici ce que je t'ordonne en son nom : Tu rendras sur-le-champ la liberté à cette fille, et tu lui donneras deux cents ducats, afin qu'elle puisse racheter son amant du service, entends-tu? plus une dot...

Orlowski marcha droit à son secrétaire et jeta sur la table plusieurs rouleaux d'or, que Mordicaï compta très-attentivement.

— Suis-nous, et n'essaye pas de crier pour réveiller tes gens, ajouta Zénon, en approchant un des pistolets de son oreille.

Ils descendirent tous les quatre dans le jardin, dont les allées bordées de buis n'étaient que faiblement éclairées par la lune.

— Y a-t-il ici des bêches? demanda Zénon.

— Pour quoi faire? murmura le baron, que paralysait derechef une vague terreur.

Olexa courut chercher deux bêches.

— Creusez une fosse, dit Zénon, une fosse assez profonde pour qu'un homme y tienne debout.

Olexa et le juif se mirent à l'œuvre, tandis qu'Orlowski, tenu au collet par Zénon, se laissait tomber sur un banc. Lorsque la fosse fut assez profonde, l'implacable vengeur commanda au baron d'y descendre.

— Encore une fois, que voulez-vous faire? bégayait le misérable, dont les jambes fléchirent.

— Faut-il t'attacher?

— Non, non!...

Zénon le renversa et, le tenant sous lui, passa des cordes à Olexa pour lier les mains et les pieds d'Orlowski, que l'on jeta ensuite dans la fosse. Mordicaï et la jeune fille procédèrent sans retard à la remplir.

— Juste Dieu! criait le baron, me voulez-vous enterrer vivant?

— Jusqu'au cou seulement, repartit Zénon, et ensuite on te fauchera la tête. Commence donc ta prière, il est temps.

Orlowski invoquait bruyamment la sainte Vierge,

— Plus bas! dit Zénon. Et maintenant, as-tu fini?

Déjà les pelletées de terre lui volaient en plein visage.

— Un instant, de grâce! J'ai tant de fautes sur la conscience, et il y a si longtemps que je n'ai prié!..

Zénon se mit à rire :

— Si tu implores Olexa, elle t'accordera peut-être la vie.

— Olexa, suppliait le baron, aie pitié de moi,

montre-toi généreuse, tu me vois à tes pieds, repentant...

— J'aimerais mieux, dit la paysanne, voir à mes pieds ta tête toute seule. Cependant, ajouta-t-elle avec un soupir, la religion nous enseigne à pardonner...

— Elle te fait grâce, dit Zénon. Que l'angoisse que tu as éprouvée soit ta punition, et maintenant, écoute : si tu entreprends la moindre représaille contre elle, ou contre son amant, ou contre moi-même...

— Ou contre Mordicaï Parchen, interrompit vivement le juif.

— Tu périras, je te le jure, acheva Zénon.

Avec une dernière menace de la main, il s'éloigna, suivi d'Olexa et du juif, tandis qu'Orlowski, après avoir gardé le silence quelques minutes encore, par crainte de le voir revenir, éclatait en clameurs désespérées qui finirent par attirer ses gens. On le délivra, on le porta dans son lit, tout grelottant de fièvre. Le docteur Lenôtre fut appelé. Cette fois, il joua le rôle d'un confesseur plutôt que d'un médecin.

— Une agitation étrange règne parmi les paysans, dit-il au baron avec son franc parler ordinaire. Nous sommes évidemment à la veille d'une grande crise sociale. Restez bien tranquille, je vous y engage. Vous puniriez peut-être sans trop de peine l'un ou l'autre de vos agresseurs, mais la vengeance ne se ferait pas attendre.

IV

La moisson venait de commencer quand Zénon, arrivant à Tchernovogrod, se joignit aux faucheurs du comte Dolkonski, propriétaire d'un vieux château magnifique et de quatorze villages sur les deux rives du Dniester.

Dans le champ qu'il fauchait passa bientôt une jeune fille élancée, vêtue de blanc, un chapeau de paille posé sur ses tresses châtain. A trois pas de lui, elle s'arrêta et regarda tomber les épis. Tout à coup, Zénon tourna la tête, et les yeux de la jeune fille rencontrèrent les siens. Un trouble singulier les saisit l'un et l'autre; il oublia de saluer et elle de s'éloigner. Ces deux cœurs avaient tressailli en même temps. Le rouge de la pudeur aux joues, l'inconnue se baissa en feignant de cueillir des bleuets. Dans le lointain ensoleillé, on entendait chanter une caille; une seconde caille répondit. L'apparition qui avait ébloui Zénon s'éloigna majestueuse et lente; il vit longtemps flotter ses tresses brunes sur sa robe blanche.

— C'est notre jeune comtesse, dit un vieux paysan.

— Quoi! la femme du comte? demanda Zénon avec une vivacité, un sentiment de crainte dont il fut effrayé lui-même.

— Non, c'est sa fille.

Cette réponse fut douce à son oreille comme de la musique.

La promeneuse, de son côté, pensait à ce faucheur de haute taille, d'une physionomie à la fois intrépide et mélancolique; rentrée au château, elle pensa encore à lui : elle le revoyait dans le livre qu'elle lisait, à travers les fleurs qu'elle brodait; les hommages de son cousin Pan Joachim Bochenski lui devenaient insupportables.

— Que me rappelle donc cette figure? se demandait-elle.

Une sorte de souvenir vague et persistant la tourmentait. Tout à coup, elle se rappela que, sous les mêmes traits, elle s'était dans ses prières représenté Jésus. La nuit, elle s'éveilla en pleurant. C'était peut-être à l'heure où Zénon, assis sur un banc dans le jardin, prêtait l'oreille au bruit des fontaines et au chant du rossignol, les yeux attachés sur la fenêtre de la comtesse Marie.

Le lendemain, elle retourna dans les blés. Cette fois, Zénon osa la saluer et même lui offrir un bouquet de fleurs des champs qu'elle entremêla aux tresses de sa chevelure.

— Quel est ton nom? lui demanda-t-elle d'un air de dignité paisible.

— Paschal. Et le vôtre, ma gracieuse demoiselle?

Les grands yeux clairs de la jeune comtesse — ils étaient d'un gris indéfinissable et purs comme le cristal — s'arrêtèrent sur lui avec un certain étonnement :

— Marie-Casimire, répondit-elle.

— C'est le nom d'une reine de Pologne

— Ah! tu sais cela? D'où es-tu donc?

— D'Ostrowitz.

— Y a-t-il, à Ostrowitz, des gentilshommes parmi les paysans.

— Non, point que je sache.

— C'est qu'il y a des paysans nobles, fit-elle observer d'un ton décidé; tu dois en être issu.

Le même jour, la comtesse Dolkonska, tout en jouant avec son petit chien, dit à Pan Joachim :

— Tu t'y prends mal, mon neveu, pour conquérir ta cousine. Fais-lui la cour.

Le jeune homme tordit ses favoris noirs.

— Ce n'est pas facile, chère tante. J'ai presque peur devant Marie-Casimire. Cette enfant de seize ans est une énigme : si froide et parlant si peu! Comment entamer la conversation? Hier, je lui fais compliment de sa toilette : elle me met dans la main un volume de Humboldt. Quand elle sera ma femme, elle m'imposera de lire toute la bibliothèque, je gage.

Il descendit dans la cour, siffla un homme qui se trouvait là, comme on siffle un chien, et prit avec cet homme le chemin de la cabane de Patrowna.

— Tu vas rendre visite à ton Azaria? dit en riant le compagnon de Pan Joachim, un petit être chétif, à la mine cynique.

— Point de plaisanteries, Popiel! répliqua Pan Joachim, redressant sa haute taille. — Il avait bien six pieds, ce qui, joint aux lignes régulières de son profil grec, lui donnait l'air imposant. — Réfléchis donc à ce que tu es pour oser ricaner ainsi! Un plébéien d'abord, un étudiant qui jamais n'est arrivé à la fin de ses études, un vil paresseux que je suis seul à protéger!

— Mon Dieu, je pensais que...

— Tu n'as rien à penser sur mon compte. J'ai bien autre chose en tête, ma foi ! que cette drôlesse. Je prétends payer mes dettes.

Popiel, intrigué, le regarda entre ses paupières rouges et gonflées.

— Tu as peut-être entendu dire qu'un roi de Hongrie, poursuivi par l'ennemi, s'est un jour réfugié en Pologne et qu'il habitait ce château? Dans le voisinage, il a dû enterrer ses trésors. La vieille Patrowna le sait, et je les découvrirai avec son aide.

— Des contes à dormir debout! murmura Popiel en passant dans ses cheveux fades et clair-semés un peigne qui n'avait plus que deux dents.

— Tais-toi; la sorcière a trouvé par là une agrafe antique qui est aujourd'hui aux mains des juifs, et, plus d'une fois, elle a vu luire le trésor dans les ténèbres.

Vers minuit, Pan Joachim et son familier Popiel, armés de bêches, se glissèrent de nouveau hors du château. Sur la route qui conduisait à la forêt les attendait Patrowna.

— Où est-ce? demanda le gentilhomme.

— A cent pas d'ici, près du sureau.

Ils avancèrent silencieusement. Tout à coup, Pan Joachim s'arrêta court, avec un signe de croix.

— Vois-tu ? murmura-t-il.

En effet, sur la lisière de la forêt brillait une étrange clarté. Le vent roulait des nuages noirs, et le cri funèbre du hibou se faisait entendre.

— Voici l'endroit, murmura Patrowna en traçant un cercle magique à l'aide de son bâton.

— Allons, vieille, lui dit Pan Joachim, c'est le moment de nous recommander au diable : j'espère que tu es bien avec lui?

Patrowna alluma au milieu du cercle un petit feu, y jeta, par trois fois, diverses herbes magiques, y versa, par trois fois encore, le liquide inconnu que renfermait une cruche de terre, puis prononça des invocations mystérieuses dans une langue que ne comprit aucun de ses compagnons. Enfin d'une voix qui semblait sortir des entrailles de la terre :

— Il est temps, dit-elle, de commencer à creuser.

Pan Joachim et Popiel défoncèrent à grand'peine la terre desséchée. Au bout d'un quart d'heure, la sueur ruisselait de leurs fronts. Popiel s'arrêta :

— Je n'en puis plus; la force me manque.

Pour le réconforter, son patron lui allongea un coup de pied.

— Tais-toi, et travaille.

Ils continuèrent à creuser; enfin Joachim lui-même se fatigua.

— Le diable joue son jeu, grommela-t-il; je me sens comme paralysé.

Dans le fourré se dressa soudain une haute figure éclairée par la lune.

— Qui est là? demanda Popiel tout tremblant.

C'était Zénon, qui avait passé la nuit à rêver sous les grands chênes.

— Que faites-vous? demanda-t-il à son tour sans répondre.

— Ne t'en informe pas, aide-nous plutôt, s'écria Pan Joachim.

— Si je puis vous rendre service, je le ferai avec plaisir, répondit Zénon.

— Aide-nous, mon Paschal, dit la vieille en le caressant, et tu auras ta part.

— Je n'ai pas besoin d'argent, répondit Zénon en prenant une des bêches.

Les mottes volaient autour de lui; bientôt il fut dans le trou jusqu'aux épaules. Les deux autres l'aidaient alternativement; l'orient se teignit enfin de rose, et les oiseaux commencèrent à gazouiller.

— Assez ! dit Pan Joachim. La vieille s'est moquée de nous.

Il voulut payer la peine de Zénon, mais celui-ci se mit à rire et s'en alla.

— Eh bien! dit Popiel à son noble compagnon. Et tes dettes?

Pour toute réponse, Pan Joachim lui donna un éloquent soufflet.

Le lendemain encore, Marie-Casimire rendit visite aux faucheurs. Il était midi : le ciel pur étincelait, le soleil dardait ses rayons brûlants sur toute la campagne, où nulle part on ne voyait d'ombre. Zénon courut couper quelques arbustes dans la forêt voisine et en forma, pour la jeune comtesse, un frais berceau de verdure. Elle le remercia en rougissant et s'assit sur une gerbe.

— Est-ce qu'un si dur travail, demanda-t-elle après un silence, ne te coûte pas un peu parfois?

— Non, je me trouve bien de travailler.

— Tu es donc heureux?

— Je le suis maintenant, reprit-il avec un regard qui la rendit toute confuse.

— Et vous, reprit-il, n'êtes-vous pas heureuse?

— Oh ! répondit Marie-Casimire, on ne se soucie

que trop de mon bonheur! Ma mère pousse le zèle jusqu'à m'avoir déjà assuré un mari.

Zénon tressaillit douloureusement.

— J'espère, mademoiselle, que vous n'épouserez jamais un homme sans l'aimer.

— Assurément non, répliqua Marie en fixant sur lui ses yeux limpides.

Marie-Casimire se leva, prit une faucille et se mit à couper du blé auprès de Zénon.

— Tu vois, dit-elle avec un sourire, tandis qu'il contemplait ravi les lignes sveltes de sa taille élégante, auxquelles le mouvement de la faucille ajoutait de nouvelles séductions, tu vois, j'en viens à bout, moi aussi.

Une gouvernante parut, tout en nage et courroucée. Après quelques réprimandes, elle emmena son élève, et depuis lors Marie-Casimire ne vint plus dans les blés. Pour la revoir, il fallait que Zénon fermât les yeux durant les nuits qu'il passait à rêver assis sur la lisière des bois. Ce fut dans cette attitude que le retrouva Mordicaï, qui avait passé tout le temps de la moisson à parcourir les environs en achetant aux paysans des peaux de bêtes et du blé. Le vieux juif secoua la tête et prit place à ses côtés, sans souffler mot. La brise glissait doucement au-dessus des hautes branches; un bruit d'ailes, un frisson dans le feuillage avertissait les deux amis qu'un oiseau s'était effarouché, qu'un chevreuil endormi avait dressé l'oreille. Mille vers luisants brillaient sous les buissons humides.

— Qu'avez-vous? demanda enfin le vieux *faktor*.

— As-tu vu la jeune comtesse? répondit Zénon

en ouvrant les yeux. Elle est belle comme un ange.

Mordicaï ouvrit les yeux à son tour, mais ce fut de surprise.

— Savez-vous, dit-il, ce que nous lisons dans le *Talmud* : « Ne tiens pas compte du luxe de la cruche, mais vois s'il y a dedans du bon vin ou de l'eau claire. »

Zénon approuva de la tête.

— Aussi ai-je regardé au plus profond de son âme. Ce n'est pas une femme, c'est une étoile ravie au ciel, te dis-je !

Mordicaï prit sa tête à deux mains.

— J'ai peur... commença-t-il.

Au même instant, un doigt osseux vint frapper son épaule, et une voix enrouée lui dit à l'oreille :

— N'aie pas peur; si je donne un philtre à Paschal, elle l'aimera.

Patrowna était debout derrière les deux hommes, éclairée en plein par la lune.

— Merci, lui dit Zénon avec un sourire, merci de ton philtre; j'en connais un meilleur.

Lorsque, le dimanche suivant, Marie-Casimire sortit de l'église après la grand'messe, Zénon puisa de l'eau bénite dans le creux de sa main et la lui présenta.

Elle y trempa ses doigts, qui doucement l'effleurèrent.

— J'espère, au moins, que ce garçon a les mains propres, dit Pan Joachim d'un ton moqueur.

— Ma main est plus propre, en tout cas, que votre conscience, repartit Zénon.

— Insolent ! s'écria Joachim.

— Pas un mot de plus, ordonna la comtesse Dolkonska. Nous comptons sur nos paysans, et nous devons aspirer à gagner leur attachement au lieu de les blesser.

Joachim grinça des dents.

— Parce qu'on redoute la révolution, faut-il...

La crainte de mécontenter sa tante et de compromettre ainsi le mariage projeté entre lui et Marie-Casimire l'arrêta.

Lorsque la courte obscurité du soir eut fait place à un beau clair de lune et que tout le monde fut endormi au château, la jeune comtesse sortit furtivement, accompagnée de sa femme de chambre, pour s'en aller frapper à la porte de la vieille Patrowna. Sans hésitation, elle pénétra dans la chaumière basse et sombre.

— S'il est vrai, dit-elle à la sorcière, que tu saches lire dans l'avenir, je veux que tu me prédises le mien.

Patrowna la fit asseoir sur le banc près du poêle, puis s'accroupit elle-même en branlant la tête et se mit à étaler des cartes grasses, presque noires, sur le sol.

— Je vous vois, dit-elle enfin, entre deux hommes; à l'un vous devez donner votre main, vous aimez l'autre. Faut-il vous dire ce que je vois encore?

— Dis tout, fit Marie-Casimire.

— Eh bien! vous trouverez le bonheur auprès de l'homme que vous aimez et qui vous enlèvera...

La jeune comtesse avait tressailli.

— Puisque tu vois tout, dit-elle, tu peux m'apprendre aussi, bonne vieille, si cet homme est de noble origine, s'il est riche ou s'il est pauvre?

La sorcière sourit.

— Il n'est pas, murmura-t-elle, ce qu'il paraît être, et il ne possède pas encore ce qui un jour doit lui appartenir.

Marie-Casimire posa une main sur son cœur.

— Je ne sais ce que j'éprouve depuis quelque temps, dit-elle à demi-voix, je me sens toute troublée....

— Je connais cela, fit Patrowna, — et se levant, elle alla chercher un liquide de mauvaise mine. — Sept gouttes seulement, et vous serez bien...

— Donne, dit la courageuse fille.

Elle but sans réfléchir davantage, mit un ducat sur le banc et s'éloigna vite comme elle était venue. Le lendemain matin, la comtesse Dolkonska ayant demandé à sa fille si Joachim lui plaisait :

— Ne vous inquiétez pas de lui, chère maman, répondit Marie avec une tranquille fermeté; je ne serai jamais sa femme.

Et Pan Joachim prit assez gaiement son parti de cet arrêt, car, le jour même, il se grisa en compagnie de Popiel et se livra ensuite à ces plaisanteries polonaises qui, selon le proverbe, finissent avec le médecin, le curé et le fossoyeur. Par exemple, il fit monter sur un arbre un pauvre petit juif et lui enjoignit de crier : « Coucou! » pour avoir le prétexte de tirer sur ce misérable comme sur un simple oiselet. Si Zénon ne fût passé par là, le coup partait, et l'ivrogne devenait sans le moindre remords un meurtrier. Hardiment, le défenseur de l'innocence arracha le fusil au jeune gentilhomme et déchargea l'arme en disant :

— Aux enfants et aux gens pris de vin, ne donnez jamais un fusil.

— Moi, pris de vin! s'écria Pan Joachim écumant de rage; tu oses me dire à moi que je suis ivre!

— Vous l'êtes, répliqua Zénon.

— Chien! hurla le Polonais en reprenant le fusil que Zénon avait jeté dans l'herbe, pour le frapper d'un coup de crosse sur la tête.

Mais aussitôt il se sentit étreint par le poignet d'un géant.

— Tiens! lui dit Zénon en le renversant, reçois la récompense de ta conduite envers Azaria; reste là dans la fange. C'est ta place.

Bien entendu, Pan Joachim se releva pour aller demander vengeance à son oncle, le comte Dolkonski, mais la scène avait eu des témoins qui déposèrent contre le Polonais. Grand fut l'ennui du comte, qui redoutait par-dessus tout les agitations, de quelque genre qu'elles fussent. C'était un petit homme maigre, à figure d'oiseau, avec un énorme toupet, le visage entièrement rasé, le teint couleur de cuir, et toujours vêtu à la dernière mode française.

— Mon Dieu! ne cessait-il de répéter, qu'on m'épargne tout ce bruit!

Néanmoins, il fit sommer Zénon de comparaître. La comtesse Dolkonska et Marie-Casimire étaient dans le salon quand l'accusé se présenta. Tournant son lorgnon vers lui :

— Que me parlait-on d'un paysan? dit le comte en français. Nous avons affaire ici à quelque fils de roi.

— Mon neveu acceptera, je crois, tes excuses, dit la comtesse, désarmée comme son mari. Allons, Paschal, demande-lui pardon.

— Pardon? répondit le jeune homme respectueusement, mais avec assurance; lui demander pardon!... Et de quoi? De ce qu'il s'est enivré? de ce qu'il a voulu fusiller un juif, ou de ce que, tout en aspirant à la main d'une noble demoiselle, il séduisait la pauvre Azaria?

— Tu as fait cela? dit la comtesse, foudroyant du regard Pan Joachim.

Elle enjoignit à sa fille de s'éloigner.

— Surtout, pas de scène! suppliait le comte.

L'interrogatoire ne fut pas long. Pan Joachim se défendit fort mal; le soir même, il prenait congé et s'en retournait à Lemberg.

V

Le mandataire du comte Dolkonski, fils d'un employé allemand, était plus Polonais que les Polonais eux-mêmes; il maltraitait les paysans et, contre toute justice, les faisait travailler sans relâche de l'aurore à la nuit, sur les terres seigneuriales, ne leur laissant pas une heure pour moissonner leurs propres champs. Tant que la saison fut belle, les paysans obéirent sans trop de murmures, mais de violents orages ayant détruit les récoltes sur l'autre rive du Dniester, ils commencèrent à craindre d'être ruinés eux-mêmes et consultèrent l'oracle, c'est-à-dire Zénon. Celui-ci leur lut la formule du robot et leur exposa clairement leurs droits aussi bien que leurs devoirs; investi des fonctions d'orateur, il se rendit, avec les juges des quatorze villages qui relevaient de la seigneurie, devant le tyrannique mandataire. Aux premiers mots qu'il prononça, celui-ci se boucha les oreilles :

— Vous n'avez, disait-il, qu'à travailler la nuit.

Mais Zénon ne se laissa pas intimider.

— Toutes les communes, déclara-t-il, ont, selon la loi, satisfait au robot. Nul paysan ne travaillera donc davantage.

— On les forcera bien, s'écria le mandataire, se levant furieux.

— Prenez garde qu'on ne vous force vous-même! répliqua Zénon.

Et il se retira majestueusement avec les juges.

Les paysans agirent selon les déclarations de Zénon, et le mandataire, de son côté, réalisa ses menaces. Dès le lendemain, il fit irruption, à la tête des heiduques et des cosaques de la seigneurie, dans le village de Tcherwonogrod, et les travailleurs furent chassés à coups de fouet de leurs champs sur ceux du seigneur. Mais tout était prévu : le tocsin sonna aussitôt dans les divers villages, et une armée de paysans munis de faux et de fléaux marcha sur le château, dont les portes furent aussitôt fermées. Précaution vaine : Zénon avait déjà envahi le jardin et pénétré dans la cour avec un corps considérable. A ses côtés marchait machinalement Mordicaï le poltron, pâle comme la mort.

Le mandataire, d'abord effrayé par cette apparition inattendue, reprit vite sa présence d'esprit; il cria aux assaillants :

— Arrière, rebelles, ou je fais tirer sur vous!

Zénon, sans lui répondre, enleva les barres des portes, et la masse des paysans se précipita dans le château.

— Tirez! commanda le mandataire, s'adressant aux heiduques, et, comme ceux-ci ne bougeaient pas, il braqua lui-même son fusil sur Zénon.

En ce moment survint un fait incroyable. Mordicaï, qui s'était tenu caché jusque-là derrière un pilier, s'élança en avant avec un cri perçant et couvrit le fils des Mirolawski de son corps. Le mandataire n'osa tirer; en même temps, le comte survenait, accompagné de sa fille.

— Qu'est-ce qui se passe? demanda-t-il d'un air profondément ennuyé.

— Nous avons ici une révolution, répondit le mandataire.

— Monsieur le comte, interrompit Zénon, permettez-moi de vous expliquer le tort qu'on a fait à vos paysans...

— Je ne veux rien entendre...

— Vous écouterez pourtant, dit Zénon avec une énergie qui lui imposa.

Il eût bien voulu s'échapper néanmoins, mais déjà Marie-Casimire était intervenue :

— Laissez-moi recevoir leurs plaintes, mon père, et vous les communiquer ensuite.

— Non, dit le comte avec un geste léger de la main, comme pour écarter tout ce qui l'importunait. Non, puisqu'il te plaît de t'en mêler, règle cela sans moi, selon ta fantaisie. Je ne veux rien qui m'agite.

Et il s'en alla précipitamment, en passant les doigts dans son toupet pour le refriser.

Zénon présenta les plaintes des paysans à la jeune maîtresse et proposa des conventions avantageuses pour les deux partis, qu'elle accepta sans discuter. Les paysans burent à la santé de leur seigneur et à celle de la comtesse Marie; après quoi, ils se retirèrent en chantant la vieille chanson du carnage de la noblesse.

Zénon fut porté en triomphe jusqu'au village. Le soir, il dit à Mordicaï, en lui têndant la main :

— Je te remercie, ami; tu m'as sauvé la vie; mais, dis-moi, où donc as-tu puisé tant de courage?

Le vieux *faktor* se redressa, et son visage comique prit soudain une expression de gravité patriarcale :

— Où j'ai puisé ce courage?... C'est toute une histoire, répondit-il.

— Tu vas encore me citer le Talmud?

— Il ne s'agit pas du Talmud. Reportez-vous à cinq cents ans d'ici. Nous sommes en 1845, nous étions alors en 1346. Dans ce temps-là, mon aïeul Samuel, marchand à Francfort, vivait riche, considéré, paisible. Un jour vint pourtant où la ville entière se souleva contre les juifs. On disait qu'ils avaient déchiré des hosties, et que ces hosties avaient saigné. Aujourd'hui, on refuserait de croire à de pareilles choses; mais autrefois c'était le signal du pillage et de l'assassinat : les juifs furent poursuivis, persécutés; un grand nombre périrent; d'autres réussirent à s'échapper. Mon aïeul s'enfuit avec les siens par l'Allemagne, du côté de l'Orient, toujours traqué comme une bête fauve, abreuvé d'outrages et de mauvais traitements. Enfin, il se trouva dans un pays sauvage dont il ne comprenait pas la langue, et, tandis qu'il se demandait ce qu'il allait devenir, lui et ses enfants, passa un chevalier richement vêtu, avec une escorte nombreuse. Mon aïeul crut que l'ange de la mort le touchait déjà de son aile, mais le chevalier au contraire, s'arrêtant, lui parla avec bonté... Dans ce temps-là, songez donc, dans ce temps-là!... un gentilhomme chrétien parler à un juif! Il lui dit : — Tu peux vivre ici tranquille; personne ne te tourmentera, j'en réponds.

Et le digne homme nous reçut tous dans son château... Nous, je dis mes ancêtres. Et quand les fugitifs se furent bien reposés et fortifiés, il les conduisit lui-même, escortés de ses serviteurs pour les protéger contre toute offense, jusqu'à la ville voisine. — Ce n'étaient pourtant que de pauvres juifs et lui un grand seigneur dont le nom s'est transmis de génération en génération dans la longue lignée de ses obligés avec des bénédictions et des prières... Ce nom, que Dieu le récompense! c'était celui de Pan Mirolawski de Kolomea, votre aïeul. Vous voyez bien que, si poltron que je sois, je dois mon sang aux Mirolawski, tant qu'il y en aura un au monde.

Zénon eût voulu répondre; mais, devant cette sublime fidélité dans la reconnaissance, les larmes le suffoquèrent, et il ne put qu'embrasser son vieux Mordicaï, qui se mit à pleurer comme un enfant.

VI

Les récoltes étaient faites et rentrées, la bise soufflait désormais sur les chaumes. Un soir, Zénon s'approcha de la comtesse Marie, qui revenait du jardin :

— J'ai achevé mon travail, lui dit-il ; le temps est venu de m'en retourner ; mais d'abord, il faut que je vous dise adieu, mademoiselle. Pardonnez-moi, mon cœur m'entraîne à cette audace.

Marie-Casimire était debout sur les degrés du perron :

— Tu veux partir ? demanda-t-elle avec un calme apparent. Si tu restais pourtant, le travail ne te manquerait pas ici.

— Noble demoiselle, dit Zénon, il suffit d'un ordre de votre bouche pour que je reste.

— Je n'ai rien à t'ordonner, répliqua-t-elle en souriant, je ne suis pas ta maîtresse, mais je désire que tu restes. Est-ce assez ?

Zénon, suffoqué par l'émotion, s'inclina pour baiser le pan de sa kazabaïka ; elle lui tendit vivement la main en s'écriant :

— Non, pas ma robe, ma main !

Et les lèvres brûlantes de Zénon se posèrent sur cette main blanche, qui était tremblante et glacée ; puis Marie monta les degrés d'un bond, courut dans sa chambre et, les joues en feu, s'agenouilla sur son prie-Dieu. Elle savait maintenant qu'elle l'aimait, elle en était honteuse et fière à la fois.

Tout en combattant faiblement contre elle-même, elle se répétait toujours :

— Il n'est pas ce qu'il paraît! — Eh bien! reprit-elle soudain, quand il serait un paysan? N'a-t-il pas le langage et l'âme d'un gentilhomme? C'est le contraire de Joachim, qui est né gentilhomme et dont je ne voudrais pas pour valet.

Zénon, pendant ce temps, écrivait à son père. La tendresse filiale le pressant de tout dire, il avoua ingénûment à Pan Mirolawski qu'il aimait la plus parfaite créature qui fût au monde et qu'il était résolu à ne retourner qu'avec elle dans la maison paternelle.

Le silence que son père, ordinairement si prompt à partager toutes ses impressions, opposa à cette lettre, ne laissa pas que de l'inquiéter.

— Peut-être est-il malade? dit-il à Mordicaï. Va vite me chercher des nouvelles.

Zénon s'occupait alors à battre le blé en grange ou à scier du bois dans la cour du château, et la comtesse Marie, qui jusque-là ne visitait guère les communs, avait pris depuis peu l'habitude de venir souvent prêter l'oreille au chant populaire qui accompagne si gaîment la cadence des fléaux. La première neige étant tombée, elle restait debout, des heures entières, à souffler sur les vitres ternies par les frimas, pour entrevoir Zénon, dont la fière tournure se dessinait sur le sol blanc, brisant à grands coups de cognée des billes de bois énormes.

Puis, le soir, quand Zénon, assis dans le fournil au milieu des serviteurs rassemblés, charmait ces derniers par de curieux récits, on voyait Marie-

Casimire entrer sous quelque prétexte et s'asseoir sur un banc près du poêle. L'esprit naturel et la sagesse acquise du prétendu Paschal l'étonnaient de plus en plus. Un soir, Zénon parlait de Pawluk, hetman des Cosaques, lequel fut fait prisonnier par les Turcs et vendu au sérail, d'où il s'échappa en compagnie d'une jeune sultane, qui suivit l'esclave jusque dans son pays sauvage, par-delà les flots bleus de la mer.

Comme Marie-Casimire riait dans son coin :

— Cette histoire vous paraît absurde? lui dit tristement Zénon.

Elle ne répondit pas; mais, un peu plus tard, elle lui commanda d'une voix brève de prendre la lanterne pour l'éclairer jusqu'au perron du château. Tandis qu'ils traversaient la cour :

— Veux-tu savoir pourquoi j'ai ri? demanda la jeune comtesse en s'arrêtant tout à coup. Je me disais que c'était grand dommage que je ne fusse pas sultane. Voudrais-tu être mon esclave?

Zénon se mit à genoux.

— Je le suis dès à présent, dit-il, et je t'implore avec les paroles du poëte : « Ne lâche jamais la chaîne qui me retient captif, — ce serait, hélas! le pire des châtiments, — car pour moi tu es dieu, et l'univers, et la liberté. — Mets plutôt ton pied sur le cou de ton esclave... » Ma maîtresse! ma chère maîtresse! ajouta Zénon en courbant la tête jusqu'à terre.

— Mais la sultane n'avait pas comme moi de grosses bottes, dit Marie en riant et rougissant à la fois.

Cependant elle posa le bout de son petit pied sur la nuque du jeune homme en disant :

— Es-tu satisfait ?

— Je suis heureux, répondit Zénon.

— Eh bien ! il est doux d'entendre cela de la bouche d'un vaillant de ta sorte ; reste à genoux pour que je te dise...

— Quoi donc, ma maîtresse adorée ?

Cette fois, elle passa ses deux bras autour de son cou et reprit gravement :

— Mon cœur est ouvert devant toi comme devant Dieu. Tu peux y lire que je t'aime.

Leurs lèvres se touchèrent rapidement, et elle s'enfuit.

La nuit même, Zénon fut réveillé en sursaut par Mordicaï, qui lui annonça que son père venait d'arriver et qu'il l'attendait dehors.

Après les premières effusions de joie :

— Où est celle que tu as choisie? demanda Pan Mirolawski. Mordicaï prétend tout ignorer. Tu veux me donner pour bru une paysanne, sans doute? Eh bien ! mon fils, pourvu qu'elle t'aime seulement et qu'elle ait de l'honneur...

— Elle a de l'honneur autant que femme au monde, interrompit Zénon, quoique ce soit une grande dame, la fille du riche comte Dolkonski, et elle m'aime, quoiqu'elle me prenne pour un paysan.

— Noble créature ! s'écria Pan Mirolawski avec une de ces explosions d'enthousiasme juvénile qui étaient le charme de son caractère faible et léger. Demain, je veux la demander en ton nom...

— Gardez-vous-en bien ! répliqua Zénon. J'ai un

autre projet, un projet que vous m'aiderez à réaliser. Tout ce qu'il faut pour le moment, c'est que vous pénétriez dans le château et que vous fassiez parvenir en secret à Marie-Casimire une lettre de moi. Dans cette lettre, je lui demanderai de fuir avec Paschal le paysan. Et ainsi je serai sûr qu'elle m'aime de l'amour absolument désintéressé que j'ai besoin de rencontrer chez ma femme, chez la compagne de ma destinée, entendez-vous?

Le projet parut charmant à Pan Mirolawski, toujours prêt aux aventures.

Le lendemain, il arriva officiellement au château, y reçut l'hospitalité la plus affable et fut invité à dîner. En apercevant la bien-aimée de Zénon, ses yeux se remplirent de larmes. Il s'approcha d'elle et la baisa au front. Le comte Dolkonski trouva cela bien sentimental; mais Marie-Casimire, attendrie, fléchit le genou devant ce vieillard naïf qui l'embrassait paternellement, et lui demanda de la bénir : ce que fit Pan Mirolawski, ses deux mains appuyées sur ce beau front.

Lorsque Marie-Casimire, à la fin du dîner, remonta dans sa chambre, elle trouva dans la poche de sa kazabaïka une lettre que le père de Zénon lui avait adroitement glissée sans qu'elle s'en doutât. Le cœur palpitant, elle lut :

« Ma chère maîtresse, si vous m'aimez, partez avec moi cette nuit. Tout est disposé pour notre fuite. Faites seulement un signe favorable à votre esclave. »

La courageuse fille n'hésita pas : elle descendit dans la cour, où Zénon attendait sa réponse, et dit en passant auprès de lui :

— Je suis prête.

Puis elle revint sur ses pas et demanda, toujours à voix basse, du même air indifférent :

— L'heure?...

— A dix heures, sur la terrasse, répondit Zénon en détournant la tête.

A dix heures, un traîneau de paysan s'arrêta devant la petite porte du jardin : le cocher, dont il eût été impossible de reconnaître les traits sous le vaste bonnet de peau d'agneau qui descendait jusque sur son nez, n'était autre que Pan Mirolawski, complice de l'enlèvement de Marie-Casimire, comme il l'avait été de la fuite de son fils. Annulé toute sa vie par une femme impérieuse, le bonhomme trouvait piquant de jouer un rôle sur ses vieux jours.

La comtesse Marie parut sur la terrasse enveloppée d'une pelisse, et la sorcière Patrowna, sortant d'un buisson couvert de neige, la conduisit jusqu'au traîneau, telle qu'une mystérieuse figure du destin. A la porte se tenaient Zénon et Mordicaï. Le premier se jeta passionnément à genoux et baisa les pieds de la jeune comtesse avant de la placer dans le traîneau. Le juif s'était élancé à côté du cocher.

— Mon philtre a donc réussi! murmura Patrowna à l'oreille de Zénon.

Un claquement de fouet, un bruit de clochettes, et l'heureux couple vola au galop à travers la plaine blanche. Personne ne dit un mot pendant le voyage.

De temps en temps, Marie-Casimire serrait la main de son amant, assis sur la paille auprès d'elle. Ce ne fut qu'en atteignant Ostrowitz, où ils s'arrêtèrent dans la maison du garde, que Paschal le paysan se fit connaître pour Zénon Mirolawski. Elle ne témoigna ni joie ni trop grande surprise. Pressée contre son cœur, elle lui dit :

— Qui que tu sois, je t'aime ; je me suis livrée sans conditions à un paysan ; je suivrai le fils du seigneur d'Ostrowitz à travers le monde, qu'il me mène par un chemin de délices ou par un chemin de douleur.

Pan Mirolawski bénit les deux jeunes gens, puis il leur dit :

— Je retourne sans plus tarder à Tcherwonogrod. On doit épargner l'inquiétude au cœur d'un père ; d'ailleurs, je n'en ai pas fini encore avec le métier d'entremetteur.

Restés seuls dans la maison du garde, Zénon et Marie-Casimire revinrent avec ivresse sur les premières péripéties de leur amour éclos dans un champ de blé comme une idylle biblique ; le jeune Mirolawski passa, sans plus tarder, de ces douces réminiscences, au récit des rêves exaltés, des projets généreux qui l'avaient déterminé à quitter le toit paternel et conduit par conséquent auprès de Marie.

— Ma bien-aimée, lui dit-il, veux-tu t'associer à mon œuvre? Certes je n'espère pas réussir à supprimer la misère autour de moi : toutes les aumônes que nous répandrions, en nous privant nous-mêmes du nécessaire, ne soulageraient qu'un bien petit nombre de malheureux ; leur effet s'éteindrait avec nous, et nous nous serions exposés volontairement aux plus dures privations personnelles pour n'arriver peut-être qu'à encourager l'insouciance et la paresse. Je ne te demande donc pas de tout sacrifier à l'humanité, mais seulement de renoncer, pour l'amour d'elle, au superflu, d'être à la fois sa bienfaitrice et son exemple. Proscrivons le luxe, qui ne peut être acquis que par l'esclavage et la souffrance d'autrui; cherchons ensemble, avec une sainte ferveur, la solution du plus triste et du plus compliqué de tous les problèmes, et, lorsque nous croirons l'avoir trouvé, consacrons notre vie et nos biens à mettre en pratique ce que nous aurons nommé, dans la sincérité de notre conscience, la sagesse et la justice. Comprends-tu?

— Mon bien-aimé, répondit Marie-Casimire, suspendue à ses lèvres comme l'apôtre Jean à celles de Jésus, je t'ai dit que je te suivrais partout, que je t'obéirais en tout. Mais, dis-moi, qui donc t'a inspiré ces belles et sérieuses préoccupations à l'âge où d'ordinaire la jeunesse ne se soucie que de ses plaisirs?

— C'est l'amour, répondit Zénon. Mon père et ma mère m'ont aimé, chacun à sa manière, plus que je ne le méritais. Elle était sévère et il était faible, mais tous deux ne vivaient que pour mon bien. J'ai grandi ainsi dans une atmosphère de tendresse, de dévouement et de reconnaissance; ma reconnaissance, il est vrai, s'adressait surtout à mon père, qui prenait la responsabilité de mes fautes d'enfant, au risque de s'attirer des reproches et de l'ennui. Pour lui épargner cela, j'aurais fait tout au monde. J'en conclus que la bonté est puissante sur les cœurs. Nous pratiquerons la bonté : quiconque se sent aimé devient nécessairement capable d'aimer les autres.

Marie-Casimire embrassa Zénon avec un tendre respect et une religieuse émotion.

— Il est donc vrai, dit-elle, que les grandes pensées viennent du cœur!

VII

Sept années s'étaient écoulées depuis le jour où Zénon avait quitté, en compagnie de sa jeune femme, le monde, son éclat, ses vanités et ses orages, pour aller chercher la paix au vieux château de Tymbark, que son père lui avait donné en dot, dans la sauvage solitude des Karpathes. Marie-Casimire était devenue mère de deux beaux garçons; elle les avait nourris elle-même, elle avait éveillé par ses tendres enseignements leur esprit et leur cœur; elle dirigeait le ménage d'une main diligente et trouvait encore le temps de prendre part aux études de Zénon, qui, tout en creusant son grand problème social, étudiait les langues anciennes et modernes. Leur vie était simple; ils recevaient peu de visites; l'hôte habituel du château était le vieux Mirolawski, lequel, devenu veuf, ne pouvait pas plus se passer de ses petits-enfants qu'il n'avait pu autrefois se passer de son fils.

Les agitations de 1846 et 1848, la guerre hongroise de 1849 n'avaient produit sur cette heureuse famille que l'effet d'éclairs lointains glissant sur le pur horizon.

Un soir de décembre 1852, se trouvait réuni dans

le grand salon de Tymbark un cercle plus nombreux que de coutume. Marie-Casimire, dont la beauté s'était magnifiquement développée, occupait le divan auprès de son beau-père. A leurs pieds jouaient les deux petits garçons. Le médecin Lenôtre se tenait debout devant le poêle; à cheval sur un siége, Popiel grimaçait derrière ses lunettes bleues; il avait beaucoup voyagé aux dépens de son protecteur, le comte Dolkonski; il avait étudié à Vienne, à Heidelberg, à Paris, puis figuré dans cette dernière ville sur les barricades, aux journées de Février; il avait compté en Hongrie dans les rangs de la légion polonaise, pour aller de là faire connaissance en Angleterre avec certains réfugiés russes, qui le considéraient comme un parfait nihiliste. A ses côtés se renversait, dans un grand fauteuil, M. Felbe, ingénieur allemand.

Zénon, qui aimait marcher en parlant, errait à travers le salon. Tous ces gens s'entretenaient de la dernière révolution française, qu'avait terminée un coup d'État.

— Les révolutions futures, dit le docteur, seront des révolutions sociales, et plus terribles que les précédentes par conséquent. La question de la propriété laisse toutes les autres bien loin en arrière. Qu'est-ce que la liberté politique quand l'esclavage matériel subsiste auprès d'elle? On en a fini avec le combat contre la noblesse; maintenant va commencer la lutte contre le capital.

— Il me semble que cette lutte est aussi vieille que l'humanité même, fit observer Marie-Casimire. Nous voyons en présence aujourd'hui, comme il y a six mille ans, les riches et les pauvres, les tyrans et les esclaves, le luxe et l'indigence; devant cet immuable état de choses, on se demande vraiment s'il peut être question de progrès pour l'humanité!

— Permettez, comtesse, dit l'ingénieur Felbe en se levant; il me semble que le mal que vous signalez grandit avec la civilisation : plus nous nous rapprochons de l'état de nature, moins nous avons de besoins, moins par conséquent existe la véritable pauvreté.

Le docteur Lenôtre s'emporta :

— Belle idée de nous faire l'éloge de l'état de nature! Votre âge d'or ne serait que l'ineptie et la grossièreté pour tous! Je soutiens, moi, que l'humanité avance et s'élève toujours, non pas très-vite peut-être, mais enfin nous avons fait un chemin respectable du despotisme, de l'esclavage et de la brutalité à l'instruction, au droit, à la liberté, à la morale...

— D'ailleurs, ricana Popiel, à quoi bon vous échauffer? Qu'importe que l'humanité avance ou rétrograde? Que sommes-nous, faibles atomes parmi des millions de mondes? Un jour disparaîtra toute la population de cette terre, évanouie elle-même comme une bulle de savon qui crève, et l'univers n'en ira pas plus mal. Figurez-vous une goutte de rosée de moins dans l'immensité d'une prairie...

— Laissez faire le bon Dieu, interrompit doucement Zénon.

— Bah! répliqua Popiel, si l'on ne s'occupait pas de ces puérilités, comment passerait-on le temps? Moi, j'arrange tout dans ma pensée selon le modèle de communisme que nous donnent les paysans russes. Notez que l'esprit du peuple slave est d'accord avec l'idéal des communistes français. Proudhon est mon homme, voyez-vous! Tout notre espoir doit être dans le communisme dirigé par l'État. Que la propriété soit donc abolie, l'héritage aboli, le mariage, la famille abolis, l'argent aussi...

— Mais, fit observer l'Allemand, abolir la propriété, c'est paralyser l'impulsion qui pousse la nature humaine au travail et au progrès; le communisme n'est praticable qu'à la condition de s'allier à un degré de culture médiocre, il suppose une égalité naturelle...

— Les instincts des Russes, s'écria Popiel, sont supérieurs à toute votre civilisation européenne. Nous n'avons que trop de passé, trop d'histoire, trop d'art!.. Je demande que tout cela soit détruit, effacé, et que de ces ruines surgisse un monde tout neuf...

— Je ne verrais pas sans regret, pour ma part, détruire l'œuvre de tant de siècles, dit vivement le Français; moi, je suis socialiste; mon idéal, c'est l'égalité sur la base de l'instruction et de l'économie générale, le partage des biens selon le talent, le travail...

— Je vous avoue, interrompit Zénon, que le socialisme est à mes yeux une généreuse aberration et le communisme un dangereux mensonge. Tant que les facultés de chacun seront inégales, il sera injuste d'appliquer le principe de l'égalité au partage des biens. Si tous, sans travailler également, doivent également jouir, c'est proclamer le sacrifice du fort au faible, du capable à l'incapable, de l'activité à la paresse. On arriverait ainsi au désœuvrement et à la pauvreté universels. Or, l'égalité dans les facultés ne saurait s'obtenir qu'en abaissant tous les hommes à un même niveau infime : c'est nous vouer sans exception à la barbarie...

— Le caractère de la race germanique est opposé à ces théories, dit Felbe; il aspire à la pleine indépendance de l'individu, de l'être isolé.

— En effet, repartit Zénon, mais la race germanique n'est pas nombreuse comme la race slave et ne comptera pas autant dans la grande révolution universelle. Il est remarquable que l'État, qui depuis un siècle s'est emparé de plus en plus du gouvernement de l'Allemagne, tienne son origine d'éléments slaves plutôt que germains. En quoi consiste la prépondérance de la Prusse? Dans sa supériorité intellectuelle? Non : la plupart des talents allemands ne lui appartiennent pas. Dans l'instruction du peuple? Non : les divers États de l'Allemagne ne lui cèdent en rien sur ce point. Dans une bravoure exceptionnelle? Les Allemands sont tous de bons soldats. Cette prépondérance consiste dans la discipline, dans la soumission de l'individu à la masse, dans certaines vertus passives qui sont d'origine slave et tout à fait contraires aux dispositions de la race purement germanique. Chez les Germains, on rencontre le goût de l'indépendance individuelle et des différences aristocratiques : chez les Slaves, la préoccupation constante de l'intérêt général et de fortes tendances vers la démocratie. A cause de cela, j'attends de la race slave la solution de toutes les grandes questions qui agitent l'humanité ; oui, j'attends d'elle la régénération du monde...

— Et de quelle manière votre instinct slave tranche-t-il la question de la propriété? demanda ironiquement Popiel.

— Je ne tranche rien, je ne me crois pas infaillible ; mais mon opinion, c'est que la question de la propriété ne peut être résolue qu'avec celle du travail et qu'elle est de sa nature une question de salaire. Je voudrais que la propriété fût commune et que le salaire fût individuel, puisqu'il doit dépendre de l'effort de chacun.

— De cette façon, répliqua Popiel, sont déjà organisées la plupart des sociétés russes, et d'abord celle des pêcheurs de l'Oural et du lac Peipus ; mais l'inégalité du salaire conduit fatalement de nouveau à l'inégalité de la propriété.

— L'inégalité, en ce cas, n'a rien d'injuste, repartit Zénon, tant que le bien de chacun est acquis par le travail ; l'injustice commencerait si la propriété personnelle pouvait se léguer ; mais, pourvu qu'après la mort du possesseur le fruit de ses labeurs retourne à la communauté, cette propriété ne pourra finalement servir qu'à de grandes entreprises utiles à l'humanité tout entière. Et qu'on ne dise pas que le sort des enfants se trouvera compromis. La propriété est une caution bien précaire pour l'avenir des enfants, tandis que, si l'État répond de leur éducation, cet avenir sera bien mieux à l'abri des événements. J'entends donc que l'État élève les enfants pour le travail, et les soigne jusqu'à ce qu'ils soient en âge de produire.

— Ah! ah! vous avouez que la famille est un écueil, s'écria Popiel.

— Non pas! s'écria Marie-Casimire, presque en colère. En supprimant la famille et le mariage, on priverait d'une puissante impulsion le travail et le progrès. Nous voulons que les liens du mariage, s'ils deviennent lourds et pénibles, puissent être rompus, qu'il n'y ait qu'une chaîne d'amour entre l'époux et l'épouse; mais faire de la femme un bien commun, ce serait l'abaisser mille fois plus que si on la condamnait à être toute sa vie l'esclave d'un seul. La femme n'est pas la propriété de l'homme, elle est sa compagne et doit être placée par l'éducation au même rang que lui.

— Mais si la mère mal avisée s'avise d'étudier l'anatomie ou de commander un régiment, répliqua Felbe, que deviendront les enfants?

— Je vous ai déjà dit que l'État y pourvoirait, dit Zénon.

— Avec quelles ressources, s'il vous plaît? insista Felbe.

— L'impôt existe déjà, répondit Zénon, et aussi, par conséquent, le principe que nul ne possède rien sans l'approbation de l'État, qui se réserve le droit de prélever dans l'intérêt de la masse, sur la propriété qu'il reconnaît à chaque personne, autant et parfois plus que cette personne ne peut donner. Le droit d'expropriation, les taxes sur l'héritage ont la même base; il suffit de développer un principe déjà reconnu; les fondements de l'édifice sont posés. Le jour où il n'y aura plus entre les peuples de luttes par les armes, mais par le travail seulement, le jour où l'on admettra que le devoir général du travail importe plus à l'État que le devoir général de la guerre, ce jour-là, dis-je, l'État, qui, à l'heure qu'il est, exerce, habille et nourrit ses soldats, instruira, vêtira et nourrira bien plus aisément ses ouvriers ; de même qu'il construit aujourd'hui des casernes et des arsenaux, il construira des fabriques, de grands ateliers communs, des bazars, et, de même qu'il paye ses soldats, il donnera aux ouvriers un salaire régulier, proportionné à leur effort, car les ouvriers sont les armées de l'avenir.

Comme Popiel, Lenôtre et Felbe discutaient ses paroles avec une certaine véhémence, chacun selon son sentiment :

— Laissons faire le temps ! dit Zénon. Le progrès ne se réalise que peu à peu : chaque pas en avant est suivi d'un pas en arrière pour les révolutions les plus simples. D'abord on combat longtemps les théories; mais, aussitôt que la question se présente devant nous sous une forme pratique, il faut la résoudre coûte que coûte ! La solution peut être lente, n'importe ! elle viendra. Voyez ! un premier essai très-équitable a été fait chez nous avec le partage des terres en Autriche; ce n'est pas suffisant, mais enfin c'est un jalon pour l'avenir. Il est assez oiseux de poser des systèmes; cependant je trouve bon de montrer sans cesse à l'humanité le but qu'elle doit atteindre et qu'elle atteindra.

Les beaux rêves feront leur temps, les nécessités réelles s'imposeront, que nous nous en mêlions ou non. La vie de l'humanité est réglée par des lois naturelles et fixes qui s'accomplissent irrésistiblement, qu'on ne peut presser ni entraver. Qui eût osé prévoir au temps des Huss et des Savonarole l'ère de la liberté religieuse? qui eût parlé sous Louis XIV et Frédéric le Grand de restrictions mises au pouvoir du roi? qui donc, il y a un siècle, n'aurait cru les priviléges de la noblesse invulnérables et n'eût traité d'utopie l'égalité de toutes les classes devant la loi? Ceux qui s'engourdissent dans leurs priviléges finissent toujours par perdre ce qui faisait leur orgueil. La propriété devient de plus en plus mobile et divisée. Aussi suis-je persuadé que des mesures décisives seront prises tôt ou tard à son égard et qu'une communauté sage, raisonnée, n'étonnera pas plus les hommes de ce temps-là que nous ne sommes étonnés, nous autres, par ces grands progrès modernes : la vapeur remplaçant le cheval, et l'éclair électrique se substituant à la plume.

Personne ne fut convaincu, mais Marie-Casimire fixa sur son mari un regard d'espérance et de foi profonde.

VIII

Lorsque je visitai en 1862 cette merveilleuse colonie, le Paradis sur le Dniester, Zénon Mirolawski avait réalisé ses projets dans la mesure de ses forces, et il faut avouer que cette utopie mise en pratique était de nature à faire sur le voyageur une très-vive impression.

Marie-Casimire, toujours royalement belle, continuait à comprendre et à vénérer son époux, qu'elle aidait dans une œuvre où la charité chrétienne se joignait au sentiment éclairé autant que généreux de tels besoins, de telles aspirations de nos jours. Ayant hérité des biens immenses de la famille Dolkonski, Zénon et la noble femme qu'il avait associée à sa tâche vivaient aussi modestement que par le passé des seuls revenus de Tymbark. Ils n'avaient réservé pour eux que le château de Tcherwonogrod, qu'ils habitaient; toutes leurs terres s'étaient transformées en un petit État industrieux, peuplé exclusivement d'ouvriers qui n'étaient autres que des pauvres de toutes les nationalités venus de leur plein gré sur ce sol béni. Un acte de fondation rédigé avec la plus grande sagacité juridique protégeait cet État contre tout conflit avec le gouvernement. La population était saine, active et joyeuse; le fils aîné du couple vertueux, qui donnait à ces déshérités réconciliés avec la vie l'exemple du travail et du bonheur, achevait ses études à l'Université; j'aperçus le cadet parmi les faucheurs d'un champ de blé d'où partaient des chansons. Entre le château et le Dniester florissait une petite ville qui avait arboré pour emblème une fourmilière. Nulle part on n'y voyait de cabaret.

Comme je retournais à Tcherwonogrod, deux paysannes amenèrent entre elles devant le juge un petit homme au visage farouche, vêtu de haillons, les mains liées derrière le dos. Le juge n'était autre que Marie-Casimire, élevée à cet emploi par la confiance du peuple, qui se réservait le droit d'élection bien entendu :

— As-tu donc encore violé la loi? demanda-t-elle sévèrement.

Le petit homme se tut; en le regardant de plus près, je reconnus Popiel le communiste.

L'une des paysannes, une belle fille, prit la parole :

— Au lieu de travailler, il s'enivre, et il effraye les femmes par ses propos.

— Assez! fit Marie-Casimire. Il sera conduit à la frontière et repoussé de notre alliance; s'il ose jamais revenir, on le forcera au travail comme un esclave. Seul, l'homme laborieux et capable de produire mérite d'être membre de la société humaine

FIN

TABLE

Pages.

Imp. de la Soc. de Typ. - Noizette, 8, r. Campagne-Première. Paris.

www.ingramcontent.com/pod-product-compliance
Lightning Source LLC
LaVergne TN
LVHW010540100826
845148LV00001B/249

* 9 7 8 2 0 1 2 6 8 7 3 1 8 *